책보고 99개 한국사 강의 요약서
우리만 모르던 고려, 삼국시대의 비밀

(핸드폰으로 QR을 촬영하면
해당 유튜브 강의로 연결됩니다.)

책보고 99개 한국사 강의 요약서
우리만 모르던 고려, 삼국시대의 비밀

2판 1쇄 판매용 개정판 발행 2025년 7월 18일
3판 1쇄 2차 개정판 발행 2025년 8월 5일

원저 原著 Original article : 책보고 양지환
편저 編著 Review : 분당 약사 Chris 김일웅

만든곳   교정편집/ 제작/ 디자인/ 마케팅   책보고
펴낸곳   시민혁명 출판사
출판번호   제 2023-000003호
주소   경기도 부천시 길주로 317 블래스랜드 303
대표연락처   booksbogo@naver.com
인쇄   모든인쇄문화사 / 인쇄문의 042)626-7563

ISBN 979-11-992851-1-8
가격 35,000원

보도, 서평, 연구, 논문 등에서 수용적인 인용, 요약하는 경우를 제외하고는
저자 및 출판사의 승낙 없이 이 책의 내용을
무단 배포, 전재하거나 복제하는 것을 금합니다.
이 책은 국내 저작권법에 따라 보호받는 저작물입니다.

위독한 한국사 완쾌 처방을 위한 분당 약사의 조제 약

아직도 교과서 한국 역사를 맹신하는 환자(?)분들께

돼지들의 주어진 자연 수명은 15년이지만,
8개월 만에 모두 일괄 도축되어 죽는다.

절대다수 돼지의 죽음은 그들의 의지인가?
아니면 소수 도살자, 농장주인의 의지인가?

겁주면 쫄고. 속이면 의심 없이 바로 속으며,
늘 다수의 눈치를 보면서, 먹고 자는 것 외에는 아무 관심 없기에,
그것을 이용해 욕심을 채우는
소수의 의지 때문에 죽는 것!
그것은 개-돼지 떼가 자초한 측면이 크다.

우리 '사람들'은 개-돼지와 달리
'양심'을 가지고 나와 다른 존재들까지 살리고자
더불어 행동하고 미래를 도모하기에 사람이라고 불리는 것 아닌가?

'자원과 돈'을 독점하려는 소수의 행패는 역사적으로 늘 지속되어 왔다. 다수의 생존과 재산을 위협하고, 돈과 권력으로 무지한 대중을 회유하는 소수 기득권의 작전은 줄곧 성공하지만, 욕심과 폭압이 도를 넘으면 늘 깨어난 민중은 들고 일어섰고, 혁명은 늘 숱한 피를 흩뿌리게 했다.

언제나 우리의 현재 삶, 지금의 행복이 우선임은 당연하다.
그러나 다가올 날도 그러리라는 보장은 없잖나?

개-돼지처럼 "오늘도 먹고 마시고, 사랑하니 너무 좋다~"
이렇게 살다가 갑자기 내일 사회적 큰 문제가 터지기라도 하면
"어떻게 된 거지? 재수가 없네."라며 억울해하며 죽을 것인가?
이렇게 생각 없이(?) 산다면, 한낱 개-돼지와 무엇이 다른가?

그러므로 우리는 역사와 정치에 관심을 가져야 한다.
이웃의 행위에 늘 관심을 가지고, 감시하며 살펴야 한다.

역사는 승자의 욕망을 적은 기록이라 했던가?
쿠데타 정권인 이성계의 조선,
찬란했던 우리 역사를 '볼품없게' 바꿔버린 일제,
해방 후 일제총독부의 '반도 사관'만을 유일한 정통 역사 해석으로
받아들여 공고히 유지 중인 현재 80년째인 토착 왜구 강점기.
이런 과정을 통해 처참하게 조작되고 내버려진 우리 민족 고대, 중세
역사(역사 영토)의 진실.

하지만 역사의 진실이라는 게 그리 쉽게 사라지겠나?
주머니 속의 송곳처럼 언젠가는 그 실체가 다수의 집단지성에 의해
튀어나오게 된다. 기록과 현장이 데이터화 되어 있어 인터넷으로 모두
찾을 수 있는 AI 인공지능 시대. 이제는 일반인 누구나 쉽게 확인할
수 있는 역사의 현장들.

'익숙해져 버린 거짓(축소된 역사)' 대신 '불편한 진실'을 받아들이는
데 시간은 걸리겠지만, 더 나은 대한민국의 미래를 위해 반드시 모두
가 진실을 알아야 한다. 알려야 한다!

이 책의 글은
약 3년간 유튜브 '책보고'의 영상을 보며 많은 분이 잊지 않고 되새겼
으면 하는 심정으로 매번 정리하여 댓글로 올린 글들을 모은 것이다.
이젠 책보고 뿐 아니라 우리 대중이 함께 모여서 외쳐야 할 때다. 잘
못된 교육으로부터 우리 가족과 이웃 공동체를 지켜야 할 때다.

오랫동안 생업이 아닌 일에 집중함에도 묵묵히 인정해 주는 사랑하는
아내와 두 아들,
그리고 주변에 늘 깨어있으면서 행동과 외침으로 함께해 주시는 여러
분들께 마음속 깊은 고마움을 표한다.

위독한 한국사 완쾌 처방을 위한 조제 약.
분당의 한 약국에서. 약사 Chris

중국 공산당　중국어 사전, 신화사전　동이 夷 위치　설명

동이 민족은 산동성, 강소성 일대.

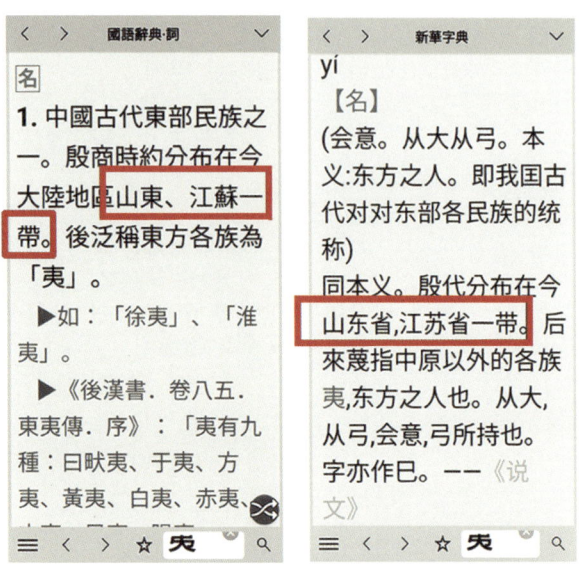

고구려, 백제, 신라에서 고려까지 모두 東夷

동이 민족은 산동성, 강소성 일대.

동이 5개
고구려 백제 신라 왜국 일본
구당서권 299 열전

列傳第一百四十九
東夷
高麗
百濟
新羅
倭國
日本

고려는 본래 동이로 사실 중국의 영토가 아니다
고려사 열전 49

本等東夷實非中國所治

목   차

[1] <송사>에 기록된 고려의 개경·서경·남경 위치   - 12
[2] 일본은 왜국이 아니다? <구당서>   - 14
[3] 고려청자, 관요   - 16
[4] 회수 주변에서 격돌한 고리 말기 최영 장군   - 19
[5] 신라 첨성대의 비밀   - 20
[6] 중국에서 발견된 김유신   - 22
[7] 대륙서 찾는 족보. 안동. 장보고와 장영실   - 24
[8] 중국에 존재하는 26개 신라마을   - 26
[9] 신라 술, 중국 현지 유명 홍주   - 34
[10] 운남성 끝에 존재. 고려 마을   - 35
[11] 고려 훈요 10조. 차현, 공주   - 37
[12] 류쿠국. 오키나와의 비밀   - 39
[13] 신라 박(朴).석(昔).김(金)씨 모두 중국 땅에 존재   - 41
[14] 한반도 백제. 조작된 유적지 4곳   - 47
[15] 고려 강화도 일식 위치   - 53
[16] 백제. 인도차이나 외교관을 죽이다 <일본서기>   - 57
[17] 백제 성왕의 참수지 (관산성) 추적   - 60
[18] 백제 22담로 위치추적. 중국 바이두 위성지도   - 64
[19] 야마토 이동길, 왜와 일본의 비밀   - 69
[20] 신라 연오랑과 세오녀   - 75
[21] 충격의 백제 후기 위치   - 77
[22] 중국 신라 전통 쌀국수   - 81
[23] 고려 강화도   - 86
[24] 신라 원효대사   - 89
[25] 강좌(江左)의 거꾸로 해석으로 줄어든 우리 땅   - 94
[26] 백제의 동남쪽. 언어가 다른 신라   - 98
[27] 허황후, 인도~금관가야 장강 뱃길   - 103
[28] 차(茶)의 고향 신라   - 105
[29] 북경의 연개소문 유적지   - 109
[30] 만 리의 땅. 고려   - 113

[31] 고구려를 계승한 발해 위치   - 115
[32] 일제의 중국 점령지들   - 116
[33] 고려 말 이성계, 만주 하얼빈 점령기록   - 120
[34] 1388년 고리 말 수도 위치   - 124
[35] 능성 구씨   - 127
[36] 서울 강남 피라미드   - 129
[37] 역대 중국왕조들 위치와 우리 영토 비교   - 131
[38] 그림 없는 그림책 <고려도경>   - 135
[39] 중국 여수의 고려 양식 절   - 140
[40] 고요(고려 거란) 전쟁   - 141
[41] 한반도에 단 하나 묘지석. 무령왕릉   - 144
[42] 고려 영토 논란 종결. KBS 드라마   - 146
[43] 신라 초기 국명. 서라벌, 사라, 사로국 위치   - 150
[44] 허풍 삼국지의 실제 영토   - 152
[45] 옛 지도 <고려사> 28개 지역 검증   - 157
[46] [송본역대지리지장도] (역대왕조 영토 조작지도)   - 163
[47] 고려 최충   - 166
[48] 충주 고구려 비석의 비밀   - 171
[49] 인사동에 나타난 베이징 고구려 명문 불상   - 173
[50] 여우산 백제 사냥터들의 비밀   - 175
[51] 삼국, 고려의 수도는 대륙
    (중국 땅에서 숨 쉬는 9개의 대표 유물, 유적)   - 176
[52] 대방군.공 백제왕   - 179
[53] 요동이란 어디인가?   - 184
[54] 고려 낙타의 비밀   - 188
[55] 고려에게 조공한 일본   - 189
[56] <신당서>,<고려사> 백제, 고려의 본토   - 192
[57] 5백년 전 명나라 지도 [대명여지도]   - 197
[58] 울릉도에 쳐들어온 여진족?? 고리적 우산국   - 202
[59] 북경 오리의 비밀   - 206
[60] 자주 묻는 20개 질문과 시원한 답변   - 207
[61] 고구려 장안성, 베이징 주변 발견!   - 213
[62] 발견된 고려 서경지도   - 218
[63] 부여 왕성? 러시아에서 발견   - 223

[64] 우리가 모르던 신라   - 227
[65] <고려사> 원문 해석 강해   - 228
[66] 견훤의 후백제   - 233
[67] 천산, 대택, 천성 어디?   - 238
[68] <부도지> 요약   - 240
[69] 신라 문무 대왕릉과 감은사   - 245
[70] 신라 동해 바다, 대인국 위치   - 249
[71] 책보고 배포자료 설명 영상   - 253
[72] 지형지도로 해석하는, 진짜 중세 한국사   - 257
[73] 당나라를 박살 낸 신라 (7년 전쟁의 비밀)   - 262
[74] 고구려 안시성   - 265
[75] 을지문덕의 살수, 천년의 비밀을 찾다.   - 267
[76] 청나라 지도 [대청광여도] 해석   - 271
[77] 사라진 원본 <난중일기 을미년>   - 275
[78] 대학 교수들. 식민지 이론, 안 바꾸나, 못 바꾸나   - 277
[79] 한국사 교수, 강사들이 옛 지도를 안 보는 이유   - 279
[80] 고려 강화도의 숨겨진 비밀   - 283
[81] 주원장과 이성계 고향의 비밀, 전주이씨   - 285
[82] 대륙의 지배자, 대백제   - 287
[83] 무령왕릉 목관, 소나무의 원산지?   - 293
[84] 신라가 그려진 현존하는 가장 오래된 지도   - 294
[85] 한반도로 줄어든, 우리 영토의 비밀   - 296
[86] 선조들이 남긴 비밀코드, 우리 국가명들 속뜻 대공개   - 301
[87] 옛 조선 지도 26종, 대마도를 영토로 표시   - 304
[88] 4개 속담 속의 숨겨진 비밀   - 306
[89] 한국과 중국 역대 나라들 비교 설명   - 308
[90] 대륙의 비밀을 풀어주는 신라 장보고   - 311
[91] 반복 질문의 명쾌한 답변, 영상들   - 314
[92] 고구려 무덤들 이렇게 수몰되고 파괴되었다   - 317
[93] 새로운 일본 역사 교과서 영토 보기   - 319
[94] 고구려 모본왕, 중국 서쪽 땅을 점령하다   - 323
[95] 신라 황룡사와 9층 탑   - 325
[96] 광대한 고리와 삼국을 지운, 한반도 조선왕조   - 329
[97] 발해와 신라의 국경. 니하의 위치   - 333
[98] 중국 역사가 된 한반도 백제, 중국 교육서   - 334
[99] 유럽이 충격받은 조선 초의 세계지도
             [혼일강리역대국도지도]   - 338

책보고 99개 한국사 강의 요약서
우리만 모르던 고려, 삼국시대의 비밀

原著 : 책보고
編著 : 분당 약사 Chris

[1] <송사(宋史)>에 기록된 고려의 개경·서경·남경 위치

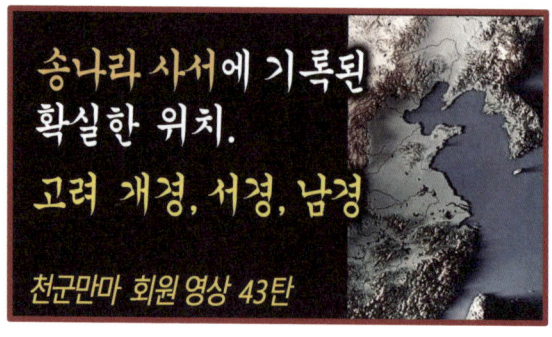

우리 기록이 아닌, 저들의 손에 쓰인
부정하려야 할 수 없는 우리 고려(高麗, 고리) 본토 위치.

1. 가로 영토가 더 긴 나라 고려

<송사(宋史),송나라기록>에
고려(高麗, 지금부터 이하 고리)는

"가로 영토가 세로보다 훨씬 더 길다."라고 기록했다.

고리(高麗)의 서북쪽(태행산맥을 경계)에는 거란이 있고,
태행산맥의 압록강을 요새로 삼았다.
고리 동쪽은 가는 곳마다 물(海)이 있다.
고리 동남쪽으로는 명주(明州)=영파(寧波)가 보인다.

※ 명주(明州)는 양자강 근처 최대 항구인 영파(寧波)의 옛 호칭.

고리의 왕은 개성부에 사는데, 그곳엔 숭산(嵩山)이 있다.
옛 신라 땅은 고리의 동쪽 주(東州, 낙랑부)로 삼았고,
고리 남경은 후백제 땅인 금마(金馬)다.
고구리 수도 평양을 전투 대비 진영(鎭州, 진주)으로 삼고
고리 서경(西京, 서쪽 수도)이라 불렀는데, 가장 넓고 번성했다.

2. 베이징 옆 탕산(唐山) 우측에 숭림(嵩林), 송악(松岳)이 있다.

3. 남경 개창(南京開創), 금마(金馬), 강녕(江寧)

고리 남경(南京)의 위치에 금마(金馬, 옛 후백제 땅)도 있고,
고리 말기 우왕은 강녕(江寧) 대군이라 불렸으며,
고리가 설치했다는 남경개창(南京開創)까지
현재 모두 중국 난징(南京)에 그 이름 그대로 남아있다.

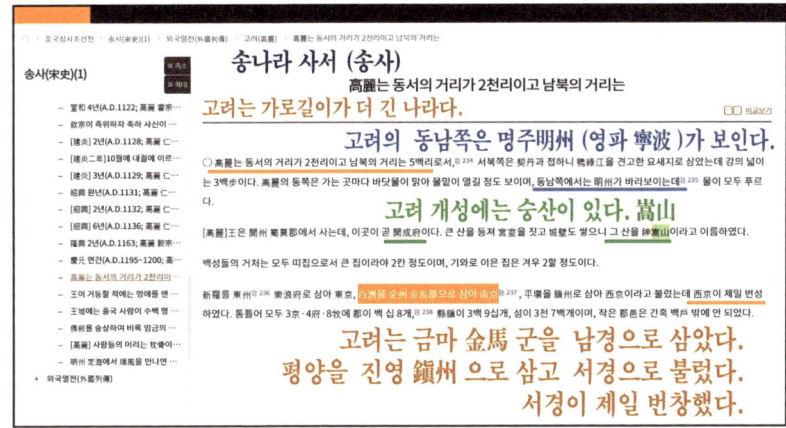

4. <송사(宋史)>, <고리사(高麗史)> 기록 속의 고리 본토

13

[2] 일본은 왜국이 아니다? <구당서(舊唐書)>기록
(대학교 입학 월간지 <나침반 36.5> 24년 10월호)

자신의 무리를 천시하고(본인이 속한 공동체와 역사)
돈만 추구하여, 남한테 빌붙어 인정받고 돈만 벌고 싶어 하는
개인주의가 판을 치면 결국. 공동체인 국가는 없어지고 만다.

한국 교과서에 나온 것만이 진리다? No, no.
그건 일본놈들이 일제강점기 때 우리를 위해 만들어준 역사다.
검증 없이 한국 역사계를 잡은 놈들은 잘못된 역사로 권위와 부를
쌓았고, 바쁜 국민들에게 인정받고 잘 살기에 안 바뀌고 있다.

고리(高麗)가 북경~남경을 다 지배한 국가였다고 하면,
그들이 쌓은 부와 지위의 기반은 무너진다고 생각하기 때문이다.
그 사람들은 스스로 바꿀 이유가 전~혀 없다.
스스로 낮추며 "우리는 미천한 나라다. 우리는 중국의 속국이다.
우리 성씨는 다 중국에서 왔다."라고 인정하고 있으니.
중국이 "한국 역사는 식민지 역사다. 한국은 중국의 속국이다.
한국 성씨는 모두 중국에서 왔다."라고 세계에 알려도
제대로 반론 못하고 "그런가? 그렇지." 하고 있을 거냐?

돈에 팔려, 스스로 역사를 깎아내리고 낮추며,
<고리사(高麗史)> 등 역사서를 보여주며 제대로 된 역사를
말하려 해도 제대로 된 검토 없이 '국뽕'이니 '사이비 역사'니 비아
냥거리며 발광을 한다. 아주 만만하게 보고 개인에게 소송도 걸고.
댓글 테러질에…. 우리 민족 내부의 역사관이 아주 개판이다.

한국 역사 전문가라는 등신(?) 떼가
역사서와 지도를 독점하던 시대는 진작에 끝났다.
누구든 알고자 하면 얼마든지 진실을 알 수 있는 세상이다.
고구리-백제-신라 그리고 왕건의 고리가 (한반도는 물론이고)
중국 대륙 동부를 본토로 자리 잡아 누리며 살았고,
일본 규슈부터 열도도 다스렸음을 기록으로 쉽게 알 수 있다.

여러 가지 다양한 정보를 모아서 종합적으로 판단하는 사고력,
교과서에 쓰여있다고 해서(혹은 전문가란 자들이 입 맞춰 주장한
다고 해서) "모두 다 진실은 아니다."라는 비판적 사고력!
이런 종합적 사고와 비판적 사고가 모여 통찰력이 길러지면,
어떤 물질이나 현상의 본질을 꿰뚫어 볼 수 있고,
더 이상 속지 않는 성숙한 지성인이 될 수 있다.

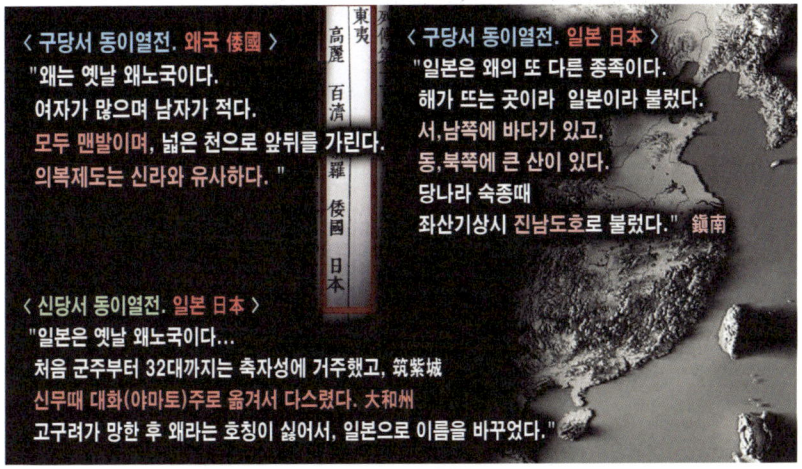

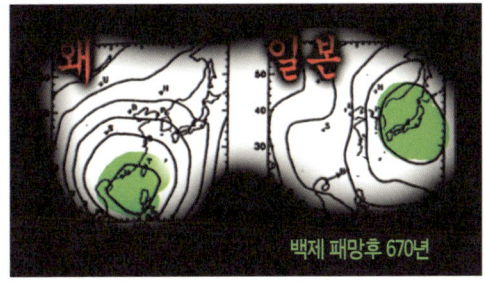

[3] 고려청자, 관요
모두가 놀란 고려 개경·남경 위치

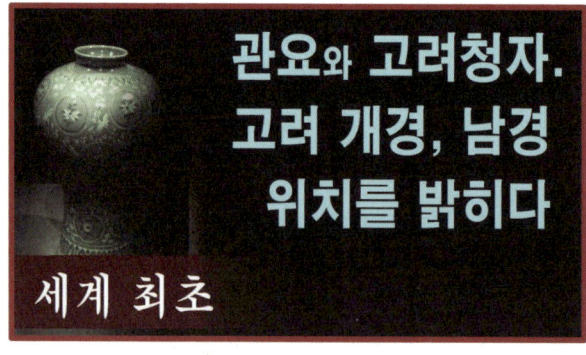

고리청자, 나전칠기, 각궁(쇠뇌)

멋진 고리(高麗) 청자는 조선으로 넘어가면서 더 이상 만들지 않았고, 볼품없는 막도자기급(?) 조선백자만 만들게 되었다.

나전칠기는 강에서 나오는 조개를 잘라서 붙여서 만드는데, 강이 많은 중국 동부의 황하 지류, 회수, 양자강 유역이 주 생산지였다고 해석된다. 나(라)전칠기 기술은 아직도 전승되고 있다.

각궁과 쇠뇌는 물소 뿔로 만든 활이다. 탄력 있고 부러지지 않는 물소 뿔은 중국 남부 지방에서 주로 생산된다.

<삼국사기>의 '신라 쇠뇌부대'는 당시에 유명했고, 당나라도 제작 기술을 배우려 했다. 중국 대륙 본토를 다 내주고 떨거지 땅으로 자진해서 옮겨와 세운 조선시대에도 기록에 따라 이 '핵심 전략 무기인 쇠뇌' 즉 소뿔 활을 만들어보려 했지만 실패했다. 한반도에서 물소를 키우는 데 실패한 것이다. 명나라도 전쟁물자인 물소를 조선에 수출하는 것을 꺼렸다. <조선왕조실록> 기록이다.

국가가 관청을 두어 도자기를 만드는 곳을 '관요(官窯)'라 부른다. 조선시대에는 경기도 광주에 있었다. 한양 근처다. 무조건 수요가 많은 수도 근처에는 도자기 생산공장 가마터가 있어야 한다.

왕건의 고리(高麗)는 고구리-백제-신라와 이성계의 조선을 이어 주는 그 중간의 나라다. 5백 년간 존속하며 전 세계에 이름을 알 렸던 Coree 수도 개경(=개평, 현재 唐山)! 그곳은 '탕산 도자기' 라 하여, 도자기로 유명한 곳이다. 지금도~! 수도는 이런 곳이다. 한반도 북한 개성? 관요가 있니? 있어? 대형 가마터 있으면 구경 이나 좀 해보자. 개경은 지진 지역으로 <고리사>에 수많은 지진 기록이 있다. 베이징 우측 탕산(唐山, 개경)은 지진으로 유명한 지 역이다. 북한 개성은? 지진과는 무관한 지역. 있니? 있어?? 있으면 지진 좀 느껴보자.

고리 남경은 현재 난징(南京).
신라 금성이 있던 근처이고 고리(高麗) 남경이 있던 곳 근처에도 '관요'가 있다. 신라의 경덕(景德)왕과 동일한 이름의 경덕진! 중국의 가장 큰 도자기 생산지다.
'이싱 도자기'로 유명한 의흥(宜興)도 덤으로 있네!
도자기를 만들어 금성(金城), 월성(月城) 신라 수도에 제공해야 했던 곳, 강을 끼어 토양도 좋던 곳, 도자기는 경덕(景德)진. 통일 후 신라 전성기를 이루어 각 지역 이름을 정리했다는 그 '경 덕 대왕'의 바로 그 '경덕'. 우연의 일치란 없다. 민족의 흔적.

고리 청자는 한반도 이외에 중국 동부인 양자강 주변에서 매우 많 이 출토된다. 중국에서는 "한반도의 고리 선박이 폭풍우를 만나 이곳에서 침몰했다."라고 애써 끼워서 맞춘다.

고리는 기와까지 청자로 만드는 화려함의 극치였던 나라였다. 화 려해지려면 돈이 많아야 한다. 국력이 강한 나라는 당연히 문화 강국이 된다. 먹고 살 만하니까 문화도 화려하게 발전하는 거다. 고리의 본토는 과연 어디겠나? 산지가 70% 이상의 산악지역인 한 반도일까? 대륙일까?

화려했던 고리 문화. 조선은 고리를 멸망시키고 청자 제조 기술의 맥이 끊기며 백자로 바뀐다. 이걸 '절제, 단순, 정결, 순백의 아름 다움'이라고 쉴드를 마구 쳐대지만, 조선백자는 고리 청자와 비교 하자면 세밀함 없이 대충 만든 것에 불과하다.

고구리-백제-신라 뒤를 이어 전승되는 고리,
왕건의 고리. 우리는 고리.언(Coree-an).

지금 우리가 교과서로 배우는 영토는 쓰다소키치(津田左右吉), 이마니시류(今西龍)가 한반도 조선총독부의 관제 기관인 조선사편수회에서 만들어놓은 '가짜역사'다.
거기서 심부름하던 이병도가 해방 후, 친일파 세상에서 '총독부 역사 해석관'을 유일한 정통 해석으로 확립하면서 우리는 아직도 그것이 유일하며 진실된 역사로 알고 배우고 있다. 추운 만주와 한반도, 이 코딱지만 한 땅에서 수만 년 전부터 지금껏 쭈~욱 살았다고 배우고 있다. 상식적으로 해양 제국, 기마국, 문화의 중심지 고구리, 고리(高麗)는 과연 어디에 있었겠나?

전 세계 대부분을 지배했던 몽고리의 원나라.
몽고리는 쿠빌라이 칸이 딸을 내주며 고리(高麗) 원종과 사돈 관계를 유지했다. 몽고리는 고리를 품에 안았기에 남방과 서역을 쉽게 정벌할 수 있었다.

2024년 기준. 중국 본토에 제일 많은 성씨가 '왕건 왕(王)씨'다.
두 번째로 많은 성씨가 '장보고 장(張)씨'다.
세 번째로 많은 성씨가 '당태종 이세민 이(李)씨'다.
왕씨 약 1억 명, 장씨 1억 명, 당태종 이씨가 9천 만명. 왜일까?

우리 선조들이 뛰어놀던
중국 동부 땅 vs 우리 교과서의 잘못된 역사, 한반도 역사관!
유적과 유물, 기록, 역사의 현장이 모두 고리 본토를 북경 주위, 남경 주위임을 확신시켜주고 있다. <고리사>와 유물, 유적을 중심으로 반론이 가능한 분은 어서 반론해 보시라.

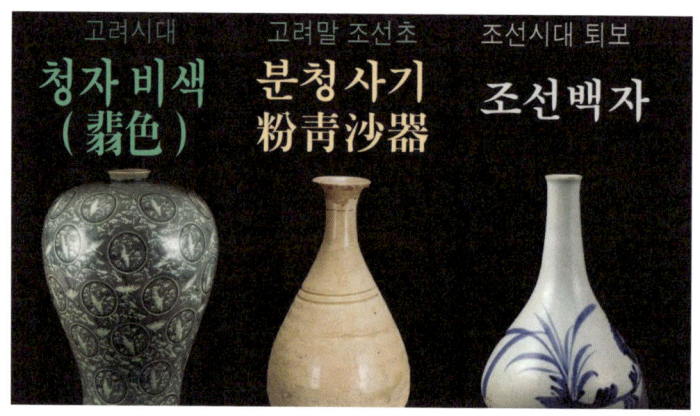

[4] 회수 주변에서 격돌, 고리 말기 최영 장군

고리(高麗) 말기. 최영 장군이 없는 사이에 고리 공민왕이 살해된 걸 본 어린 아들 우왕! 그래서 요동 정벌 나서려 하는 최영의 바짓가랑이를 잡고 함께 있어 달라고 애걸복걸했다.

그 결과로 이성계-조민수의 위화도 회군은 쿠데타로 이어졌다.

고리 공민왕 때도 왜구가 많았다. 당시 왜구(倭寇)라 함은 중국 대륙 동남부 등의 반란 세력을 말한다. '왜(倭)'라는 것은 일본이 아니고, 중국 동남부의 세력이다. 당시 홍건적도 창궐했다. 양자강을 포함한 여러 지역에서 일어난 세력들이 원나라와 고리의 통치에 불만을 품었다. 이 왜구는 명나라가 건국한 후에도 날뛰었다.

1352년 '조일신'의 반란을 잠재우고, 1353년 대호군(大護軍)에 임명된 고리 최영 장군은 원나라 장군과 함께 고우(高郵) 정벌에 나선다. 양자강 위, 회안(淮安)에 진영을 만들고 고우성에서 27번이나 싸웠다. 회수(淮水) 흐르는 곳의 사주(泗州), 양자강이 흐르는 곳에 화주(和州)가 있다. <고리사(高麗史)>에 자세히 기록되어 있다. 적의 선박 8,000척을 회안에서 밤낮으로 싸워 물리쳤다. 회안로(淮安), 고우(高郵), 사주(泗州), 화주(和州) 모두 양자강 위쪽에 존재하는 것을 청나라 지도인 [대청광여도]와 현재 위성지도를 통해서도 쉽게 확인할 수 있다.

최영 장군은 홍건적을 퇴치하기 위해 서경으로도 가고, 탐라에도 출동한다. 고리 전 지역을 방어하고 지켰던 고리 말기 대장군이다.

[5] 신라 첨성대의 비밀

'첨성대'는 <삼국사기> 기록에는 전~혀 없고 <삼국유사>에 딱 한 번만 나온다! "신라 선덕여왕 때 돌을 쌓아 첨성대 만들었다." 이 글이 전부고, 더 이상의 자세한 기록은 없다.
일반적으로 하늘의 별과 천문현상을 관측하는 첨성대는 높은 산 위에 건설된다. 현재 첨성대라 불리는 돌탑은 평평한 땅, 즉 무덤들 앞에 존재하는데 희한하게 1층에 입구도 없다! 사람이 올라가기도 꽤 높은 곳에 좁은 구멍만 하나 있는데, 쉽게 올라갈 수도 없다. 별똥별이 급하게 떨어지며, 급변하는 천문현상을 자세히 관찰해야 하는데, 1층도 없는 이런 높은 구멍에 올라가 건축물 위의 좁은 하늘을 보는 것보다는 그냥 1층 평지에서 넓은 하늘을 보는 것이 낫지 않겠나?? <삼국유사> 기록의 돌로 만든 건축물은 과연 이 '첨성대'가 확실한가?? 이 건물에서는 '첨성대'라는 어떠한 글씨나, 명문이 존재하지 않는다. 일방적으로 추정된 건축물이다.

그렇다면 현재 대륙의 천문대는 어디에 있는지 알아보자.
중국에는 굉장히 유명한 4대 천문대가 있다. 양자강 주변인 상하이의 천문대와 난징 자금산(紫金山, 자주색 김씨 산)의 천문대, 베이징 천문대, 남서쪽 끝 운남성의 천문대이다. 오래된 것 중 하나가 양자강에 있는 '자금산 천문대'라는데, 이 근처에는 현재에도 김씨 마을들이 모여있고, 신라 옛 양주(楊州), 금성(金城), 월성(月城)이란 지역명들이 잔뜩 존재한다. 양자강 주위를 신라의 본토라고 주장하는 이유다. 산꼭대기에 존재하며 예부터 천문관측을 했다고 하니, 그 건물이 지금도 천문대로 불리지 않을까?

유일한 첨성대 기록

대륙 양자강.
신라 옛 양주(楊州) 부근.
자금산(紫金山) 천문대 (天文臺)

王代鍊石築 瞻星臺
신라 선덕여왕때
돌을 쌓아 첨성대를 만들었다.
- 삼국유사

천문 관측대라면 기본적으로 산꼭대기에 지어져야 한다.
장애물 없이 광활한 시야를 확보할 수 있는 곳이어야 한다.
세계적으로 유명한 천문대들은 모두 높은 산에 있다.
북경의 천문대는 고구리가 활용했고, 양자강 쪽은 신라가 사용하지 않았을까? 당연히 첨성대, 즉 천문관측 건축물은 돌을 주재료로 쌓아 만든다. <삼국유사> 기록과 일치하지 않나?

그렇다면 경상북도 경주의 첨성대는 뭘까?
평지, 즉 그 많은 무덤 사이에 우뚝 솟은 1층 입구도 없는 건물.
호랑이 공격에도 안전하고, 도굴꾼을 감시하는 탑이라면 어떤가?
가드 타워(Guard tower), 무덤 경비실!
자꾸 경상도를 신라의 본토로 끼워서 맞춰 억지 해석하지 말고,
상식적으로 판단해 보면 어떨까? 평지의 입구 없는 천문대라...

[6] 중국에서 발견된 김유신 도로와 무덤 장소

중국의 '상하이(上海)'는 최근 지역명이고, 예전에는 그 명칭이 아니었다. 신라 김해(金海)가 있던 자리다. 상하이는 물이 많은 곳. 바로 김해 김씨, 김유신의 본관 지역이다. 상하이에는 김해 마을(金海村)과 김해 도로(金海路)가 버젓이 지금도 존재한다.
신라 김유신(595~673년)이 673년 죽어서 신라 땅 금산(金山)에 묻혔다. 지금도 상하이에는 금산구(金山區)가 그대로 존재한다.
신라의 본토는 어디였는가? 김해와 금산.

이것뿐이겠는가? 상하이 옆 난퉁시(南通市)에는 신라 선덕여왕이 묻혔다는 낭산(狼山)마저 존재한다.
486년 신라 소지왕(479~500년) 때 낭산에서 군대를 크게 사열한 기록이 있고, 647년 신라 선덕여왕을 낭산(狼山)에서 장사지냈다고 우리나라 국보인 <삼국사기>에 기록된다.

또, 양자강 유역을 신라 본토로 쐐기를 박아줄 이름이 있다.
상하이 서쪽에는 김유신(庾信) 도로가 존재한다.
바로 김유신이 묻혔다는 금산(金山) 좌측에 지금도 존재한다.

한반도에도 김유신 무덤이 있지만, 김유신의 일생을 잔뜩 담은 묘지 비석은 발견되지 않는다. 조선시대는 유교의 나라이기 때문에 조상에 대한 제사가 매우 중요해 조상의 묘 위치가 불분명할 때, 반드시 '가묘(가짜묘지)'라도 만든다. '김해(金海)김씨', '경주(慶州)김씨' 모두 성씨의 본관, 시조들을 찾아가면 온통 당대의 묘지석이 없는 가묘들뿐이다. 김춘추, 김유신, 선덕여왕 무덤 등 모두 추정, 비정한 묘들이며 현재 한반도의 많은 무덤 중 신라 묘지 비석으로 주인이 밝혀진 무덤은 단 한 개도! 없다.

중국 양자강 유역에는 신라의 수도 금성(金城)이었던 합비시, 또 다른 신라 수도 월성(月城)이라는 이름이 현재도 살아 숨을 쉬고 있다. 수많은 김씨 마을과 함께.

660년 신라와 당나라 용병들이 백제를 멸망시키러 모일 때,
신라 김춘추는 우이도행군총관(嵎夷道行軍總管)이란 직책을 맡았다. 우이도(嵎夷道) 방면을 원정하는 군대의 총사령관이라는 뜻이다. '우이(嵎夷)'는 옛날 요(堯) 임금이 '희중'에게 명령해 살게 한 곳이며 관중 평야의 동쪽이다. 지금은 '산동반도 봉래시'를 말한다. 당나라 소정방과 신라 김춘추는 백제의 사비성이 존재하는 이곳을 목표 삼아 군대를 이끌었다. '우이도(嵎夷道)'의 '산굽이 우(嵎)' 자를 그대로 쓰는 우갑하(嵎岬河)가 여전히 산동반도에 존재한다. 백제의 마지막 패망 위치다.

신라의 수도 금성(金城)과 월성(月城), 김해(金海), 낭산(狼山)과 금산(金山), 김유신 도로(庾信), 우이도 강(嵎岬河) 등.
중국 본토엔 1,500년 전 신라 지역명들이 이렇게 많이 남아있다. 한반도에서는 <삼국사기>에 기록된 당시 지역 이름을 대부분 사용하지 않고 있다. 눈 씻고 찾아봐도 없는 산악지형이 90% 이상인 경상도가 신라 1,000년 왕국의 본토일까??

이제 철 지난 '경상도 신라 설'은 폐기 처분할 때도 되었다.

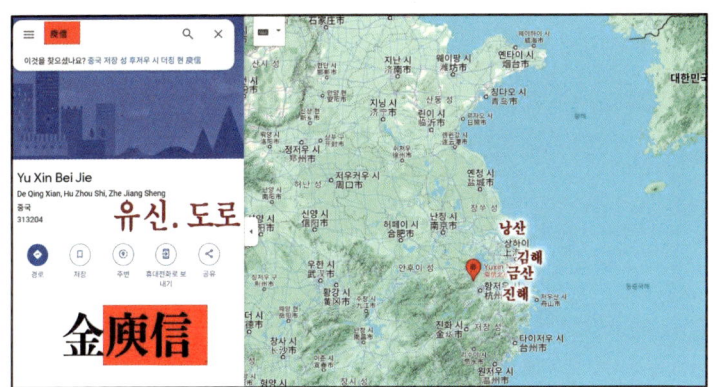

[7] 대륙서 찾는 족보 장보고와 장영실. 안동 장(張)씨, 아산 장(蔣)씨

1) 절강성(浙江省) 출신. 안동(安東) 장(張)씨 장보고

신라 진해장군(鎭海將軍) 장보고(張保皐) 족보를 <절강세보>라 하는데, 중국 강소성 아래 양자강 '절강성(浙江省)'을 말한다.

[대청광여도](1758년), [대만군사지도](1964년) 등 옛 지도나 최근 지도들 보면 '안동(安東)'은 중국 대륙 강소성에 있다. 안동은 고창(高昌)으로도 불렸으며 후백제와 왕건이 전투를 치렀던 바로 그곳이다.
족보에 "장보고의 아버지 장백익은 자가 '대호', 벼슬은 '중랑장우복야'다. 절강성 소흥(蘇興)부 용흥(龍興) 사람이다. 장보고의 자는 '정집(正集)'이고, 어릴 때 이름은 '궁복(弓福)'이다. 당나라 관직을 지내다가 신라 경덕왕(742~765년) 때 청해진(청해의 군사기지) 대사로 왔다."라고 적혀있다.

어떤 사람들은 "소(蘇)로 되어 있으니 절강성 소흥(紹興)과는 한자가 다르므로 그 위치가 아니다."라고도 하는데, 당시에는 강소성(江蘇省)까지 포함해서 절강성이라 불렀을 수도 있다. 양자강 주변에 소흥(蘇興)이 있고, 용흥(龍興)이 있는데 해석에 무리가 없다. 그곳에는 현재 연계 지역명들로 가득 차 있다.
또 안동(安東)까지 신라와 고려의 역사 위치들이 완벽하게 들어맞는다. 용흥(龍興)이 강소성(江蘇省), 절강성(浙江省)에 모두 존재한다.

2) 아산(牙山) 장(蔣)씨. 조선의 과학자 장영실(蔣英實)

조선 세종대왕(이도 李祹)을 도와 많은 발명품을 만든 장영실.

<조선왕조실록>에 장영실(蔣英實)은 소주(蘇州,쑤저우), 항주(杭州,항저우) 출신이라 전해진다. 왕건의 고리(高麗) 남경 근처가 바로 조선 초기 사람들의 고향이라는 말이다.

송나라 때 풍랑을 만나 아산(牙山)에 도착하여 그때부터 아산(牙山) 장(蔣)씨가 시작되었다는 설도 전해진다. 거란 땅을 그대로 차지한 금나라가 박살 낸 송나라, 그 송나라 사람이 도착했다는 아산(牙山)은 현재 소주(蘇州), 항주(杭州)의 양자강을 따라 바로 왼쪽인 안휘성 합비시에 현재 존재하는 아산(牙山)이다.

아산(牙山) 장(蔣)씨 집안은 대대로 고리 강역에서 살아왔지만, 고리의 멸망으로 지배층이 이동하여 한반도에서 건국한 조선부터 한반도에 있던 장씨들의 세력은 조선시대 주를 이루지 못한 노비, 천민층이 되었겠구나! 상식적으로 생각해 볼 수 있다.

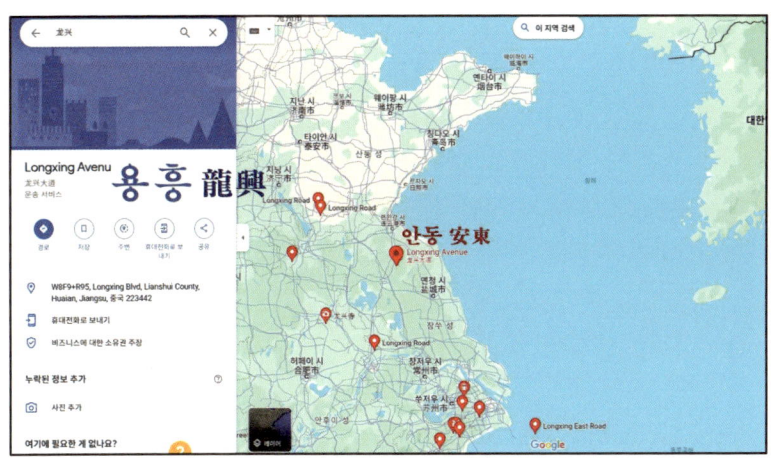

[8] 중국에 존재하는 26개 신라마을 전부 보기

1. 신라인 집단 거주지?

'신라방'이라고 들어보셨을 것이다.
어느 정통 역사 기록에도 보이지 않고, 오직 일본 '엔닌' 스님의 <입당구법순례행기>에만 보인다. 엔닌이 신라를 거쳐 당나라로 들어갔던 여행기를 일기처럼 기록한 책이다. 그런데 원문을 읽어보면 여행 기간 내내 중국 동부 땅에서 신라 사람들을 무수하게 만났으며 그 땅이 '당나라 땅'이라고 제대로 말한 내용은 없다.
또한 산동반도의 장보고의 절에서는 모두 신라 언어로 예불을 드린다고 기록되어 있다. 그가 만난 수많은 신라인들과 신라어.
신라 통역관들은 누구랑 통역하기 위해 존재했나? 일본 스님들은 중국 동부 땅에서 대부분 신라인들과 만났는데?
이 책도 원본은 전해지지 않고 후대에 조금씩 가첨이 되었다.

엔닌은 일본에서 출발하여 한반도 전라남도 청해진이라 불리는 완도를 통과하는 것이 아니라, 곧바로 중국 동부 대륙의 양자강 부근에 도착했고, 그곳에서부터 수많은 신라 사람을 만났으며 당나라로 이동했다는 기록이 바로 <입당구법순례행기>로 그 책에 기록된 단어가 '신라방(신라인 거주지)'이다. 과연 '신라방'이라 불리던 지역은 신라 땅이었을까, 당나라 땅이었을까?

위성지도인 구글맵에서 쉽게 검색되는 신라마을 26개와 이 일본의 역사서 기록은 어떤 연관을 가질까?

2. 북한 땅에 이어 충청-전라도까지 뺏어갈 준비를 마친 중공

중국 공산당은 고구리 역사를 중국의 역사로 완전히 뺏어갔다.
심지어 충청도, 전라도의 백제도 중국 역사라고 한다.
신라와 당나라가 함께 백제를 멸망시킨 후, 백제 땅에 당나라가 행정부인 5도독부를 설치했으니 충청, 전라도는 중국이 찾아야 할 옛 영토라고 주장한다. 그들이 그렇게 주장하는 이유는 한반도 전쟁이나 유사 상황 발생 시 여차하면 뺏어갈 명분을 만들기 위해서다. 당나라가 신라 땅에도 설치했다는 '계림도독부'를 근거로 곧 경상도 땅마저도 뺏어갈 기세이다. 그러나 백제 패망 후, 5도독부인 '동명, 덕안, 웅진, 마한, 금련'은 모두 대륙에 존재하는 이름이다. 특히 황하 주변 동명(東明)과 양자강 나주성(羅州城) 아래 덕안(德安)은 지금도 그 지명 그대로 쓰고 있는 오래된 삼국시대 지역 이름이다.

3. 한반도 가야 해석을 통해 '임나일본부' 공격을 이어가는 일본

일본은 '임나.가라'를 한반도 남부로 주장하며 한반도를 침탈할 계획을 계속 꾸준히 외치고 있다. <일본서기>에 '임나'는 신라 계림의 서남쪽에 존재하여야 하고, 축자국에서 2천 리밖에 존재해야 한다. 이 해석으로 임나의 위치가 전라도로 성립이 되는가? 축자국은 현재 일본 규슈라는데 2천 리 밖에 전라도가 존재하는가?

<수서>는 백제의 남쪽에 신라가 있다고 기록하며,
<신당서>는 백제의 남쪽에 왜국이 있다고 적혀있다.

현재 한반도로는 설명할 수 없는 위치다.
이 기록상 백제는 대륙인가 한반도인가? 그런데 더 웃기는 것은 위 기록을 통해서 현재 전라도 남부에 고대 왜국이 있었다며 일본의 주장에 조력하는 국내 역사꾼들의 해석도 난무한다는 점이다.
병신 같은 역사 해석, 글로, 이웃 일본에 우리 땅을 넘기고 있다.
현재 중국 동남부에 존재하는 왜와 임나, 가라, 안라의 흔적을 전혀 알지 못한 채, 가르쳐줘도 이제는 미친 듯 부정하고 있다.

'역사전쟁(역사 인식 전쟁)' 다음에는 '영토전쟁'이 벌어진다.
러시아. 우크라이나 전쟁도 "옛 영토를 되찾자!"라는 명분을 국민에게 심어주어 전쟁을 시작했다. 이처럼 '찾아야 할 옛 땅'이라는 명분인 '역사전쟁'의 시비에서 애초부터 승리하는 방법은 뭘까?
우리의 옛 땅을 제대로 인식하는 것!
주변 눈치 보지 말고 불편하더라도 '진실'을 정립하는 것!!

우리 국보 <삼국사기> 기록을 통해 우리 옛 본토는 중국 대륙이며 한반도까지 뻗어나갔다는 것을 쉽게 알 수 있다.

4. 대륙에 존재하는 놀라운 신라마을 26개

1) 산동반도

신라 말기 장보고의 적산법화원이 현재도 존재하며, 이 위치의 갈령(葛嶺)은 백제 부흥군과 신라군이 싸워서 신라가 도망간 곳. 675년(신라 문무왕 15년) 신라가 당나라 '설인귀'를 물리친 장소로 유명한 곳이 천성(泉城)이다.
또 신라와 당나라가 싸운 석성(石城)도 가깝다.

① 장보고 적산법화원(赤山法華院)
② 갈령(葛嶺) : 백제 부흥군과 신라와 싸워서 신라가 도망간 곳
③ 천성(泉城) : 675년 당나라 '설인귀'를 신라가 물리친 곳
④ 석성(石城) : 신라와 당나라가 싸운 유명한 전투지

2) 산동반도 아래, 강소성 연운항

백제, 신라계 무덤 약 600개가 발견된 지역이다. 신라마을 공원 유적이 있다.

3) 양자강 아래, 9강(九江)의 남부

신라 경덕(景德) 대왕 진영 옆으로 강서성에 신라마을들이 있다. 이 근처에는 그토록 신라와 많이 전쟁을 벌였다는 백제 무령(武寧)왕 지역인 '무령(武寧)'이라는 이름의 도시가 있다.

4) 양자강 동부, 월성 근처

신라마을 (상하이, 쑤저우, 항저우에 신라마을 여러 개 존재)
강소성과 절강성 등에도 신라마을들 우후죽순~

5) 중국 동남부, 온주(溫州,웬저우)에 신라 왕자관(新羅太子觀)

이 지역 '영파, 태주, 온주, 복주, 천주'는 신라가 망하고, 왕건의 고리(高麗)에 조공했던 곳으로 유명한 곳들이다. 이곳은 송나라 땅이었을까? 고리의 호족들이 다스린 땅이었을까?

6) 중국 동남부, 천주(泉州,취안저우)와 신라 구역

중국 동남부 취안저우(泉州) 근처에는 신라마을(新羅村), 고리(高麗)마을이 현재도 많은데 고리산(高麗坑)도 있다.
신라 공원도 있다. <태백일사>의 기록에는 고구리 전성기 때이던 문자왕(491~519년)이 신라 사람들을 취안저우(泉州)에 보내 강제로 살게 했다는 기록이 있다. 고구리 지배권 안에 있었고 신라인이 살았던 취안저우(泉州,천주)가 고스란히 왕건 시대 고리(高麗) 땅으로 이어졌을 거라는 것은 문헌적으로나, 상식적으로나 너무나 명백하다. 항구를 지배해야 하니... 취안저우(泉州)에는 '신라구(新羅區)'라는 굉장히 넓은 행정구역이 현재 존재하며 아직도 이곳은 '신라' 이름의 신라 술, 신라 국수, 신라 차 등 '신라' 브랜드를 가지고 있다. 대대로 전해 내려오고 있고, 중국 내는 물론 세계적으로도 그 우수한 품질을 인정받고 있다.

7) 중국 남부 계림(桂林)

중국 남부의 계림지역에는 '신라마을, 신라도로, 함산' 등이 있다. 홍콩-마카오 광서지역에 신라마을이 있고, 현재 백제마을도 있다.

8) 호남(湖南)은 존재하는데 호북(湖北)은 어디?

중국은 양자강 아래 동정호수를 기준으로
호수의 남쪽은 호남(湖南), 호수의 북쪽은 호북(湖北)으로 부른다. 조선시대에 그걸 베껴다 한반도에 지명을 이식하는데, 한반도 전라도는 호북(湖北)이라 할 만한 호수도 없고 땅도 없어서, 그냥 '호남(湖南)' 글자 하나만 이식했다. 호북은 어디 갔냐고!
호남에 의문을 품는 이가 하나도 없네? 큰 호수가 없다고!!
이런 상식에 의문이 없는 것이 더 웃겨.

9) 양자강 중류 무한(武漢) 근처 나주(羅州)

양자강 중류에도 신라마을이 존재한다. 신라(新羅)는 초창기에 사로, 사라(斯羅)로 불렸다. '라', 즉 나(라)주(羅州)가 있는 곳.

이 양자강, 장강 중심에 나주성(羅州城)이 존재하는데, 후백제 견훤과 태봉국의 백선(百船, 100개의 전투선을 가진 해군)장군 왕건이 대규모 수군을 거느리고 치열하게 겨뤘던 곳이다.
910년 후백제 견훤은 화공전투에 패배해 도망갔다. 해전이다.
927년 왕건과 후백제 견훤이 크게 싸웠다는 공산(公山)도 그 바로 북쪽에 존재한다.

후삼국 위치에 존재하는 신라마을들과 '무한, 나주, 공산'이 잔뜩 양자강 주위에 현존한다. 어찌 된 일인가? 신라의 본토가 어딘가? 고리 현종이 거란(요나라)에게 개경을 뺏기고 도망갔던 강남(江南) 나주(羅州)!
그 주변에는 신라마을뿐 아니라 고리마을도 현존한다.
기가 막힌 일이다! 거란이 멀어서 쫓는 것을 포기했다는 강남 땅!
고리 현종은 나주로 몽진 후, 개경으로 돌아가서는 그곳 신라왕릉들을 대대적으로 손보기 시작했다. <고리사(高麗史)>에 기록된 내용이다. 고리 현종이 도망갔다는 한반도의 나주는 전라도인데, 갑자기 경상도 신라왕릉을 손보겠나? 응? 생각이란 걸 해보시라.

10) 양자강 서쪽 악양(岳陽)

고리(高麗) 충혜왕이 양자강 고리 남경 근처 강음(江陰)에서 사냥하다가 원나라에 밀보여서 귀양을 가서 죽은 곳이다. 이 근처에도 어김없이 신라마을이 현존한다.

11) 사천성 우측 신라 지명

당나라의 왕이 '안록산의 난', 즉 반란이 일어나자 사천성으로 도망가서 숨는다. 신라(Silla)가 검색되는 이곳은 바로 치우천왕의 구리성(九黎城)도 검색되는 곳! 치우천왕의 영토와 그 백성(묘민)의 영토가 그대로 삼국시대-신라-고리로 이어졌다고 볼 수 있다.

5. 고리 (高麗) 마을

2016년 이탈리아 로마 바티칸 수장고에서 고리(高麗) 말기 27대 충숙왕 왕만(王卍 1313~1330, 1332~1339년)에게 로마교황(아라트나시리 1294~1339년)이 안부 인사를 전하는 편지가 발견되었다. 로마 바티칸 비밀문서 창고에서 1333년 당시 교황 요한 22세가 동방 대제국인 고리(高麗 Coree)에게 잘 지내자 쓴 편지다.

한반도와 만주, 그리고 중국 중부를 거쳐 동남부까지 존재하는
신라, 고려의 흔적, 산, 언덕, 강 이름, 그리고 마을들.
역사 기록 및 해석과 일치하는 지역에 존재하는 그 국명들.
후삼국 전투 기록과 고구리. 백제. 신라 땅을 이어받았다는 왕건의 고리 위치까지 정확하게 중국 대륙 동남부에 남아있다. 고리 말기 주원장과 이성계, 그리고 그의 아들들인 주체와 이방원 대에 이르러 드디어 북경 주위를 내주며 조선은 한반도와 만주에 갇히게 되었다.

현재 기껏해야 고구리와 고리의 중심지를 만주에서만 찾는 재야, 민족사관 흉내 내는 역사꾼들! 어처구니없이 신라, 고리의 본토는 한반도로 해석하고 자신들만이 옳다고 우기는 짓을 보라!
일본 임나일본부와 중국 동북공정을 못 막고 이론적으로 계속 휘둘리고 있다. 우리 민중이 무지하고 오만한 역사 교수들과 강사들을 깨울 때다!

고구리, 백제, 신라와 6개의 가야국, 및 왜국이 중국 동부에 존재한다면, 일본과 중공이 주장하는 역사 공정의 주장은 모래성처럼 순식간에 무너져내리게 되어 있다. 그들의 억지 논리를 유일하게 이겨낼 수 있는 역사 해석. 대륙 동부는 왕건의 고리까지의 본토!

6. 중국 내 신라 지명 (구글맵에서 뒤쪽 숫자만 입력하면 검색됨)

1) 산동성
① 新罗家村 : 中国 山东省 烟台市莱州市 261419
② 新罗小镇 : 中国 山东省 威海市文登区九龙路 264416

2) 강소성, 상하이
① 新罗村桥 : 中国 上海市 青浦区 215325
② 新罗村 : 中国 上海市 青浦区 215325
③ 新罗村 : 中国 上海市 松江区 201603
④ 新罗村 : 中国 江苏省 苏州市常熟市 215523
⑤ 新罗村遗址公园 : 中国 江苏省 连云港市连云区宿城乡 222044
⑥ 罗新庄 : 中国 江苏省 宿迁市宿城区 223833

3) 안휘성, 중부
① 罗新庄 : 中国 安徽省 六安市裕安区 237421
② 罗新桥村 : 中国 安徽省 六安市叶集区 237510
③ 罗新庄 : 中国 安徽省 淮南市寿县 232251
④ 罗新庄村 : 中国 安徽 省蚌埠市怀远县 233430

4) 강서성, 중부
① 新罗家 : 中国 江西省 吉安市吉安县 343121
② 新罗舍 : 中国 江西省 吉安市泰和县 343732
③ 新罗屋 : 中国 江西省 赣州市于都县 342331
④ 新罗家 : 中国 江西省 南昌市进贤县 331712
⑤ 新罗坑 : 中国 江西省 新余市渝水区 338019
⑥ 新罗村 : 中国 江西省 赣州市寻乌县 342299

5) 호북 호남, 중서부
① 新罗家 : 中国 湖北省 黄冈市麻城市 438411
② 新罗家塆 : 中国 湖北省 武汉市新洲区 430415
③ 新罗家 : 中国 湖北省 咸宁市通城县 437402
④ 新罗家台 : 中国 湖北省 天门市 431709
⑤ 新罗冲 : 中国 湖南省 娄底市涟源市 417117
⑥ 新罗冲 : 中国 湖南省 湘潭市湘乡市 417005
⑦ 新罗冲 : 中国 湖南省 娄底市涟源市 417109

6) 절강성 복건성, 동남부
① 新罗太子观 : 中国 浙江省 温州市 平阳县 50米 325400
② 新罗村 : 中国 浙江省 台州市仙居县 317312
③ 新罗田 : 中国 浙江省 台州市仙居县 317326
④ 新罗岙村 : 中国 浙江省 宁波市象山县 315706
⑤ 新罗家 : 中国 浙江省 绍兴市上虞区 312300
⑥ 新罗村 : 中国 福建省 龙岩市永定区 364102
⑦ 新罗村 : 中国 福建省 龙岩市连城县(連城县) 366214
⑧ 新罗村公园 : 中国 福建省 龙岩市永定区203省道 364102
⑨ 新罗区 : 中国 福建省 龙岩市
⑩ 新罗 : 中国 福建省 泉州市南安市 362302

7) 남부, 홍콩 좌측
① 新罗网 : 中国 广西壮族自治区 桂林市平乐县 542407
② 新罗村 : 中国 广西壮族自治区 贵港市覃塘区 537129
③ 新罗村 : 中国 广东省肇庆市四会市 526236

5) 사천성, 서쪽
① 新罗 : 中国 重庆市 彭水苗族土家族自治县 409615

※ 본 지명들은 중공에 의해 언제든 사라지거나 바뀔 수 있습니다.

33

[9] 신라 술, 중국 현지 유명 홍주

중국 동남부 복건성 천주(泉州,취안저우) 옆 용암시
신라구(新羅區)에는 전통 신라 술인 '신라 천패'를 판매한다.
신라의 샘솟는 물로 만든 술.
'패'는 '상표'라는 뜻이므로 '신라 샘물 사용'이라는 뜻이다.
중국의 가장 유명한 술 18개 중 하나며 붉은 술 (홍주)이다.

우리만 바보구나. 집안에 큰 도둑이 와서 집안 재산 싸그리 훔쳐 갔는데 뭘 도둑맞았는지도 모름. 게다가 도둑이 우리 집 앞마당에 좌판 깔아놓고 훔친 우리 물건으로 장사하고 있는데 거기서도 구경하고 있다. 대한민국 큰일이다.

(베스트 댓글)

[10] 운남성 끝에 존재. 고려 마을

국가의 수도는 벌목할 산도 있고, 대규모로 운송이 가능한 큰 강이 있는 곳에 선정한다. 이 배산임수의 위치는 전투를 벌일 때 강 건너에서 오는 적들을 막고, 산에 올라가서 진영을 갖추고 막아낼 수도 있다. 바이칼호에서 기반한 강성한 기마 민족이 말을 타고 내려오다가 산세에 막히는 곳, 그곳은 베이징 좌측과 북쪽의 산맥이다. 그래서 명나라 때는 기존의 장성을 덧대어 북원과 여진을 막기 위해 만리장성을 증축해서 쌓았다.

북경에는 고구리 2대 왕, 유리왕의 사당이 있다. 고구리의 각종 지역명이 있다. 북경의 동쪽 근교에 고리 장소이라는 의미의 고리장(高麗庄)이 있으며 북쪽 근교에 고리 군대의 주둔지였던 고리진영(高麗營)이 있다. 마치 넝쿨에 매달린 열매처럼 고리 항구가 있던 고리포(高麗浦), 고리동(高麗洞), 고리정(高麗井) 등 '고리' 지역이 있다. 북경 우측에는 고리성(高麗城)이 있는데, 보존을 안 하고 다 부쉈다. 최근 발견됐던 성곽 중 북경에서 가장 남쪽에 있는 '하간(河間) 고리성'도 거의 다 파괴했다. 1960년대 문화대혁명을 거치면서, 중국공산당은 명명백백한 고구리, 고리 땅의 증거인 유적과 유물은 물론, 산 정상 큰 바위에 '고리 지경(高麗之境, 고리의 땅)'이라 새긴 글씨도 모두 갈아 없앴다.

<송사(宋史),송나라기록>에 적혀있던 가장 번창했던 왕건의 고리(高麗) 서쪽 수도 서경. 번창할 수밖에 없는 위치의 베이징!

그렇다면 고리 마을(高麗村)들은 도대체 어디까지 펼쳐져 있나?

양자강 주변과 중국 동남부 신라의 영토를 이어받은 곳에 고리 마을(高麗村)들이 현재 나타난다. 사천성, 운남성 끝자락에도 있다. 양자강의 무한-나주를 지나 양양, 강릉, 그리고 사천성의 중경, 성도 지나서 사천성 좌측 밖으로도 고리 마을이 존재한다. 놀라운 일이다. 중국 왼쪽 국경까지 고리 마을(高麗村)이 현존한다. 마을만 있는 것이 아니라 고리산(高麗山)도 함께 존재한다. 이 운남성은 '전칠삼'이라는 산삼으로 유명한 지역이다. 그 유명했던 고리 인삼의 생산지 중 하나를 이 지역의 지방 호족이 다스리지 않았을까?

대륙 동남부 뱃길의 지배국. 왕건의 고리(高麗)의 호족들의 흔적

① 강소성 高麗村 : 中国 江苏省 南京市 浦口区 211809
② 복건성 高麗村 : 中国 福建省 泉州市 永春县 362613
　　　　 上高麗 : 中国 福建省 泉州市 永春县 362613
　　　　 高麗岽 : 中国 南平市 光泽县 354106
③ 강서성 下高麗村 : 中国 江西省 九江市 修水县 332406
④ 사천성 高麗村 : 中国 四川省 眉山市 洪雅县 620364
⑤ 광동성 高麗三路 : 中国 广东省 东莞市 523710
⑥ 운남성 高麗山 : 中国 云南省 迪庆藏族自治州 瑞丽市 678604

[11] 고려 훈요 10조. 차현, 공주. 무슨 뜻?

고리의 왕건은 <훈요 10조>를 통해 "차현(車峴) 이남과 공주(公州)의 강(江)의 밖은 풍수가 거꾸로 위치된 배역(背逆)이니 마음도 그러할 것이다. 배신을 할 수 있으니 그쪽에 사는 사람들은 등용하지 말라." 충고했는데, 우리는 그 해석을 "충청도, 전라도 쪽 사람들, 즉 백제 사람들을 쓰지 말라."라 하며, 지역감정 수단으로 사용하고 있다.

고리 왕건은 고구리 정통성을 내세우며 견훤의 후백제와 겨루어 이겨 통합했고, 신라 경순왕 대에 이르러 항복을 받아 삼국의 영토를 통합했다.

'차현(車峴)'이라 하면 '수레(車)가 다니는 고개(峴)'를 말한다. '공주(公州)'는 <삼국사기>와 <고리사>에 기록되는데, <삼국사기>에서는 공주는 신라 초기에 신라 땅으로 기록되어 있다. 현재 한국 역사학계에서는 백제 수도였던 웅진을 현 '충남 공주'로 비정한다.

고리는 당산(唐山)과 북경(北京)을 개경과 서경으로 자리 잡아 산동성 백제 패망 세력들의 도움을 받아 건국하였다. 그러기에 고리 개국공신에 그토록 백제계가 많은 것이다.

지형적으로 배산임수의 반대 형태를 배역(背逆)이라 한다. 배역은 강이 북쪽에 있고, 산이 남쪽에 있는 형지다. 양지(陽地)의 반대말이다. 즉 신라 땅인 양자강 경주(현재 합비)-팔공산(公山) 지역은 위쪽에 강(淮水, 회수), 아래쪽에 산이 있다. 이곳 회수(淮水)부근은 [대청광여도]에 9공산, 8공산 등. 공산(公山)이 많다.

고리는 8공산, 공산(公山) 등 회수(淮水)이남, 양자강 부근의 완산(完山), 광주(光州), 나주(羅州) 쪽의 후백제 땅과 신라를 모두 흡수했다. 신라는 천년왕국으로 후백제 견훤에게 경애왕이 죽고 부용했던 것인데, 자신들의 의지와 큰 상관없이 갑자기 왕건의 고리에 땅이 흡수되었다. 그러므로 신라 호족들이 언제든 불만을 가질 수 있다고 왕건은 <훈요 10조>를 통해서 충고한 것이다.

배산임수의 반대 지형 사람들, 즉 신라 사람들,
회수 강 아래의 공주(公州) 이남은 등용하지 말라는 말로 해석해야 한다. 신라 땅의 먼 곳은 민족이 다르다. 양자강을 넘어가면 언어도 다르고, 고리에 대해 언제든 반역을 할 수 있다는 지형적, 역사적 이유였다. 이것이 <훈요 10조>다.

한국의 역사학자 떼의 잘못된 해석 탓에 지금껏 전라도-경상도 갈라치기 지역감정으로 써 먹어왔지만, 이젠 바로잡아야 한다.
옛날엔 좁은 지역이라도 언어가 다른 건 부지기수였다. 한반도에서도 마찬가지다. 지금처럼 언어의 다름으로만 국가를 분리하여 지역감정을 정치적 도구로 사용하면 안 된다. 충청도, 경상도, 전라도는 좁다.

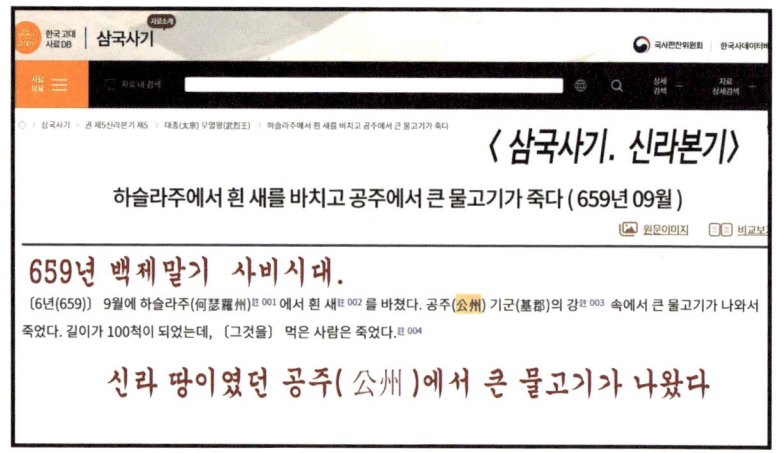

[12] 류쿠(琉球國). 오키나와의 비밀

1. 유구국(琉球國)

① <수서(隋書)>
"유구국(琉球國)은 바다의 섬들 가운데 있는데, 건안군의 동쪽이며, 물길로 5일이면 도착한다. 산이 많다. 북방인(胡)들과 아주 닮았다. 남녀 모두 흰 모시 끈으로 머리를 묶고, 남자는 새 깃털 관(조우관)을 만들며 붉은 털로 장식한다. 풍토와 기후는 영남(嶺南, 큰 고개 남쪽으로 현재 홍콩 쪽)과 비슷하다. 북쪽과 남쪽 지방의 풍속이 조금 다르다."

사람들이 끈으로 머리를 묶고, 새 깃털 관을 썼다면 '동이(東夷)'

② <송사(宋史)>
고리(高麗)에 조공했던 유구국(琉球國)은 천주(泉州,취안저우) 동쪽에 있다. 팽호도(澎湖島)에서 보이는 거리다.

③ 대만이 유구국(琉球國)
팽호도(澎湖島)에서 보이는 섬? '대만'이 바로 류쿠(유구국,琉球國)이라는 뜻이다. 수나라 때면 아직 '일본'이 등장하기 이전이다.
송나라 때 류쿠(유구국,琉球國)는 대만이다.
고리 시대인 송나라 기록의 때에는 '일본국'이 따로 나온다.
현재 대만 좌측 작은 섬 이름이 유구(琉球)다. 소유구(小琉球).

④ <원사(元史)>
"유구국(琉球國)은 남해의 동쪽에 있다. 팽호도와 마주 보는 위치인데, 왕래는 전혀 없다. 날씨 맑을 때 어렴풋하게 보인다.
유구(琉球)는 외이(外夷, 바깥쪽 동이) 가운데 가장 작지만, 위험한 곳이다. 1297년 복건성을 다스리는 '장진'의 군대가 유구국에 침략해 130명을 생포해왔다."

팽호도와 마주 보는 위치이므로 '대만'이다.
바깥쪽 동이(外夷)인데, 대륙으로 넘어오면 위험하다고 기록했다.

2. '유구국(琉球國,류쿠)' 국가 이름 이동

<고리사(高麗史)>에는 유구국이 고려에 조공 방문을 한 기록이 여러번 나온다.

원(元)나라 이후 명(明)나라 때에도 '대만'이 표시된 지도는 존재하지 않는데, 어느 시점에선가 오키나와가 '유구국(琉球國,류쿠)'으로 불린다. 오키나와에서는 고리(高麗)의 기왓장이 발견되었다.

대만의 '유구국(琉球國,류쿠)'이 어떤 사건을 계기로 동쪽 오키나와로 이동한 것! 이후 청(淸)나라 때의 유구국(琉球國)은 현재 대만이 아니라, 오키나와를 부르는 지명으로 표기된다.

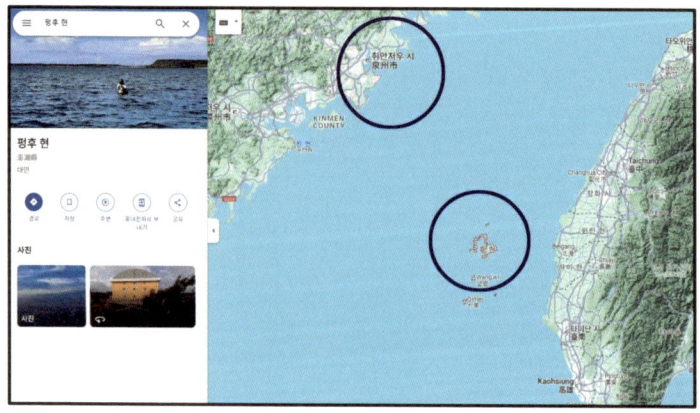

[13] 신라의 박(朴).석(昔).김(金)씨
모두 중국 땅에도 존재 [한반도와 비교]

1. 우리 성씨, 어디서 왔을까?

박혁거세, 석탈해, 김알지 박, 석, 김씨 성들은 신라 시작부터 약 2천 년 유구한 역사를 가진 대한민국의 성씨이다.
대부분 일반 성씨는 고리(高麗) 때 약 1천 년 전부터 시작한다.

우리가 '단기 4358년'이라 해서 '단군 년도'를 쓰고 있는데, 우리나라 성씨의 대다수는 고리 적부터 시작하니 1천 년밖에 안 된 성씨들이다. 신라 귀족 성씨들은 약 2천 년 전부터 시작한다.

"그럼 2천 년 전에는 성이 없었나? 우린 중국에서 왔구나."
이렇게 얘기하는 분들 있다. 도대체 그 '중국'이란 어디를 말하나? 춘추전국? 진시황 진나라? 한나라? 위·촉·오 30년, 50년 만에 순식간에 망해 없어지던 중국들? 수, 당? 요, 금? 몽고리 원나라? 송? 명? 여진 청나라? 어느 국가 성씨를 우리가 베낀 거냐? 38년 만에 망한 수나라 성씨를 받은 거냐? 5대 10국 3~4년 만에 망한 나라들이 천지인데, 우리 성씨가 도대체 중국의 어떤 나라의 성씨를 따왔냐?? 응? 이 질문엔 아무도 대답을 못 한다.

옆 나라 역사에 대해 쥐뿔도 모르면서 사대주의에 찌들어서 옆 나라 성씨를 가져다 쓴다고, 옮겨왔다고 믿고 있는 거다.
역사상 '중국(中國)'이라는 국명을 가진 나라는 없었다.
현재도 '중화인민공화국'과 '중화민국'만 있을 뿐이다.

2. 경주(慶州)? 현재 중국 안휘성 합비시!

조선이 그린 [천하고금대총편람도](1666년) 지도를 보면 '경주'가 표기된다. 경상도 그 경주(慶州)가 대륙 안휘성에 떡! 하니 있다. 중국 동부 대륙 강소성에 백제나 신라 무덤으로 여겨지는 무덤군이 600개 이상 발견되었다. 그리고 삼국시대 일식 기록을 보면 신라 본토는 양자강 주변으로 나온다.

3. 가야, 신라의 김씨도 존재

한국에는 가야의 김씨인 김해(金海)김씨 450만, 신라 경주(慶州)김씨 170만이 경상도 김해(金海)와 경주(慶州)를 본관으로 알고 있다. 중국 상하이에도 김해(金海)라는 곳이 있고, 안휘성 경주(慶州,합비)에도 김씨(金氏)들 마을이 현재 많이 존재한다.

한국의 광산(光山)김씨, 나주(羅州)김씨, 강릉(江陵)김씨, 용궁(龍宮)김씨, 김녕(金寧)김씨, 안동(安東)김씨의 본관 지명도 모두 중국 동부에 그~대로 남아있다.

광산(光山)김씨, 나주(羅州)김씨들은 "우리도 '신라 김씨'인데 왜 전라도에 있을까? 통일신라 때 점령해서 그런가?"라며 의아해하는데, 중국 동부 대륙으로 보면 양자강 경주 왼쪽에 광산(光山)있고, 그 아래로 바로 나주(羅州)가 있다. 나주(羅州)에서 쭉 왼쪽으로 가면 형주(荊州) 근처 강릉(江陵)이 있다. 지금 김씨 마을들이 현존한다. 상하이는 김해 김씨, 그 아래로 용궁(龍宮)김씨까지 존재한다.
여러분의 본관. 시조 고향의 위치. 이제는 어딘지 알겠는가?

베이징에는 고구리 유물, 유적들이 차고 넘친다.
북쪽 고구리, 남쪽 백제와 신라, 가야를 놓고 해석하면 모든 삼국시대 역사 기록의 해석이 물 흐르듯 자연스럽게 된다.

금관 가야의 허황후는 사천성 보주를 거쳐서 온 왕비다. 양자강을 타고 와서 김수로 왕과 결혼했다. 김해 허씨(金海許氏)다.

양자강에 박(朴)씨와 석(昔)씨 마을들이 있다. 박, 석, 김씨 모두 현재 중국에도 있는 성씨다. 청나라 맨 마지막 왕조도 '김씨'다.

청(후금)은 금(金)나라를 이어받은 나라이다. 대륙에 이름을 떨쳤던 신라와 고구리를 계승했다.

4. 금성(金城), 계명산(鷄鳴山), 나정(蘿井), 월성(月城), 청해진(淸海鎭)

중국 금성(金城)엔 닭이 운 계명산(鷄鳴山), 신라 우물 나정(蘿井)이 있다. 용궁 김씨 주변에 '월성(月城)'이 지금도 존재한다. 강을 따라 쭉 올라가면 지금도 산동반도의 장보고 적산법화원이라는 절이 있다. 그곳은 푸른 바다, '청해(정해)'의 지역이다. 섬 이름도 청도(青島,칭다오), 청해(정해)에 군사 진영이 있으니 '청해(青海鎭)진'이다. 한반도 완도에 청해진이 존재했던 것이 아니라.

예전에 교통의 중심지는 현재도 그 지리적 위치 그대로 교통의 중심지로 사용된다. 한반도의 전라도 완도는 어떤가? 세계의 해상 교통로로 쓰일 수 있는가? 완도를 '무역항'으로 만들 수 있겠냐고?

5. 중국 땅에도 존재하는 김씨, 석씨, 박씨, 본관 위치들

① 금성(金城) : 고리(高麗) 왕건 때, 신라 마지막 왕 경순왕이 항복해 오니 기뻐하며 "여기를 다스리며 살아라." 하며 '금성'을 '경주(慶州, 경사스러운 땅)'라 이름 붙였다.
아직도 양자강 합비시에 금성(汉金城)이 그 지명 그대로 있다.

② 그 아래쪽에는 의성(義城=乂城镇)이 있다.
의성 김씨(義城金氏)의 본관!

③ 그 아래로는 아산(牙山村)이 있다.
아산 김씨의(牙山金氏) 본관!

④ 왼쪽에 광산(光山) 즉 회수 아래다.
여기에 광주(光州)공원도 있다. 광산 김씨(光山金氏)의 본관!

⑤ 그 아래로 나주성(羅州城)이 있다.
견훤의 해군과 해군 대장군 왕건의 해군이 맞서 싸운 격전지!
한반도 전라도에서는 말이 안 되는 나주 김씨(羅州金氏)의 본관!

⑥ 여기서 왼쪽으로 가면 강릉(江陵). 강릉 김씨(江陵金氏) 본관!

⑦ 양자강 하류는 김씨 마을(金家村)들이 지천으로 널려있다.

⑧ 상하이 주변의 김해(金海)마을과 도로. 김씨의 김해!

⑨ 쑤저우, 항저우 등에 '월성(月城)' 지역도 엄청 많다.

⑩ 신라 "석탈해가 금관가야에 도착했다."는 기록대로 '석씨마을(昔家)'들이 존재한다. 위에 양주(楊州), 양산(楊山), 월성!!

⑪ 용궁 김씨(龍宮金氏)의 용궁(龍宮) 마을들이 물이 나가는 곳에 존재.

⑫ 양자강 남부 김녕(金宁).. 김녕 김씨(金寧金氏)의 본관!!

⑬ 박혁거세 박(朴)씨는 어떠한가? 경주 박씨, 계림 박씨, 월성 박씨(月城朴氏), 영해 박씨(寧海朴氏)의 경주, 계림, 월성, 영해, 모두 양자강 쪽에 있다.
합비시 금성 주변에 박가노촌(朴家老村, 박씨가 있는 굉장히 오래된 마을)도 찾을 수 있다.
신라의 닭이 운 산 계명산, 박혁거세 탄생지로 알려진 유명한 유적지 나정(蘿井, 羅井)도 존재한다. 실제로 지금 모두 현존하는 지역 명칭이다.
중국 동부를 찾아봐라. 이게 과연 우연이겠나???
이 정도 되면, 중국 동부가 신라 본토가 아니라고 하는 놈들이 미친놈들 아닌가?
이러니, 중국인들이 한국인들을 얼마나 우습게 여기겠나?
"자기 성씨 본관도 모르는 것들!
자기네 역사에 관심도 없고 어딘지도 모르는 것들!"이라고.

"좁디좁은 한반도에 없는 지역명 만들어놓고, 지지고 볶고 싸우는 무식한 것들!" 이러지 않겠나?
스케일이 대륙 정도 돼야 우리 선조들의 본토다.

중국은 '신라'를 중국의 역사라 말하지 않는다. 우리의 역사다.
그렇다면 중국 대륙은 우리 역사의 중심지다.

6. 대륙 동부가 우리 고향

김알지계 김씨, 김수로계 김씨, 경순왕계 김씨가 있고,
이후 고리(高麗)적에 신라 땅을 모두 편입했기에 고리 건국, 즉 개국공신들의 성씨(본관)가 북경부터 산동, 광동까지 쭉 나타난다.

한반도에만 나타나는 한반도 고유의 성씨? 이런 건 없다.
우리나라 성씨들 거의 모두 다 중국 동부에도 있다.
당연히 고구리-백제-신라는 북경을 중심으로 대륙 동부를 차지하고 있었기 때문이다.

조선시대 성씨야 한반도에서 찾을 수 있지만, 고리(高麗) 개국공신 성씨는 거의 다 대륙 동부에서 찾을 수 있다.

7. 낙타, 물소가 자라기에 알맞은 땅 신라

우리가 안 배우는 다양한 역사서에 나오는 기록들 특히 <제번지>라는 책에는 "신라 땅은 낙타, 물소가 자라기에 알맞다."라고 기록되어 있다. 낙타는 실크로드에서 무역하는데 필수였고, 물소는 최소한 2모작 하는 양자강 이남에서 자랐고, 물소 뿔로 만든 쇠뇌로 유명한 국가가 신라였다. 조선에서는 그걸 계승해 보려 했지만 실패했다는 기록도 나타난다. 한반도의 환경 때문에 물소를 키우는 데 실패했다.

8. 남쪽에 명나라를 둔 고리(高麗)

1376년 고리말 기록을 보면 "고리 땅 남쪽에는 명나라의 무리가 인접해 있다."라고 적혀있다. 한반도라면 어림도 없는 소리!
기록 문헌들과 현장을 보여주는 수천 개 지명이 일치해야 한다.
기록물과 현장 검증은 참역사를 밝혀내는 가장 기본 중 기본!

9. 김씨, 박씨, 석씨, 왕씨, 모두 우리 성씨

5천 년 역사를 가졌다 하지만, "우리 성씨는 중국에서 왔다."는 바보 같은 소리 하는 놈들 있다.
고구리-백제-신라 때도 <삼국사기>를 보면 성씨가 다 있다.

조선 이방원이 한반도의 한양으로 천도하면서 산해관 서쪽을 다 넘겨주며 쪼그라들었다. 그 후 한반도에 양반들이 모여서 그들만의 족보를 만들었지만, 대륙 동부에 김씨, 박씨, 석씨들은 그 자리 그대로 남아있고, 현재도 고리(高麗) 왕건 왕씨들이 중국 약 14억 인구 중 가장 많은 성씨로 이어져 오고 있다.

[14] 한반도 백제. 조작된 유적지 4곳

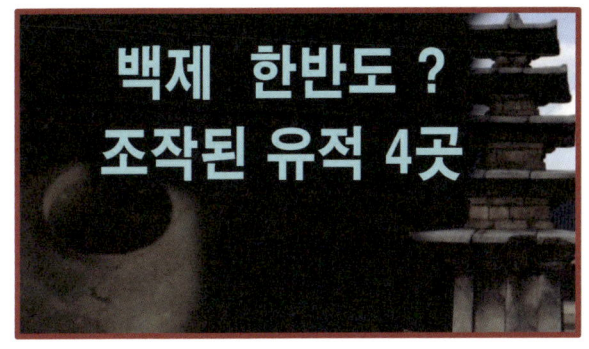

1. 백제 600년 왕궁의 흔적? 서울과 충청도엔 없음!

역사 해석은 기록(사서)과 현장(지명)이 핵심, 우선되어야 한다. 그러나 한반도에는 비정, 추정된 역사 지명들만 가득하다.

<조선왕조실록>을 보면 1427년 조선 초기 세종 때, 신하들이 "고구리와 백제의 첫 수도에 사당을 세우려는데 어딘지 모르겠는데요?"라고 질문하는 기록이 있다. 이 당시까지만 해도 백제 한성 위치를 '전주'로 생각하고 있었다. 조선시대에도 고구리, 백제의 첫 수도가 어딘지 모른단다.

서울을 보면 한강을 경계로 바로 위에 고구리 아차산성, 바로 아래에 풍납토성, 몽촌토성이 있다. 그 아래 잠실 롯데월드 호텔 뒤로 석촌동 돌무지무덤들 있다. 풍납토성, 몽촌토성 어느 곳을 수십 년간 뒤져도 왕성, 도성의 주춧돌 하나 발견되지 않는다. 서울은 한성 백제 5백 년 역사 수도라는데 왕성, 도성 흔적이 전혀 없다. 풍납토성 토기에 '대부(大夫)'라는 글씨, 명문이 나왔다. 고구리(高句麗)의 관직명이다. 서울이 고구리 땅이라는 얘기다.

압록강 너머 집안(集安)시에 돌무지무덤 2,360기(대부분은 중공이 수몰시킴)가 있는데, 잠실 옆 석촌동에 보면 똑같은 형태의 돌무지무덤이 있다. 경주 천마총까지 비슷하다. 천마총도 다 돌무지무덤이다.

과연 서울이 백제의 수도가 맞느냐?
하남시, 위례신도시, 인천 미추홀구까지 이름들은 다 근래 붙여진 신도시 이름이다. 백제 첫 수도, 500년간 이어졌던 수도는 과연 어디였을까? 서울은 아니란 얘기다. 역사계에서는 그 많은 세금을 해 처먹으면서 백제 한성 왕궁이 아직도 어딘지 모른단다.

2. 무령왕릉(武寧王陵)의 조작

딱 보면 공동묘지다.
어느 왕조도 왕의 무덤을 이딴 식으로 만들지 않는다.
이 무덤은 왕릉 특성에 전혀 맞지 않게, 위치가 공동묘지 형태 무덤에 껴묻거리로 꼽사리 세 들은 것처럼 자리를 잡고 있다.
1971년에서야 "여기가 무덤이었어?" 하면서 발견된 것도 그 이유다. 무령왕릉 처음 발굴될 때 입구 상단에 시멘트 처발라서 메꾼 흔적(도굴 흔적) 보이고, 배수구 중간 부분이 파괴된 채 발견됐다. 누군가 이미 도굴했었고, 지나가다가 배수로를 밟아 깨진 것이다. 개봉 당시에 무덤 안에는 유물은 이미 흩어지고 엉망인 채였다.

※ 무령왕릉 斯痲(사마)<일본서기> vs 斯摩(사마)<삼국사기>

삼국시대 무덤 중 유일하게 지석(묘지 비석)이 있어 주인이 밝혀진 유일한 무덤으로 평가받고 있다. 일단 무령왕릉 빼고 나머지 한반도의 모든 무덤들(조선 무덤 제외)은 주인을 모르는 무덤이라는 얘기다. 단 하나! 묘지석이 발견된 백제 무령왕릉의 경우, 돌판 2개가 나왔다.
그런데 가운데 구멍이 뻥! 뚫린 건축자재의 흔적이 있다.
그 지석엔 낙서 형태로 흘려 쓴 글씨체로 '사마왕(斯痲王)'이라 적혀있다. <삼국사기>에 기록된 무령왕의 어릴 적 이름인
'사마(斯摩)'와 '마'의 한자가 다르다.
무령왕릉은 <일본서기>에 적힌 엉터리 한자 '사마(斯痲)'다.

중국 시안(西安)에 보면 왕릉 묘비명과 묘지석을 잔뜩 모아둔 곳이 있다. 왕릉에 쓰는 비석에는 글씨체를 포함해서, 정해진 문장 형태가 있다. 언제 어디서 태어났고, 어릴 때 뭐했고, 가계도가 쭉 나오고, 이어서 이룬 업적들 쓴다. 무덤의 날림글씨 '사마왕 묘지석'의 내용과 비교해보자. 이건 누가 봐도 왕의 묘지석이 아니올시다. 그럼 과연 누가 도굴했을까? 일제강점기 때 충청도 일대 고분

1천 여기를 털어서 6백 개 정도를 도굴했다고 자랑스레 스스로 도굴 사실을 밝힌 역대급 도굴꾼 '가루베지온(輕部慈恩)'이라는 놈이 있다. 그놈의 손길이 닿은 것으로 매우 의심된다. 이 역사 범죄자 '가루베지온(輕部慈恩)'이 충청도를 '웅진 백제'로 만들려고 명문을 조작해 집어넣어 무령왕릉이라 해석하게끔 남겨둔 게 아닐까? 의심할 수 있다.

3. 대당 평백제국 비명

"큰 당나라가 백제를 평정하고 비석을 세운다."라는 내용이다.
그런데 이건 비석이 아니다. 전승 기념탑도 아니다.
불교 석탑 1층에 낙서한 내용이다. 왜 1층에만 낙서를 했을까?
660년 7월18일 백제 의자왕이 잡혀갔는데, 약 한 달 뒤인 8월15일 불교 탑 1층에 글을 새겼다는 내용이다. 말이 된다고 보나?

백제는 의자왕이 잡혀가고 곧장 망한 게 아니다. 663년까지 백제 부흥군은 엄청나게 저항했다. 당나라가 무참히 박살이 났다. 그런데 660년에 이런 글을 남긴다? 그것도 허허벌판에 불교 탑 하나 딸랑 있는데 탑 1층에다만 낙서질? 새겨서 남긴다?
불교 탑 1층에만 낙서가 되어 있는 승전 기록? 응??
역사 학계가 지금껏 우리를 바보로 봤구나.
조선시대 조작인지, 일제강점기 때 낙서인지 생각해 볼 문제다.

4. 익산 미륵사지 석탑 주인은?

잔여 1개의 탑 중 반만 남았는데, 반대쪽을 시멘트로 다 발랐다.
1969년 해체 보수하는 도중에 사리함이 나왔고, 거기서 명문이 나타났다. '법왕'이라는 글씨가 보이고 '왕후'라는 글씨가 나온다. '법왕'이라는 호칭은 죽은 다음 불리기에 이전 무왕 때 만든 것으로 봐야 한다. "왕후가 재물을 내서 이 절을 지었다."라는 내용이 나온다. 학계에서는 '기해년'이라는 60갑자 글씨만 가지고 백제 것이라고 때려 맞춘 거다.

결론적으로 이 미륵사지 석탑은 백제 법왕이 만든 것도 아니고, 무왕이 만든 것도 아니다. 수많은 백제의 왕후 중 한 명이 한반도에 돈을 내서, 전라도 익산 땅에 석탑을 건축했다는 얘기다. 한반도를 백제의 담로 지역으로 볼 수도 있다. 백제의 무왕, 의자왕 때도 신라와는 많은 전투가 있었다.

5. 한성백제 유적과 백제 3대 유적유물
(무령왕릉, 대당 평백제국 비문, 미륵사지 석탑)

대표적 유물유적들 보니 어떤가?
한반도를 백제의 본토로 보기에는 하나같이 이상하지 않나?
백제엔 수천 명의 왕들, 왕후들, 왕자들, 친척들이 살았는데, 한반도에서 묘지, 묘비명 제대로 된 것이 단 한 개도 발굴 안 된다?
이게 상식적으로 말이 된다고 보나?

6. <삼국사기> 기록은 '대륙 동부가 우리 땅이었다.'라고 말한다.

우리 국보 <삼국사기>는
고리에서 뽑은 최고의 역사가 11명이 쓴 정통 역사 기록이다.

<삼국사기>에 "고구리-백제 전성기에 유·연·제·노(幽燕齊魯)-오·월(吳越)의 영토로 정벌하였으며, 주둔 병력이 1백만 명이다."는 기록이 있다.
고구리-백제의 일식 기록과도 맞아떨어지며, 실제 2차 세계 대전 때 중국 땅을 차지했던 일본군의 최대 주둔 병력이 1백만 명이라고 한다. 그만큼의 병력이 존재해야 대륙을 다스릴 수 있다는 이야기다.

문헌 기록과 현장 지역명을 일치시키는 것이 역사 해석의 가장 기본이고 근본이다.

고구리-백제-신라가 '유·연·제·노(幽燕齊魯)-오·월(吳越)'지역 땅을 다 점유했다는 이 기록을 제대로 지도로 표시하려면 고구리-백제-신라가 대륙 동부를 차지하게 그려야 한다. 신라가 통일했을 때도 '고구리-백제' 지역의 땅을 모두 점유해야 한다. 남북국시대 발해(대진국 고리 大震高麗)가 고구리 땅을 온전히 차지하고, 백제 땅은 신라와 발해가 서로 나눠 가지게 그려야 한다.

<삼국사기>에는 신라뿐 아니라 발해도 망한 백제 땅을 나누어 가졌다는데 백제 땅이 현재 충청, 전라도라면 지도가 그려지나?

7. 유적과 유물은 물론, 지역 이름, 역사 기록 교차검증도 필수! 역사 해석의 기초이자 근본!

현재 중국 동남부에 남아있는 유적, 유물, 도시 등으로만 해석해도 우리 선조들의 본토가 쉽게 해석된다.

고구리 말기, 연개소문 비도(飛刀) 연습장이 북경 근처에 유적지로 남아있고, 중국 공산당이 지역 관광지로 홍보까지 하고 있다. 북경, 즉 베이징이 고구리라는 얘기다. 고구리 패망 후의 안동도호부를 설치한 신성(新城)이 북경 바로 아래에 존재한다.

고구리 바로 아래는 백제다. 백제에는 계백이 싸웠던 황산(黃山), 당나라가 백제를 다스렸던 5도독부 중 하나인 동명(東明)이 있다. 그곳에 또 임성(任城=임존성)이 있다. <삼국사기>에는 "임존성이 임성이다."라고 기록된다. 웅촌(熊村), 백마강도 있고, 사수가 흐르는 사비(사현, 泗縣=사 마을)가 있다.

"백제 동남쪽엔 신라가 있었다."라고 중국 정통 사서 <양서>, <남사>에 기록된다.
현재 양자강이 흐르는 곳 근처에는 김해, 진해 지역명이 있고, 김유신 거리가 있고, 당나라에 한반도 안 가봤다는 원효 스님의 이름 마을이 있고, 신라 의상 스님의 도로가 있다.
지금 이게 다, 이 순간 중국 양자강 주위에 있는 지역명들이다.

북한 평양성에는 "여기는 (평양성이 아니고), 한성(漢城)이다."라는 성의 벽돌 글씨 명문이 있다.

고구리-백제-신라 대륙의 현장 지역 이름들이 역사 기록들과 일치한다. 역사 해석의 가장 기초는 '현장' 찾아내기다.
한반도에서의 해석은 모두 '비정, 추정'만 난무할 뿐이다.

고구리-백제-신라 사료 문헌과 일치하는 지역명이 이것만 있느냐? No, no..
천여 개가 넘게 쏟아져나온다. 제발 지도를 직접 보길 바란다.

[15] 고려 강화도 일식 위치
(인천 강화도에선 못 보는 그곳)

1. 코딱지만 한 인천 강화도

조선시대 병자호란 시기, 단 하루 만에 인천 강화도는 여진에게 점령된 바 있다.
그런 인천의 강화도가 30년 동안 세계를 정복한 몽고리에게 버틸 수 있는 땅일까? 30년 동안 전쟁을 하려면 나무를 베서 수많은 화살을 만들어야 하는데, 강화도 나무로 그게 충당이 되나? 강화도의 나무는 특별히 빨리 자라기라도 하나? 나무를 다 베어내도, 다음 달엔 쑥쑥 커 있나? 인천 강화도 몽고리 항쟁?? 가능해?

2. 일식 현상 등 천문 기록

고구리-백제-신라 본토 위치는 과연 어디인가?
역사를 쓸 때, 승패나 우월관계는 조작하려 마음먹을 만한 이유가 있지만, 날씨-천문 기록은 전혀 그럴 필요가 없다.
그날 비가 왔으면 비가 왔다고 적으면 되고, 그날 일식이 있었으면 일식이 있었다고 적으면 된다. 뭐 하러 비 온 것, 일식 현상 등을 가짜로 적겠나? 그런 면에서, 역사 기록의 과학-천문 기록은 일차적으로 교차검증될 만한 요소이다. 일식은 누구나 인터넷 일식 앱 들어가서 날짜를 입력해 실제 발생했는지, 어디서 발생했는지 확인할 수 있다. <삼국사기>의 일식기록 67개 평균값을 보면, 고구리는 바이칼호수 근처, 백제는 북경 근처, 신라는 양자강 안휘성 근처가 최적 일식 관측지로 나타난다.

3. 산동반도 고리(高麗) 흥국사(興國寺)

몽고리의 침략으로 1232년(고리 고종 19년) 개경과 서경을 버리고 강화도로 수도를 옮기는데, 그 이후인 1243년(고종 30년) 흥국사를 세운다. 그러니까 당연히 흥국사도 강화도에 있어야 한다. 현재 흥국사(興國寺)가 아직도 중국 동쪽 산동반도에 있다!

4. 강도(江都)에 견자산(見子山)

<고리사(高麗史)> "1245년(고종 32년) 3월 강도(江都)의 견자산(見子山) 북쪽 마을의 민가 800여 호에 불이 나서 불에 타 죽은 노약자가 80여 명이었고, 연경궁, 법왕사, 어장고, 대상부, 수양도감에까지 옮겨 불이 붙었다."

오련산(五蓮山)은 고리(高麗) 도성이 있었던 곳.
견자산(見子山)은 고리 고종이 강화도로 이사한 후, 아들이 몽고리의 인질로 끌려갈 때 눈물을 흘렸던 곳이란다. 아들아~ 엉엉.

현재 인천 강화도에도 고리 시대의 오련산(五蓮山), 견자산(見子山)이 있다. 오련산, 견자산 기록은 무조건 고리(高麗) 시대부터 시작되며, 중국 역사 기록에는 관련 기록이 없다고 봐야 한다.

오련산, 견자산은 현재 인천 강화도가 아닌 중국 산동반도에 있다.
산동반도에는 고리 마을까지 현존한다.
또한 최씨 무신정권의 마을들도 잔뜩 존재한다.
강도(江都) 역시 양자강 남경 우측에 존재한다.
고리의 강화도는 산동반도 견자산(見子山)부터 강소성, 안휘성, 저장성 남경까지 쭉 이어진 넓은 지역을 일컫는다.

한반도 인천 강화도에 조선이 견자산(見子山), 오련산(五蓮山) 즉 고리산(高麗山)등을 똑같이 만들어 놓았다.
조선시대 하루 만에 기마 민족인 여진족인 청나라에게 함락된 인천 강화도. 청나라가 아침에 강 건너편에서 작은 배를 타고 훌랑 넘어가서 점령해 버렸다. 인천 강화도로 도망가려던 조선의 인조는 놀라서 남한산성으로 도망간다. 대가리 박기 시전 예약.

5. 1243년(고종30년) 일식 기록

옛날 일식을 확인할 수 있는 인터넷 사이트들은 대단히 많다. 1243년(고리 고종 30년) 일식 기록 날짜를 양력으로 하면 양력 1월19일이다. 일식 사이트로 '1243년'을 딱! 치면 '1월19일'로 척! 나온다. <고리사> 기록이 그만큼 정확함을 알 수 있다. 일식을 볼 수 있는 장소와 볼 수 없는 장소를 다 가려낼 수 있다. 산동반도는 일식을 볼 수 있는 장소이고, 인천 강화도는 일식을 거의 볼 수 없는 장소로 결과의 값이 나온다.

6. 고리(高麗) 땅 북쪽은 원나라, 남쪽에는 명나라

고리 말기, 1368년 주원장의 명나라가 건국한다.
이후 명나라가 강성해지면서 원나라가 북쪽으로 밀려 도망간다. 1376년 <고리사> 기록을 보면 고리 땅의 "북쪽에는 북원, 남쪽에 주원장 명나라가 고리 영토에 접해 있다."라고 적혀있다.

고리(高麗)가 이처럼 대륙 동부 알짜배기 땅을 갖고 있었기에 이전 1260년 쿠빌라이칸이 남방원정을 하다가 올라오던 길에 고리 원종을 만나 "만 리의 땅을 가지고 있는 국가인 고리가 강화도에서 나와서 나에게 스스로 항복하러 오다니 정말 기쁘오." 하면서, 사돈동맹을 맺자고 한 것이다.

1260년 당시 고리 강화도(산동반도)에 있던 고리 원종(왕정)은 남방원정 중이던 몽케칸을 만나러 내려가다가 몽케칸이 죽었다는 소식을 들었다. 그때 몽케의 동생 쿠빌라이가 양자강 이남(江南)에서 군세를 과시하고 있었으므로, 왕정은 남쪽으로 방향을 돌려 양주(梁州)와 초주(楚州)의 교외에 도착했고, 양양(襄陽)에 있다가 군대를 돌려서 북상하던 쿠빌라이와 만날 수 있었다.

쿠빌라이 입장에서는 고리(高麗)라는 대륙의 큰 나라와 사돈동맹을 맺었기에, 고리를 등에 업고 전 세계를 지배할 수 있었다.

그래서 여러 후보 중에 쿠빌라이칸이 황제로 등극할 수 있었다. 한반도 옹벽 진 산골 마을에 고리(高麗)가 있었다면 벌써 점령당했겠지. 그리고 한반도 시골 추장에게 귀한, 아끼는 딸을 주겠나?

7. 진실에 눈을 뜨자

아직도 고리(高麗) 수도를 만주에서만 찾는 사람들 있다.
고리 땅 베이징과 산동반도를 목숨 걸고 부정하는 이런 종자들은 중국 공산당에게 매우 칭찬받을 행동을 하고 있는 것이다.

자의반 타의반 '중국 공산당 하수인' 역할을 톡톡히! 하고 있는 셈이다. 한반도, 혹은 만주에만 우리 역사의 본토가 있었다는 역사꾼들이야 말로 드넓은 우리 조상들의 옛 영토를 중국 공산당에게 양보하는 매국의 큰 조력자다!
아집에 빠진 민족사학, 재야사학 놀이하는 역사꾼들아!!
너네 이야기다. 듣고 있나? 알려주면 이제 받아들여야 하지 않나?

1) 견자산(見子山), 오련산(五蓮山), 고리산(高麗山), 최씨 무신정권 지역명(崔家屯村)들 포함, 고리의 대륙 수백 개 지역명
2) 홍국사, 용천사 등 고리 유물, 유적이 중국 동부에 존재
3) <고리사> 역사 기록과 일식 기록 교차검증을 통한 빼박 산동반도가 당시 고리 본토 땅 입증

반론을 하려면 이 대표 3가지를 모두 반론해야 할 것이다.

누가 지금 '중국 공산당 하수인' 역할을 하고 있는지 살펴보고, 진실된 역사 복원에 매진하자. 후삼국과 고리(高麗) 역사를 제대로 밝혀냈을 때, 우리 안에 숨어있던 강력한 민족혼이 전 세계에 다시 떨쳐 지리라 믿어 의심치 않는다.

[16] 해양의 지배자 백제인.
인도차이나 외교관을 죽인 이유 ? <일본서기>

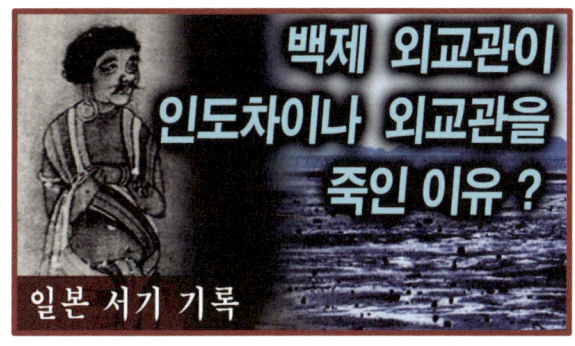

백제는 660년에 의자왕이 사로잡혔고, 백강, 주류성 전투 등 부흥 운동을 하다가 663년 크게 패했다고 하나 <삼국사기> 기록을 보면 그 후에도 백제 잔여 세력들이 많이 나타난다.

도로가 잘 정비되지 않았던 그 옛날 시절, 각 지역을 다스리던 절도사, 호족 등 지방 세력들이 순순히 항복할 리 없다.

백제의 잔여 세력과 왜(倭) 세력이 합하여 '일본'이란 나라를 새로이 건국했고, 일본의 이름이 <구당서(舊唐書)>에 처음 등장한다.

720년쯤 편찬된 걸로 알려지는 <일본서기>가 '위서', 즉 거짓 기록이라 평가되는 이유는, 왜와 일본, 백제의 기록을 뒤섞어서 만든 기록이기 때문이다. 따라서, 중국 정통 사서에 나오는 왜국 왕들과 <일본서기> 천왕들의 이름이 일치하지 않는다. 말 다 한 거지..

백제 패망 시, 왜의 잔당들과 백제가 '일본'이란 나라를 만들면서 서로 다른 나라였던, 이전 왜국과 백제의 기록을 부분적으로 취사 선택해서 만든 기록이 <일본서기>였다.

그중 백제가 어떻게 바다를 지배했는지 <일본서기>에만 나오는 기록들 위주로 살펴보자.

한국 역사학자들은 <일본서기>에 대해 많이 분석하고 관련 논문도 많이 낸다. Jap Money(일본 연구비)도 많이 받고 있고 <일본서기>에 나오는 '임나.가라(任那.加羅)' 논란은 일본과 국내 토착왜구에게 늘 반가운(?) 소재이기 때문이다. 백제, 가야, 신라를 전라도, 경상도로 해석하는 현재 한반도 역사학으로는 일본의 '임나.가라(任那.加羅)'를 한반도 남부로 해석하든 혹은 일본 대마도나 큐슈에 있다고 해석하든지 큰 문제가 되지 않는 것이다. 고대 일본의 한반도 남부 점령 해석에 굉장히 유리한 연구며 논문들이기 때문이다. 한국 역사 전문가란 놈들이 스스로 인정한... 위치!

<일본서기> 기록의 왜국에 줄곧 조공했다는 고구리, 백제, 신라와 임나. 임나(任那)는 신라 계림의 서남쪽에 존재한다고 기록된다. 한국의 역사학계는 현재까지도 임나일본부의 위치 관련 수많은 비정, 추정 논문들을 답습해 재생산하고 있다. 정말 큰 문제다!

<일본서기>를 보면 "백제 성명왕(성왕)이 부남(扶南)의 보물과 노예 2명을 왜국에게 주었다."고 기록된다. 부남은 캄보디아인데, 이에 대해 역사계에서 이견이 없다. 백제 왕이 왜국에 외교 사신을 보내서 캄보디아의 보물들과 캄보디아 노비 2명을 선물로 줬다는 얘기다. 백제가 캄보디아의 보물들과 노비들을 자유롭게 선물로 줄 정도라면 누가 바닷길을 점령하고 있었는지 쉽게 알 수 있다. 백제는 산동반도가 수도이며 그곳에서 패망하는데, 물길을 통해서 중국 남부까지, 그리고 바다를 통해서 제주도와 일본 큐슈, 나라 도시까지 이어져 있던 나라였다.

또 <일본서기> 보면 "황극 시대인 642년(백제 말기 사비시대), 백제의 외교 사신이 곤륜의 외교 사신을 바다에 던져 버렸다."는 기록이 있다. 백제 왕도 아니고 백제의 일개 외교관이 다른 나라(곤륜=인도차이나 부근) 외교관을 바다에 던져 죽여버린다는 것은 백제의 위상이 얼마나 대단한지 보여준다. 인도차이나, 캄보디아 해상루트를 장악하며, 각종 보물과 노예까지 선물로 활용한 백제의 위상을 알 수 있다.

동남아 해상루트를 장악한 백제 외교관의 위상을 알 수 있는 <일본서기>의 기록이다. 이는 "곤륜국의 외교관을 함부로 죽일 수 있는 백제 외교관이니, 왜국(倭國) 너네도 조심해야 해!"라는 걸 뜻한다. 이걸 한국 역사학계는 백제 외교관이 "곤륜 외교관을 바다에 인신 공양시킨 거 아니냐?"라고 해석을 단다. 각국 모든 외교관들이 지켜보는데, 한 국가의 외교 사신을 인신 공양으로 바다에 던져 죽이나?
이런 비상식적, 유아적 상상을 하는 곳이 한국 역사계다.

왕과 왕가의 친척들에 의해 운영됐던 백제 해양 거점들을 22담로라 했다. 서양 로마, 페르시아 문물이 실크로드뿐 아니라 인도양 바닷길 통해서도 들어온다. 그 배들이 말레이시아 말라카 해협을 통해 또, 베트남을 통해 지금처럼 들어왔다.

그곳은 부남, 곤륜, 그리고 중국이 하이난섬(해남), 또 필리핀 북부 루손섬이다. 백제의 22담로. 그곳에 붙어있는 중국 동남부의 왜(倭)의 세력.

백제 패망 전에는 일본이란 나라는 존재하지 않았다. 그러니 <일본서기> 왜의 일식을 보면, 왜는 중국 동남부로 나타나고, 670년 이후에는 일본은 열도에서 일식 기록이 관측된다.
<일본서기>가 왜의 역사를 차용해서 입맛대로 베껴 쓴 거지..

캄보디아(부남)의 보물들과 노비들을 선물로 팍팍 주며 인도차이나(곤륜)의 외교관을 버릇없다고 바다에 빠뜨려 죽인 대백제.
이웃 나라가 기록한 백제의 위상이 이렇다.

[17] 백제 성왕의 참수지(관산성) 추적.
중국 대륙에 많은 관산(管山)들

1. 백제 위치

우리나라는 백제 말기 영토를 충청-전라도로 해석하는데, 모든 위치는 '비정, 추정', 즉 다 추측한 위치들이다.

2. 우리나라 국보 <삼국사기>에 관산성 기록은 딱 1회

553년(백제말기) 신라가 백제 동북쪽 땅을 뺏아 새로운 마을(新州)을 설치하고, 고위 관료(아찬) 김무력을 국방부 장관에 해당하는 '군주'로 삼았다.
554년 화난 백제 성왕은 빼앗긴 관산성을 공격한다. 이때 새로 뺏은 지역을 다스리는 신라 김무력과 그 부하 장수가 백제의 성왕 목을 베어 죽였다. 백제군 29,600명을 죽였다.

사비 백제 27대 성왕(聖王, 명농, 재위 523~554년)은 불교를 숭상하고 절을 많이 지은 왕이다. 무예로 평정하던 무령왕(501~523년)의 아들로서, 성왕 때 웅진에서 사비로 수도를 천도한다.
50세에 관산성(管山)에서 전사한다.

3. 성왕이 죽은 장소 '관산(管山)'은 어딜까?

성왕이 전사한 관산성 위치에 대해 <삼국사기>는 '비정한다.', '추정된다.', '이런 견해가 있다.', 이처럼 위치를 '모른다.'라는 얘기를

죄다 비정, 추정하며 충청도 옥천에다 갖다 놓았다.

백제 지역 이름들과 성들에 대해 모두 다 이런 식으로 충청도, 전라도에다 추정해서 갖다 쑤셔 넣었다.

모든 백제 지역 이름들이 거의 다 살아있는 중국 동부를 쳐다보면 '관산(管山)' 지역명이 많이 발견된다.

중국 정통사서 <양서>, <북사>, <남사>, <수서>에 "신라는 고구리와 백제의 동남쪽(동쪽이 아님!)에 있다."라고 기록된다. 신라 위치가 양자강 쪽이라는 얘기다.

신라는 후기에 점점 강성해져서 백제의 동북 영토를 빼앗아 산동반도 우측까지 점령했다. 새로운 주를 다스리도록 임명된 장수의 휘하의 부하에게 백제 성왕이 죽임을 당한 것이다.

4. 사비 백제 위치

백제, 고구리, 고리 그 어느 나라든 수도는 '배산임수', 즉 북쪽은 산이 있고 아래는 강이 있어야 한다. 모든 도성을 선택할 때 풍수는 기본이다. 백제는 위에 황산, 태산이 있고, 그 앞으로 백마강(황하 지류)이 흐른다. 이곳이 사비 백제 수도이다.
그 북쪽에 웅진이 있다. 사비로 천도한 뒤에 백제는 '남부여(남부리)'로 나라 이름을 바꾸었다.

백제왕이 사냥했다는 아산(牙山)과 호산(狐山), 계백장군의 전쟁터 황산(黃山)이 아직도 산동반도에 그 지명 그대로 남아있다.

백제는 동쪽과 서쪽 2개의 수도를 가진 나라였다.
서쪽 진나라(晉 265~420년)의 일부 영토를 뺏고 진평(晉平) 2군을 세운다.

5. 관산 지명들 大管山, 管山子, 管山, 管山陵园

신라가 백제의 동북쪽 땅을 빼앗아 새로운 주를 건설했다고 하는데, 제남시(济南市) 관산(管山)은 그 역사 기록과 해석이 잘 맞아떨어진다. 산은 굉장히 크며, 그 아래쪽에 관산 릉원이 있다. 나중에 백제가 신라의 수십 개의 성을 뺏었으니, 이곳에 성왕의 릉(무덤)을 조성했을 수도 있다. 그 오른쪽에는 불교에 관련된 지명이 남아있다. 그곳은 또한 불산원(佛山苑)이라 불린다. 불교를 숭상했던 성왕의 관련 지역이지 않을까 추정해볼 수 있다.

6. 산동반도 관산(管山) vs 한반도 비정

'관산(管山)' 이름 자체가 전혀 없는 한반도보다는 사냥터 호산(狐山), 아산(牙山), 전쟁터 황산(黃山) 이름이 다 존재하는 산동반도 '관산(管山)'이 훨씬 더 합리적인 백제 위치로 해석된다. 산동반도 위, 아래 모두 남아있는 지명 관산(管山).

이곳 인근에는 현재에도 성들이 무수히 많다.
운하고성, 송풍고성, 청주고성, 주촌고상성, 유주고성, 이가고성, 거국고성, 기주고성, 즉묵고성 등등.

7. 뻔히 있는 지명인데, 눈뜬장님 행세 그만 좀 하자

추정, 비정 안 해도 그 지명 그대로 남아있는 중국 대륙 동쪽의 삼국시대, 고리의 수천 개 역사 기록 지명 그 위치가 기록의 그 방위각 그대로 살아서 남아있다.

조선 역사 지명이야 한반도에서 다 찾을 수 있지만,
백제와 신라 지명은 대륙 동부에 대부분 다 몰려있다.
백제는 여태껏 그들의 본토를 쳐다봐 달라며 외치고 있었다.

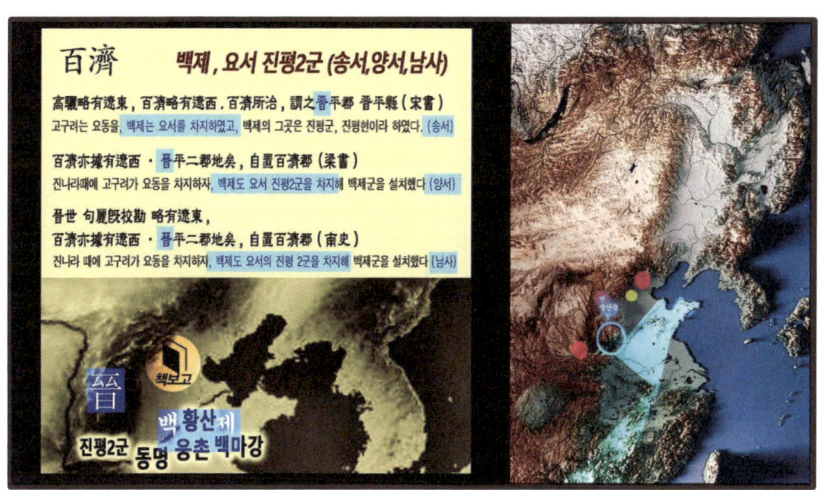

[18] 백제 22담로 위치추적. 중국 바이두 위성지도

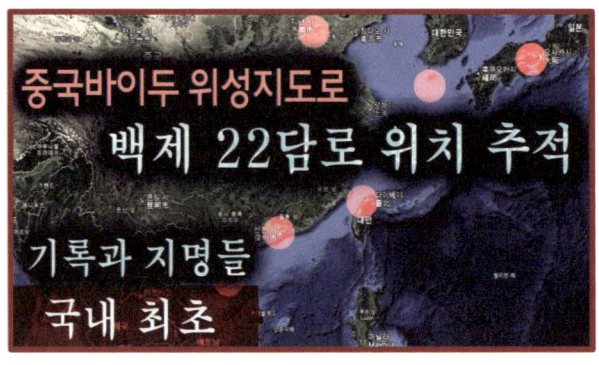 

KBS 다큐멘터리를 보면 백제가 한반도에서부터 쭉 뻗어나갔다고 하는데, 백제 담로로 표기된 곳들에는 다 근거가 있다.

1. 제(齊) 와 제(濟)

춘추전국시대, 5호16국시대, 늘 같은 위치에서 제(齊)나라라는 국가가 생겨나고 망하기를 반복했다. 하지만 여타 제(齊)나라들과 달리 백제는 유독 '물수변, 삼수변(氵)'이 붙은 제(濟) 자를 썼다.

지금 우리는 백제를 충청도, 전라도로 보고 있지만,
<수서>, <당서> 등 중국사서와 <삼국사기>, <고리사> 등 우리 사서들의 백제 위치 내용을 보면 여타 중원의 제(齊)나라들 자리에서 건국해서 '100개의 물을 건너는(그만큼 넓은 영토를 다스리는) 나라'가 되었다고 넓게 해석을 할 수 있다.

2. 태행산맥 서쪽(요서)의 진(晉).평(平)을 다스리고, 22개 담로(檐魯)를 거느린 나라

50년 정도 유지하다가 바로 망한 나라 양나라가 있는데, 이 양나라 역사를 기록한 <양서(梁書)>에 백제에 대한 기록이 있다.

"백제는 그 조상이 동이 민족으로 3한(마한·변한·진한)이다.
 백제는 고구리와 함께 요동 동쪽 천 리 밖에 있었다.

진(晉)나라 때는 이미 고구리가 요동 땅을 점령하고 있었고, 백제 역시 요서의 진(晉)·평(平) 2개 땅을 점령해 도시를 건설하였다. 백제는 도성을 '고마'라 부르고, 읍을 '담로'라 불렀는데, 나라에는 22개 담로(檐魯)가 있어서, 모두 왕의 자제와 친척들이 나누어 다스린다."

<양서>의 백제 담로(檐魯) 기록은
[양직공도]에는 담로(擔)로 한자가 다르게 표기된다. 일본 기록에서의 한자도 또한 다른데, '맑을 담(淡)' 자를 써서 담로(淡路)로 표기한다. '담로'라는 소리에 맞춰 음차로 표기한 것임을 알 수 있다. [양직공도]에 기록상의 '멜 담(擔)'은 '책임진다'이므로 '그 지역을 책임진다'라는 뜻이다.

3. 백제 중심지

[양직공도]에서 보듯 백제는 '옛 래이 땅(萊夷 현재 산동반도)'!

백제를 공격하러 갈 때,
당나라 소정방은 '신구(神丘, 신이 있는 언덕)도 총사령관',
신라 김춘추는 '우이(嵎夷 현재 산동반도)도 총사령관'으로 명명했다. '신구(神丘)', '우이(嵎夷)'는 정벌하고자 하는 목적지.
※ '도'(道)는 길
고구리를 공격할 때는 '평양'을 목적지로 하여,
당나라 소정방을 '평양도 행군 총사령관'이라 불렀다.

따라서 웅진-사비 시대 백제 중심지는 '우이(嵎夷), 래이(萊夷)' 지역임을 알 수 있다. [천하고금대총편람도](1666년) 보면 '우이'가 어딘지 깔끔하게 똑 떨어지게 표기된다. '우이도(嵎夷道) 총사령관(신라 김춘추)'이 과연 백제의 어디로 향했을지에 대한 논란은 이걸로 끝나야 정상이다. 정상인과 비정상인의 인식 싸움.

4. 일본, 대만 담로(淡路) 추적

오사카, 나라를 보면 도다이지(동대사)부터 백제 기술로 만들어진 사찰들이 대단히 많다. 야마토(大和)의 중심인 오사카, 나라 바로 옆에 담로(淡路, 아와지)섬이 있다.
대만에도 담(淡) 자가 나타난다. 대만 북쪽 지명도 '담수(淡水)구'

로 보아, 대만도 '담(淡)'이라는 이름을 고수한다는 걸 알 수 있다.

수나라 기록서인 <수서(隋書)>에는 이런 기록이 있다.
"백제 남쪽으로 바다로 3달 동안 가면 담모라국이 나오는데, 남북이 길며, 노루와 사슴이 많다. 백제의 부용국(속국)이다. 또, 백제에서 서쪽으로 3일을 가면 맥국(고구리)에 도달한다."

이 기록은 당연히 한반도 백제에서는 해석이 불가능하다.
백제가 산동반도에 존재할 때만 해석할 수 있다.

대만은 동북쪽은 산이 매우 많고, 북쪽엔 태북(타이베이), 중심부는 태중(타이쭝), 남쪽엔 태남(타이난)이 있다. 북쪽에 '담수(淡水)'라는 지역명이 존재한다. 이곳을 백제의 '담로(淡路)'로 해석할 수 있다. 백제에 부용 하던 곳 '담모라국(聃牟羅國)'의 묘사 기록과 대만은 일치한다.

5. 남쪽 홍콩, 마카오, 하이난섬 담로(淡路) 추적

후기 한나라 기록서인 <한서(漢書)>의 기록
"왜(倭)는 한(韓)국(마한·진한·변한 3국) 동남쪽의 큰 물(海)의 가운데 있고, 산과 섬에 의지해서 살며, 100여 개국의 총칭이다.
왜의 땅은 회계(會稽)가 있는 동쪽 땅만큼 크며,
주애(朱崖), 담이(儋耳)와 가까워 법과 풍속이 많이 같다."

① 주애(朱崖)는 해남도(하이난섬)이라는 것에는 역사계의 이견이 없다. 그 위쪽에 주강(珠江)이 흐르며 중국의 유명한 휴양지다.

※ 회계(會稽)=상하이 근처 또는 악양 근처 회계(會稽山)

<삼국사기> 보면 670년 백제가 패망 후 새로이 건국한 나라가 '일본'임을 알 수 있다. 백제가 멸망한 다음, 백제의 잔여 세력과 왜의 잔여 세력이 바다를 건너가서 건국한 나라가 일본.

② 담이(儋耳), 백제 담로(擔魯) 추적

'손수변(扌)'이 붙은 담(擔) 자로 중국 검색엔진 바이두를 찾아보면 백제 땅 제남(濟南)에 지명이 곳곳에 나타난다. '담산(擔山) 군부대 주둔지', 홍콩 마카오 근처에도 '담칸(擔杆) 섬', '담수(擔水) 항구' 등 쏟아진다.

백제가 망한 후, 그 땅은 신라가 접수한다.

따라서 홍콩 마카오 포함한 대륙 남부에는 '신라마을' 지명이 쏟아진다. '고리마을' 지명도 나타나는데, 신라를 고스란히 왕건의 고리가 흡수했기 때문이다. '신라마을' 옆으로 마카오 위에 '불산(佛山)'이 있다. 주애(朱崖=하이난섬) 위쪽으로는 주강이 쭉 흐른다. <삼국사기>, <고리사> 지역명이 홍콩, 마카오에 굉장히 많이 있다. 전통적인 항구이기 때문이다.

'사람인(人)'이 붙은 담이(儋耳)의 '담(儋)'자로 찾아보면, 중국 남부 하이난섬에 딱! 나타난다.

6. 백제의 담로 (해상무역 거점지)

선박 기술이 발달해서 수로와 물길을 따라서 담로를 설치하고 다스렸던 백제! 백제 중심지인 산동반도 제남(濟南)을 비롯해서 탐라(제주도), 오른쪽에 일본 오사카 담로섬(아오지시마), 대만 담모라국(담수). 중국 대륙 황하에서 시작해서 동평 호수를 따라 남쪽 물길로 쭉 내려가면 회수에서 만난다. 내륙으로 물을 따라 양자강 즉 장강을 역류하면 '무한(武漢), 무창(武昌)'에 도착하고 그 남쪽 '장사(長沙)'! 장사에서 물은 아래로 쭉 이어져서 중국 백제의 마을 '전주(全州)'가 나타나며, 강을 따라 '계림(桂林)'이 나오며, 홍콩, 마카오에 도착한다. 홍콩, 마카오의 서쪽으로 '하이난섬(海南, 해남도)'에 도착할 수 있다.

누가 봐도 쉽게 이해되는 백제의 물길. 백제의 본토!

<일본서기>에는 백제의 외교관이 같은 곤륜(인도차이나 부근)의 외교관을 바다에 빠뜨려 죽였다는 기록이 나타난다. 과연 외교관을 죽일 정도로 강력했던 지배국 백제는 어떤 나라였을까?
하이난섬에서 통치하던 백제 담로국의 영향력은 어디까지 이르렀을까? 멀리 로마, 페르시아에서는 물길을 타고 인도-동남아 통해 무역선이 들어온다. 동남아와 필리핀, 하이난섬 등에 존재해야 하

는 해상무역 거점지. 백제 담로.

"고구리, 백제의 최전성기 때는 1백만 명의 강한 군사가 있었고, 중원의 유·연·제·노(幽燕齊魯)-오·월(吳越) 땅을 침략해 뺏고 가졌다." 국보 <삼국사기>에 기록이 된다.

일본과 중국의 역사 해석을 의심 없이 받아먹으며 추종하는 한국 역사 전공자들. 그들과 다른 역사 해석은 용납하지 못하고, 발작하며, 박해하는 현재 사회적 인식.

수없이 자료를 전달해 주고 가르쳐 줘도 무시하고 검토하지 않는 그들. 자세히 검토하면 대한민국 국익에 손해가 나는 거야?
이득이 될 텐데도 검토를 안 한다면…?
혹시 검색 실력조차 없는 건가??

그 반민족주의자들의 교과서 해석 내용과 상반되는 진짜 우리의 역사. 고구리-백제-신라의 영토.

일본 역시 백제가 한국의 역사라 말한다. 우리가 백제다.

백제 22담로. 깨어나라 백제의 후손들이여!

[19] 야마토(大和) 이동길,
왜(倭)와 일본(日本)의 비밀

1. <당서(唐書),당나라기록>부터 일본(日本) 등장
                  일본은 왜(倭)의 별도 종족

<중국 25사>에는 부록처럼 '동이 민족 기록(동이전)'이 늘 딸려 적혀있다. 한나라 역사서 <후한서>부터 수나라 역사서 <수서>까지 '동이전'이 있고, 거기엔 늘 왜(倭)가 나왔다. 그런데, 수나라 다음 이어진 <당나라 역사서>에서부터 갑자기 '일본(日本)'이 왜국과 함께 동시에 등장한다. '왜(倭)'와 '일본(日本)'이 각기 다른 나라로써 다루어진 것이다. 서로 별개의 나라라는 얘기!!

우리나라에서 '동이전'을 번역한다고 하지만, 동이전 중에 '왜(倭)' 부분은 번역을 안 한다. 유명 번역가한테 "무엇 때문에 동이전 다른 국가들의 번역은 하면서, 오직 왜(倭)국의 기록은 다 빼나요? 지역들을 번역해 출간해 달라." 요구했더니,
"아직 왜(倭) 위치의 공부가 덜 돼서 그런다."라는 황당한 답변을 받았다. 왜(倭)의 위치 기록을 해석하면, 백제와 신라가 대륙에 본토가 있다는 것이 들통나며, 해석의 자가당착으로 번역을 할 수가 없는 거다. 머릿속 역사 해석이 한반도에만 갇혀 있는 똥머리로는 도저히 역사 기록 속의 왜(倭)의 위치 해석이 안 되는 것이다.

'고구리-백제-신라-왜'는 붙어있어서 떼려야 뗄 수 없는 관계다. 하나의 위치가 해석이 안 되면 모두 제대로 번역할 수가 없다.

2. 왜(倭)

"와 그라노(왜 그라노)?"
에서 보듯 '왜' 또는 '와'라 발음한다. 이 왜(倭)와 일본(日本)은
<구당서(舊唐書)> 기록에서 보듯, 다른 나라다.
백제가 670년 멸망한 다음, 백제와 왜(倭)의 잔당들이 이동해서
건국한 나라가 '일본'이다.

왜(倭) 일식 기록과 일본(日本) 일식 기록은 서로 다른 곳에서 나타난다. 왜(倭)의 일식은 중국 동남부 지역에서 나타난다.

3. 왜(倭)는 벼. 화(禾)를 포함

화(禾)가 포함된 나라 이름은 '벼(禾)농사를 짓는 지역'이라 볼 수 있다. 삼국지 조조의 위나라(魏)도 황하 아래쪽이라 우리나라랑 위도를 맞춰보면 전라남도쯤에 해당한다. 벼농사 지역이라는 얘기다. 글씨 특징을 보면 왜(倭), 위(魏) 모두 벼 화(禾)를 가지고 아래에서 여자(女)들이 열심히 일하는 모습이다.

大和(타이와=야마도)도 마찬가지다. "사람들이 크게 모여 화합한다. 안정적이다. 살 만하다."라는 뜻이다. 여자들은 벼농사 지으러 나가고, 남자들은 바다에 나가 어업에 종사하여 사는 나라.

'大和'는 일본어로 음독하면 '타이와'인데,
훈독하면 '야마토'라 부르라 한다. 왜 그런지는 아무도 모른다며 그냥 외우라 한다. 무엇때문에 '타이와'를 야마토로 발음할까?

4. [양직공도]에 나오는 왜(倭)

말릉(秣陵)에서 건국하여 50년 존재 후 바로 망한 '양나라(梁)'라는 나라가 있었다. 이 내륙소국이 [양직공도]를 남겼는데, 원본은 당연히 없고 당나라 때 모사본(베낌)이 남아서 전해진다고 한다.

고구리 사신은 새 깃털 조우관을 쓰고 있고, 신라는 굉장히 서구적으로 생겼다. 왜국(倭國)은 맨발에 옷이 엉망이다.

[양직공도] "왜국(倭國)은 대방(태행산맥) 동남쪽 큰물 중간 섬에 위치한다. 30여 개 나라가 있으며, 왜왕은 회계 동쪽에 산다. 남자들은 문신이 많다. 풍속은 황하 남쪽나라(하남국)와 다르다."

이 기록상, 현재 일본은 왜가 아니다.
일본은 봄-여름-가을-겨울이 있는 나라라서 맨발로 다니는 것이 불가능하다. 맨발은 중국 남부, 동남아시아에서만 가능하다.

5. <후한서(後漢書)> 동이열전
　"가장 큰 왜왕(倭王)은 야마대국(邪馬壹)에서 산다.
　　회계(會稽)의 동쪽에 있고, 주애, 담이와 굉장히 가깝다."

주애, 담이는 홍콩 아래 하이난섬과 가깝다고 하니,
왜(倭)는 현재 일본이 아니라는 것을 또 알 수 있다.

회계(會稽)는 중국 동부로 해석하는데, 내륙의 악양 근처에도 회계(會稽)산이 있다. 그곳의 동쪽에 왜(倭)가 있다고 한다.

6. 왜(倭) 지도검색

현재 중국 동부 양자강에는 '왜(倭井澤村) 우물마을'이 존재한다.
동남부에서도 '왜(倭番墓遺址) 무덤 유적지'가 존재한다.

7. 왜왕의 묘(倭王庙)

신라 혜초스님이 인도로 떠나던 길이 홍콩, 마카오 쪽인데, 그곳에 '불산(佛山, 불교 산)'이 있다. 이 근처에 '왜왕묘(倭王庙)'가 있었다. 몇 년 전 캡처해 놨는데, 현재는 사라졌다. 중국 공산당은 우리나라 정치인들과 달리, 해외의 역사 해석에 굉장히 관심이 많아, 한국의 역사 채널에 방문하며 분석, 보고하면서 그들에게 불리한 역사 지역명들은 삭제하고 있다. 지금 중국 검색엔진 바이두 들어가 보면 '후왕묘'로 이름을 바꿔놓았다. 대응하고 있다.

중국 공산당은 한국인들이 역사에 대해
앞으로도 지금처럼 쭈~욱 관심이 없기를, 모르기를 바라고 있다.

8. 백제-신라와 이웃하던 왜(倭)

백제가 670년 멸망한 다음, 백제와 왜(倭)의 잔당들이 일본열도로 이동해서 처음으로 일본(日本)이라는 이름을 사용하기 시작한다.

9. 가라(加羅)는 대만 주위

'임나.가라(加羅)'는 지명이 <일본서기>에 나온다.
가라(加羅)로 기록되는데, 우리나라는 '가야(加耶, 伽倻, 駕洛國)'와 혼돈하고 있다. '임나.가라'와 우리 '가야'는 다른 한자를 쓴다.

한반도 역사관에서는 가야를 어이없게 경상도-전라도 사이에 꾸역꾸역 끼워 넣은 것과 달리,
실제 5백 년 역사를 이어간 금관가야를 포함한 신라 6가야 중심지는 양자강 이남 대륙 남부에서 발견된다.
이런 가야(加耶)가 아닌 임나의 가라(加羅)는 옛 지도를 보면 대만 쪽에 표시되어 있다. '가라(加羅)산, 가라(加羅)우물, 가라(加羅)신사'가 존재한다. 현재 대만에 '가라(加羅)호수'도 있다.

왜(倭)=중국 동남부와 대만 섬 지역.
이 지역에서 왜(倭)의 지역명이 매우 많이 발견된다.

10. 야마토(大和)의 이동 경로

대만에서 섬들을 따라 일본 방향으로 바다를 따라 이동하다 보면 오키나와. '야마토(大和)성', '야마토(大和)마을'이 나타난다. 이 섬들을 따라 일본까지 올라가 보면 큐슈, 오사카 옆 나라현(奈良縣)이 있는데, 그곳에 '야마토(大和)'가 존재한다. '야마토(大和) 밭(田)'. 도쿄까지 이동하면 '야마토(大和) 도시'가 있다.

11. 대화(大和, 야마토)는
'중국 동남부→대만→오키나와→나라→도쿄'로 이동해 왔다.

'대화(大和)'는 큰 화합을 이루는 지역'을 뜻하는데, 그 중심에 중국 동남부의 가라(加羅) 그리고 중국 광동, 광서지역에 아직도 존재하는 안라(安羅), 다라(多羅)! <일본서기>의 임나일본부 10개국 중 가장 중요한 국가명이 현재 중국 동남부에 존재한다.

고리(高麗) 말기에도 그렇게 고리 남쪽을 괴롭히던 왜(倭)의 세력. 일본과는 별개인 나라. 그 왜(倭)의 본토는 중국 대륙 동남부! 일본과 왜만 새롭게 위치가 다시 정립되어도 일본의 생억지인 한반도 남부 '임나일본부'설에서 벗어날 수 있다.

임나 가라 加羅 위치

12. 교토 국제고 교가. 전국 고교 야구 '2024년 고시엔' 우승

동해 바다 건너서 야마토(大和) 땅은 ~
거룩한 우리 조상 옛적 꿈자리.

13. <구당서 왜(倭)> vs <구당서 일본(日本)>

① <구당서> 왜(倭)국 설명

"왜(倭)는 왜노국으로, 성(城)이 없이 나무 울타리만 두른다. 풀들로 집을 짓는다. 관직이 12등급이며, 엎드려 기어 앞으로 나와 보고한다. 여자가 많으며 남자가 적다. 모두 맨발이며, 넓은 천으로 앞뒤를 가린다. 높은 사람은 비단 모자를 쓰나, 일반인은 머리를 묶고 상투를 튼 후 모자(관)를 쓴다. 여자들은 단색치마와 저고리를 입는데, 신라와 비슷하다."

② <구당서> 일본(日本) 설명

"일본(日本)은 왜(倭)의 또 다른 종족이다. 해가 뜨는 곳이라 일본이라 불렀다. 서, 남쪽에 바다가 있고, 동, 북쪽에 큰 산이 있다. 산 바깥에는 털 많은 사람이 산다. 당나라 숙종 이형(712~762년) 때 '좌산기상시 진남(鎭南)도호'로 불렀다."

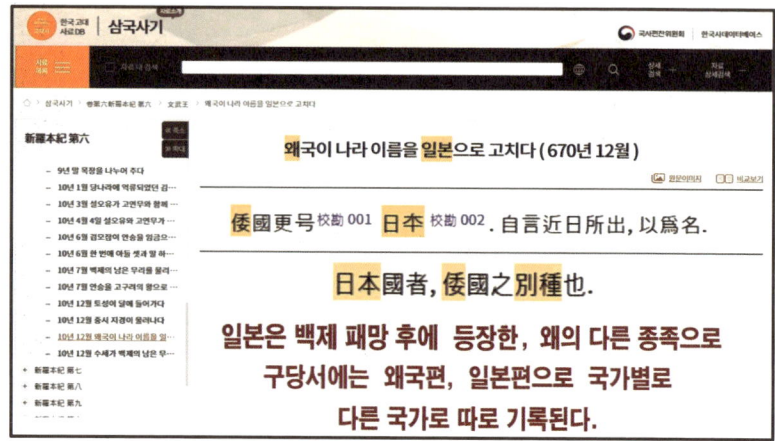

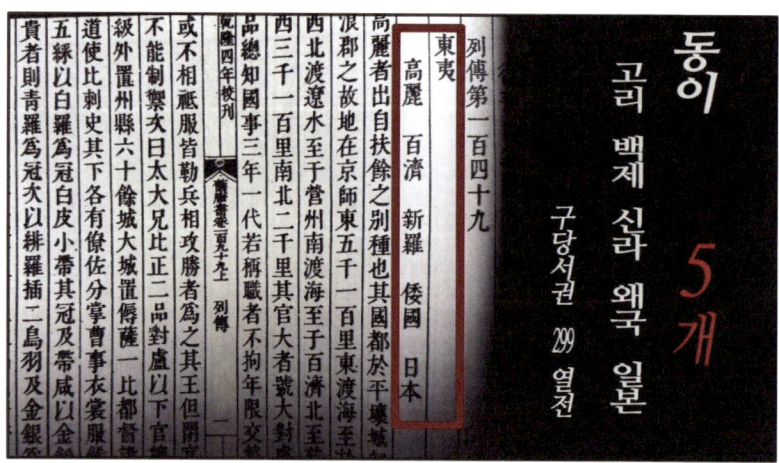

[20] 신라 연오랑, 세오녀(延烏郞, 細烏女)

1. 연오랑과 세오녀가 도착한 영일(迎日)은 어디?

신라 8대 아달라 이사금(154~184년) 때인 157년.
신라 연오랑과 세오녀 부부가 동해 바닷가에서 일본으로 갔다.

먼저 연오랑(延烏郞)이 갔는데, 일본 사람들이 그를 보고 "평범한 인물이 아니다."라며 연오랑(延烏郞)을 왕으로 모셨다. 남편이 벗어놓은 신발을 보고 바위에 올라가니 바위가 또다시 움직여 세오녀(細烏女) 역시 일본에 가게 되었고, 부부가 다시 만나고 세오녀(細烏女)는 그 나라의 귀부인(貴妃)이 되었다.
연오랑과 세오녀(延烏郞, 細烏女)가 사라지자 신라의 해와 달은 빛을 잃었고, 세오녀(細烏女)가 만든 비단을 가져와 제사를 지내자 신라의 해와 달이 예전처럼 빛을 되찾았다. 하늘에 제사 지낸 곳을 '영일현(迎日縣)' 또는 '도기야(都祈野)'라 하였다.

지도로 보면 중국 동중국해(동해) 연운항 근처에 '영일(迎日 祈福 鐘)'이라는 장소가 존재한다. ※ 영일(迎日) : 해를 맞이하는 곳

2. 태양이 비치는 곳, 일조(日照)에 존재하는 해와 달

신라 초기 연오랑이 상하이 쪽으로 가서 왜국의 왕이 된 것.
<한서(漢書),한나라기록>에 따르면 왜국은 100여 개국이다.

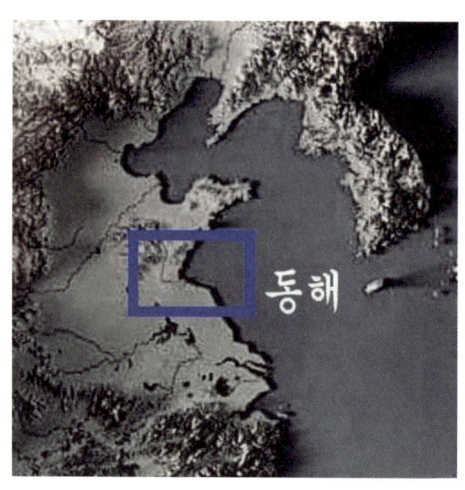

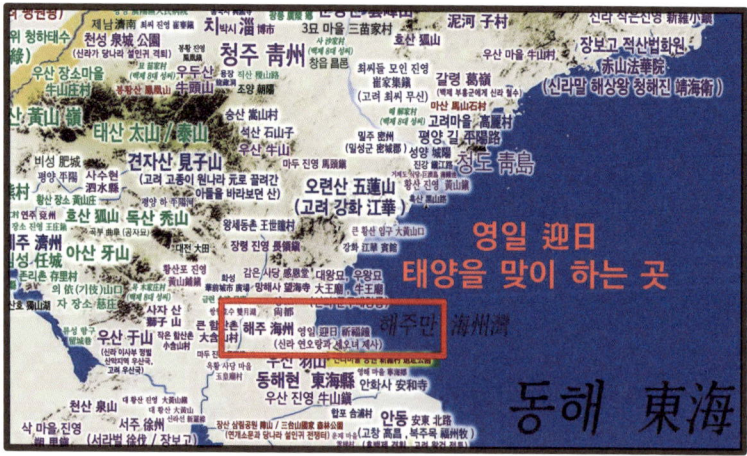

※ '일본'이라는 정식 국호가 등장한 건 670년부터이다. 이 이야기는 <삼국유사> 기록으로, 현재 <삼국유사>는 고리 시대 원본이 존재치 않는다. 조선시대에 편집, 교정본만 전해지는데, 신라 초기인데 '일본(日本)'이라고 기록한 것으로 보아 후대 교정, 변형일 수 있다. 혹은, '일본'이라는 국명을 쓴 최초의 기록일 수도 있다.

[21] 충격의 백제 후기 위치.
백제 남쪽은 신라, 서쪽은 맥국

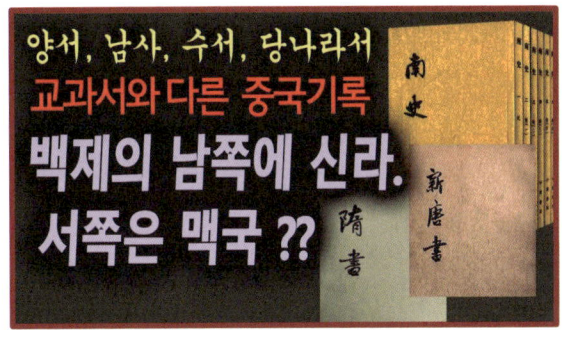 

1. '조공' 기록, 의심하며 볼 것

'조공'이란 외교 사신들의 교류 및 방문이다.
외교관의 임무란 상대국과의 교류, 현황, 변화의 분석 의무를 가지며, 본국에 보고한다. 이 행위 기록을 "일방적으로 조공했다."로 적어놓은 걸 곧이곧대로 믿는 바보가 되어선 안 된다.

그걸 감안해 이웃집 중국기록 읽을 땐 홀라당 발라당 믿지 말고, 정신 똑바로 차리고 읽어야 한다. <삼국사기>, <고리사> 등 우리 기록은 읽고 분석할 생각도 하지 않고, 사대사상에 쩔어 아는 체하려고 맨날 중국, 일본 기록만 뒤적이며 맹신하는 골빈 짓, 그만 좀 하라~~

2. 넘치는 백제 위치 기록들

동이 민족을 견제하는(혹은 적대하는) 입장에서 쓴 옆 나라 역사 기록마저도 '대륙 동부에 위치한 넓은 영토의 백제'를 기록하고 있다. 이는 반도에 가둬놓고 해석하는 현재 우리 교과서와는 굉장한 차이가 있다.

① [양직공도] "백제는 래이(萊夷 산동반도)다."
백제 말기 웅진-사비시대 때 백제의 본토는 산동반도라는 기록.

신라 김춘추가 '우이도(嵎夷道) 총사령관'으로 백제 우이(嵎夷)를 목표지점으로 백제공략에 나섰다. 충청도가 아니란 얘기.

② <남제서(南齊書),남쪽 제나라기록>의 2장의 페이지가 판본이 갈려서 존재하지 않는다. 도대체 거기에 뭐가 적혔길래??
<남제서>는 "북위(北魏)국의 기마병 수십만이 백제에 쳐들어왔는데 백제가 이겼다."라는 기록이 담긴 역사책이다. 한반도에서는 해석 안 되는 내용이다. 중국 애들이 없애버린 두 페이지엔 대륙 본토 백제의 엄청난 위상이 기록되어 있어 조작조차 어려우니 아예 갈아 없애버린 것이다.

③ 송·제·양·진 위진남북조의 남쪽 나라들의 역사서.
<송서>,<양서>,<남사>는 양자강 중류 무한(武漢) 근처에 본토가 있던 내륙 잡국들이 옹기종기 세웠다 망하기를 되풀이할 무렵의 기록이다. "고구리는 요동을, 백제는 요서를 차지하고 있었다."로, 태행산맥 서쪽 요서(진평2군)를 차지한 백제를 공통적으로 기록하고 있다.

④ <양서(梁書),양나라기록> "백제 가까이에 '왜국'이 있다."라는 기록. 엉??? 경상도 가까이에 왜(倭)가 존재하는 게 아니고??

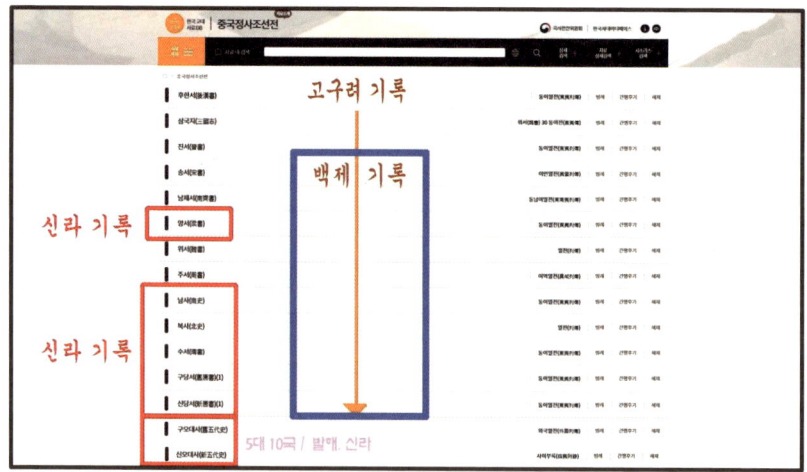

⑤ <북사(北史)> "백제에는 거위나 오리가 없다."
산동반도는 철새가 안 지나다니는 곳이라 거위류의 철새가 기의 없는 것이 철새 이동분포도를 통해 확인된다.
한반도에는 당연히 거위나 오리가 많다. 엄~청 많다.

⑥ <수서(隋書)> "백제 남쪽에서 3개월을 배를 타고 가면 담모라국(聃牟羅國)! 남북 1천 리, 동서는 고작 수백 리." 담모라국(聃牟羅國)은 세로로 긴 나라라 하니, 제주도가 아니다. 대만이다.

⑦ <수서(隋書),수나라기록> "백제 땅 남쪽은 신라에 닿는다."

백제 남쪽이 신라??
중국기록 신봉하는 역사 전공 교수들, 재야사학 전공자들아~
너희가 물고 빨고 맹신하는 중국 역사서 <수서>에 "백제 남쪽에 신라가 있다."라고 적어놨다. 중국 형님들께서 왜 저렇게 말씀하셨을까나? 고민 좀 해 보시라. 그 한반도 역사관 똥멍청이 돌대가리로는 백날 생각해 봐라, 답이 나오나?

또한 "백제 서쪽으로 3일 가면 맥국(고구리)에 도착한다." 기록도.

충청도에서 서쪽으로 3일 가면 황해 바다에 빠져 죽는다. 꼬로록!

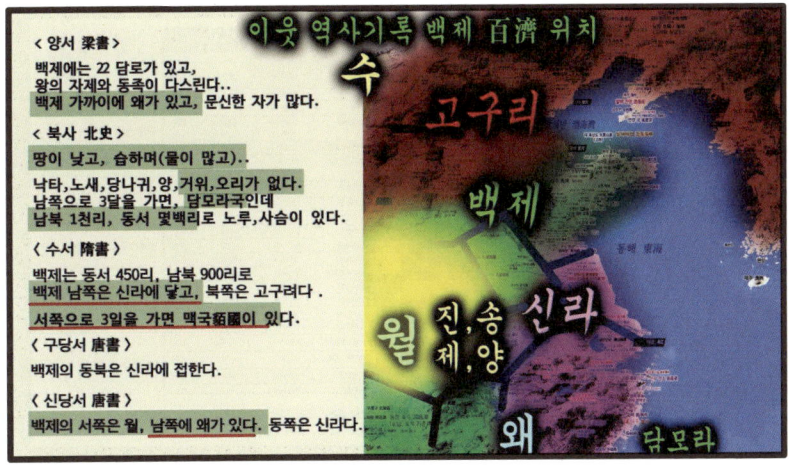

⑧ <구당서(舊唐書),당나라기록>는 '왜'와 '일본'을 다른 나라로 구분해 놓았다.

⑨ <당서> "백제 동북쪽은 신라"
백제 말기, 신라가 강해져서 산동반도 동북까지 차지했기 때문.

⑩ <신당서(新唐書),당나라기록>
"백제 서쪽은 월나라!" 송·제·양·진(양자강 중류) 좌측이 월나라다.
'월왕구천'의 칼들이 수두룩하게 발견되는 곳이다.

⑪ "백제의 남쪽엔 왜(倭)국이 있다." 기록.
중국 대륙 동남부는 늘 왜(倭)의 세력이 둥지를 틀었던 곳

⑫ "백제는 당나라 수도에서 6천 리, 물가 바른 곳에 있다." 기록.
산동반도 동평 호수(東平湖)의 너머 땅을 가리킨 기록.

3. 이웃집 족보를 훑어본 결론

중국 역사서든 우리 역사서든, 신라, 백제, 가야 모두
대륙을 본토로 해석하지 않으면, 위치 해석은 소설이 된다.
한·중·일 역사 기록이 정확히 해석되는 곳!
대륙 동부는 우리 선조들의 무대였다.

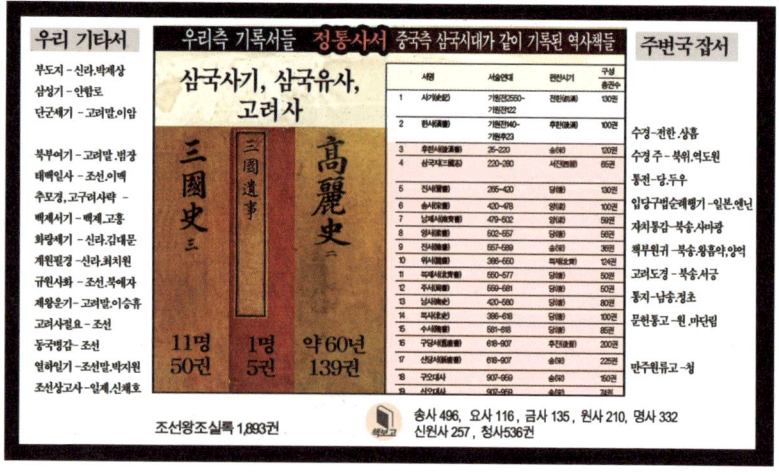

[22] 중국에서 발견된 신라 전통 쌀국수

1. 천주(泉州, 취안저우) 역사 기록

501년(고구리 문자왕11년) 11월 고구리는 월주를 공격해 뺏고, 마을 이름을 바꿔 '송강, 회계, 오성, 좌월, 산월, 천주'라 불렀다.

502년(고구리 문자왕12년) 천주(泉州)에 신라 백성을 옮겨서 살게 하여 그 지역을 채웠다.

서방에서 신라까지 올 때, 가장 중요한 거점 항구도시는 천주(泉州,취안저우, Zaitun자이툰). '물이 샘솟는 마을'이라는 뜻.

페르시아에서 인도를 거쳐 말레이시아, 필리핀 등을 거쳐 대륙에 도착하는 곳이 광저우(廣州). 신라 혜초스님이 인도로 출발했던 바로 그 광저우! 그 바로 우측, 대만 옆이 취안저우, 천주(泉州).

2. 천주(泉州, 취안저우) 신라 구역

복건성 취안저우에 신라구가 있다. '구(區)'는 굉장히 큰 행정구역이다. 취안저우는 예나 지금이나 광저우(廣州), 닝보(寧波)와 더불어 중국의 커다란 항구도시, 해양 무역 거점도시 중의 하나이다.

3. 용암 신라구 쌀국수

복건성에는 황룡, 용궁, 용암 등 '드래곤' 지명이 많다.

신라 황룡사의 용이다. 복건성 용암(드래곤 바위)이란 동네인 신라구에서는 신라 전통 쌀국수가 전해 내려온다.

4. 4년간 당나라 군사에게 옷과 쌀을 지원한, 자원 부자 신라

<삼국사기> 기록에 신라는 백제와 고구리를 공격할 때, 내륙국 당나라 사람들을 용병으로 부리면서 4년 내내 1만 명의 당나라 군사에게 쌀도 주고, 옷도 주며 먹이고 입혔다. 당나라 군사들은 "우리 당나라 군사들이 태어난 곳은 당나라지만, 피와 살은 신라국의 것입니다."라 높이 감사한 내용이 <삼국사기>에 적혀있다.

한국 역사학계 말대로 '경상도 신라 해석'을 따른다면 과연 4년간 외국 군대에 옷과 식량까지 계속 제공해 주면서 전투를 이어갈 수 있었겠냐? 그런 생산토지가 있었을까? 산악지형인 경상도가 당시에? 도로 정비도 안 되어 있고, 주거지도 1층이며, 소가 밭을 갈던 시절에? 경상도에서 생산된 자원만으로 진~짜로 당나라 즉 외국 군대에게 지속적으로 지원이 가능한가? 함께 전투하면서?
전쟁의 승패는 생산, 보급, 교통이 좌지우지한다. 후에 신라는 당나라와 7년 전쟁에도 승리했다.

한반도가 신라 본토? 에라! 이놈들아. 소설을 써도 그보다는 그럴듯해야 출판사에서도 받아준다.

5. 양자강 아래서 쏟아지는 우리 땅 지명들

취안저우 북쪽으로 양자강을 따라서 <삼국사기>, <고리사>에 나오는 모든 지역명이 발견된다. 신라 수도 금성, 월성부터 시작해서 광주 김씨의 고장, 나주 김씨의 고장, 신라 경덕왕 지역, 신라의 무주, 김해, 진해 등 너무 많다.

취안저우와 그 근처에 각종 신라마을이 모여있는데, 26개 이상의 신라마을이 있다. <삼국사기> 기록과 위치가 딱 맞아떨어진다.

6. 청해진, 나주, 광저우, 회화

청해(청도, 칭다오) 옆에 신라말 장보고가 세운 적산법화원이 현재도 그대로 있다. 그 근처에는 신라마을이 대단히 많다.
금성, 월성 근처에도 신라마을이 매우 많이 존재한다.

또한 나주(羅州), 즉 고리 현종이 거란을 피해 내려왔던 곳이고, 신라 나주 김씨(羅州金氏), 나주 나씨(羅州羅氏)의 본고장이기도 한 나주(羅州)는 양자강 중부에 있다. 이 근처가 적벽대전의 적벽이 있는 곳이다. 해로(海路)의 중심지며 소설 '삼국지연의'의 적벽대전 화공의 이야기는 후백제 견훤과 왕건의 나주 수군 전투 기록인 <삼국사기>, <고려사>에서 똑같이 찾아볼 수 있다.

계림 출신의 신라 혜초스님이 인도로 출발했던 중국 남부 광저우(廣州)의 홍콩 주변에도 신라마을이 잔뜩 있다. 그 북쪽은 신라말 천주(泉州) 절도사였다가 회화(懷化) 대장군으로 임명되었다는 신라 '왕봉규'의 '회화(懷化)'가 위치한다.
이처럼 중국 동부 대륙을 신라 본토로 해석할 모든 기록과 지형, 지명이 일치하며 존재한다.
한반도와 일본 역시 신라마을들이 존재하는 신라의 변방이다.

7. 중국 연운항 600개 신라 무덤

그 많은 신라인 무덤이 중국 땅 산동반도 남쪽 연운항 지역에 쏟아진다. 600여 기가 발견되었다.
이렇게 많은 신라계(혹은 백제계) 무덤이 한반도에서 출토된 적이 있던가? 어디가 신라 본토겠는가?

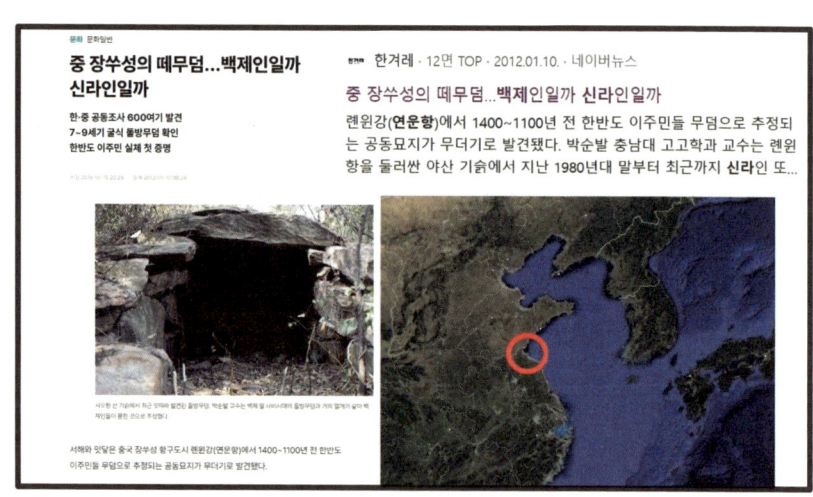

8. 일식 기록과 <삼국사기> 모두 신라 본토가 대륙임을 증명

발해, 통일신라의 남북국시대 때 신라는 중국 동부 대륙부터 한반도와 일본까지 넓은 지역을 다스렸다. 북쪽에는 고구리 후예인 발해가 있었다. 그래서 일식 기록을 보면 신라초기 일식기록이 중국 양자강 중류 안휘성 부근으로 측정되고, 787년 이후 신라 일식 기록은 한반도까지 관측된다. 이렇게 넓은 지역이 신라의 영역이었다. 한반도로 영토가 좁아진 것이 아니고, 한반도까지 신라가 지배했다는 얘기다. 신라 패망도 대륙에서 이루어졌다.

9. 중국기록, 신라 본토를 중국 땅으로 교차검증

<삼국사기> 기록에는 "고구리, 백제가 유·연·제·노-오·월 영토를 침략해서 뺏었다."라고 적혀있는데, 학교에서는 안 가르친다.

중국 25사 기록 <양서>, <남사>에는
"백제 동남쪽에 신라가 있다."라고 기록되어 있다.

<수서>, <신당서>에는
"백제의 남쪽에 신라와 왜가 있다."라고도 기록되어 있다.

위치 기록을 취사선택하지 말고 정확히 해석해 보라.
신라 본토가 어디인가?

한반도는 고구리 땅이기도 했고,
신라가 강성했을 때 신라의 지배하에 있기도 했다.

신라는 한반도를 교두보로 해서 일본까지 영향권을 행사했다.

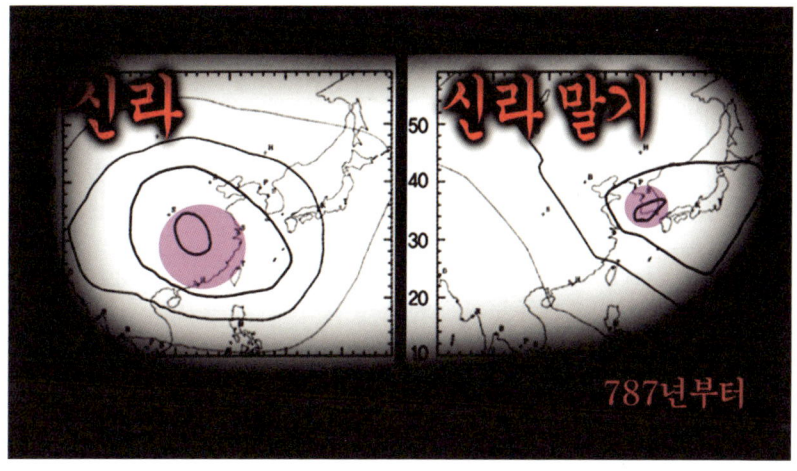

[23] 고려 강화도(江華都)

1. 인천 강화 vs 산동 강화

1232년 몽고리의 공격으로 고리(高麗)는 강화도(江華都)로 수도를 옮겨 약 30년간 저항했다. 고리 고종 서거 무렵, 고리 원종이 몽고리의 쿠빌라이칸을 찾아가 항복한 이후에도 10년 더 있어서 1270년까지 머문다. 왕과 대가족, 하인들, 군인들, 관료들과 그 식솔들, 그들을 위해 농사짓고 쌀을 경작해 바친 농민들, 나무를 베어 화살을 만들어 바친 백성들까지 족히 수십만 명이 현재 그 코딱지만 한 인천 강화도에서 40년간 살았다고? 말이 된다고 보나? 인천 강화도에서 말을 타고 달리면 몇 시간이면 전체를 정복할 수 있다고 판단될 것이다. 마리산 정상에서 섬의 크기를 한번 보라.

몽고리는 서쪽으로는 기마병을 이끌고 볼가강, 다뉴브강까지 넘어가고, 대륙에서는 남방정벌에 나서서 후에는 황하, 양자강 건너서 남송의 수도 운남성의 '임안'을 깨부쉈는데, 몽고리가 한반도를 쑥대밭 만들면서도 유독 시냇물 뻘 수준의 인천 강화도 앞바다만큼은 물살이 너무 세서 수십 년간 건너갈 생각조차 못 했다? 그게 한국 역사학계가 내놓는 최선의 역사 해석인가?

2. 강과 들쭉날쭉한 지형인 곳, 江華(강화)

강화(江華)의 '화(華)'는 '들쭉날쭉한 모양'이라는 뜻이다.
강(江)의 주변이 들쭉날쭉하다는 얘기다.

3. 강화(江華) 와 강도(江都)

<고리사>엔 강화(江華), 강도(江都)가 병행되어 기록된다.

'강화도'는 예전 섬이었던 산동반도로, 견자산, 오련산이 있는 곳이며, '강도(江都)'는 양자강이 흐르는 상하이와 양주(楊州) 부근으로 예전부터 지금까지 '강도(江都)'라 불려 온다.

① 고리 최씨 무신정권 때의 곰마을(웅촌)이 있고, 여기에 백마강으로 해서 동평 호수로 이어지며 쭉 아래로 흐른다. 웅촌에 나루터가 있는 곳이 웅진.
② 견자산은 <고리사>에 딱 2번 기록된다. 고리 왕의 아들이 볼모로 잡혀갔기 때문에 "산에 올라 아들을 바라본다." 해서 '견자산'이라 했다.
최씨 무신정권 3대 집권자인 '최항'이 "견자산의 집으로 이사를 갔다."라는 기록이 있다. 대륙 전역에 견자산은 딱 한 곳뿐이다.
최항이 '주숙'을 웅천(熊川)에 유배 보내는 내용이 이어진다.
③ 인천 강화도의 '오련산'은 현재 '고리산'이라 하며, 강화도로 수도 이전하면서 붙여진 이름이라 한다. 고구리 연개소문의 출생지라는 설도 있다. 이러한 '견자산, 오련산'이 모두 있는 곳이 산동반도다.
④ 최씨 무신정권의 '최씨'가 모여있는 진영도 산동반도에 존재.

4. 몽고리와의 전선

'강화(江華)', '강도(江都)'를 검색하면 전쟁터가 양자강 쪽으로 쭉 나타난다. 몽고리와 전투시 강이 흐르는 우측에서 방어했음을 알 수 있다. 산동반도 아래 강도, 남경에서 치열하게 맞서 싸웠다. 당시 몽고리는 남송(南宋, 남쪽 송나라)을 격파하고 있었고, 고리 원종이 1260년 쿠빌라이한테 항복한 다음부터는 전력을 남송의 수도를 공격하는 데 쏟을 수 있어서 남송을 완벽히 멸망시켰다.

5. 역사서 지명, 지명에 부합되는 지형지물

역사는 기록과 현장 즉, 지리적 특성을 중심으로 쉽게 해석이 된다. 산세, 강줄기, 지형은 역사 해석의 근본이다.

그런데 산동반도 이남을 전혀 쳐다보지도 않는 놈들이 있다. 명나라 때에 지명이동 조작이 가미된 <송사>, <원사>, <금사>의 한 줌도 안 되는 고리 기록은 신봉하면서, 우리 보물인 <고리사>의 위치들은 찾아볼 생각조차 못 하는(안 하는?) 자들이다.

<고리사>에 기록된 전투 위치들을 '산동성~강소성~절강성'에서 쭉 찾아보면 현장과 기록과 위치의 내용들이 술술 풀린다.

※ <고리사> 1376년에 고리 땅 남쪽은 주원장 무리와 붙어있다는 기록. 그렇다면 고리 말기에도 고리 수도는 어디겠나?

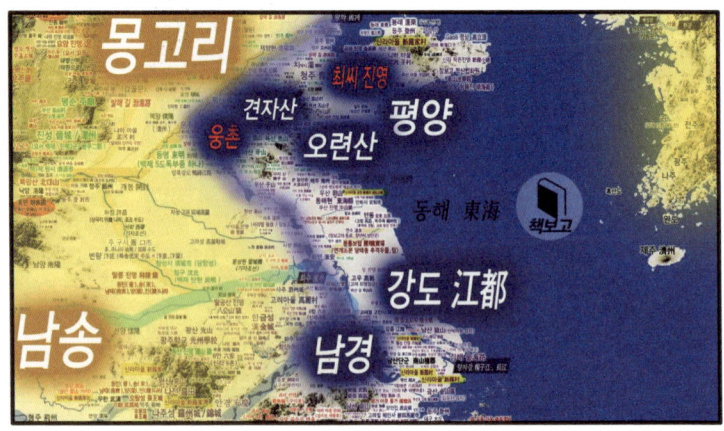

[24] 신라 원효(元曉) 대사

1. 1309년(고리 충선왕 1년) 불교성지 오대산(五臺山)에 오르다.

태행산맥에는 불교 성지 오대산(五臺山)이 있고, 양자강 남쪽 구화산(九華山)엔 신라 지장보살(김교각 697~794년) 성지가 있으며, 천태종의 성지 천태산(天台山)은 양자강 남쪽에 위치한다.

2. 신라의 원효(元曉 617~686)

650년 당나라로 유학을 가려 했는데, 요동 근처에서 고구리 순라군(국경경비대)에 잡혀 첩자로 오인당하다가 풀려나는 일을 겪으며 당나라로 못 들어갔다. 두 번째는 661년 당항성 근처 무덤에서 잠이 들었는데, 해골바가지 물을 마신 이후 '일체유심조!' 진리를 깨닫고 유학을 포기했다. 결론적으로 원효는 당나라에, 외국에 한 번도 나간 적이 없다는 얘기다.

이는 원효의 흔적이 중국 땅에서 발견된다면 그곳이 신라 본토라는 뜻이다.

3. 적대(赤大)

원효의 할아버지는 '적대.공'이라 한다. '적대(赤大)'라는 지역에 살고 있던 공작. '사라(裟羅)', '불지(佛地)'로도 기록된다. '적대(赤大)'라는 지역은 신라 일식 중심지였던 양자강 근처 합비

옛 경주(慶州) 지역에 많이 존재한다. 이 근처가 다 '적(赤)'에 관련된 지명이 넘쳐나는 지역이다.

[천하고금대총편람도]라는 지도의 '경주(慶州)'라 기록된, 현재 양자강 합비(合肥) 근처에서 '적대(赤大)'라는 지역명이 존재한다.

4. 원효(元曉)=안휘성 무호시 려창구

원효는 당나라에 유학 간 적이 없다. 양자강 근처에서 '원효(元曉)'마을이 있으니 그곳이 신라 본토라고 해석함이 합당하다.
옛 경주(慶州, 금성) 근처로 소호가 있고 함산이 있고, 수많은 김씨 마을이 아직도 존재한다. 신라 원효대사 마을이 여기 있다.

금성 왼쪽으로는 광산 김씨의 고장, 완산 이씨의 고장인 나주가 있고, 그 아래로 금관가야가 있고, 허씨 마을이 있고, 그 아래 신라의 경덕진영, 무주(撫州)가 존재한다.
<삼국사기>에 기록된 신라의 땅이 된 무주(撫州)는 한반도의 무주(茂州)와는 한자 자체가 다르다. 한반도에 무주(撫州)는 없다. 그 우측 양자강 흐르는 곳에 김해, 진해가 있고, 김유신(庾信) 거리도 존재한다. 그곳에 원효(元曉) 마을이 현재도 존재하고 있다.

5. 중국 동부에 넘치는 신라 원효의 지역들

① 낙가산 (洛伽山, 洛山)

의상대사가 당나라에 못 가고 돌아와 "관음보살 진신(大悲眞身)이 동해 해변의 동굴 안에 산다고 얘기를 들었다." 하며 동해(東海)로 가서 관음진신으로부터 수정염주와 여의주를 받고 불당을 짓고 관음상을 모셨다. 서역 낙가산(洛伽山)처럼 관음진신의 주처인 이곳을 '낙산(洛山)'이라 불렀다. 후에 원효도 동해 낙산 성굴(聖崛)에 방문했다. 양자강의 원효대사 마을 쪽으로 양자강 끝에 주산군도가 있다. 양자강 바로 아래쪽인데, 그곳에 원효가 동해에 지었다는 절 '낙가산(洛伽山)'이 지금도 그대~로 존재한다.

양자강의 주산군도는 예전부터 굉장히 유명하다. '신라 섬'이 있고, 그 아래 '낙가산'이 있으며, 그 왼쪽에는 해인(海印)사와 동일한 문자의 '해인(海印)도로' 역시 존재한다. 바다에 해인사가 존재하는 게 합당하다. 현재 한반도의 해인사는 산속에 있다.
그 왼쪽에는 '사라산(沙羅山)'이 존재한다. 진해(鎭海) 옆이다.

원효는 자신이 태어난 사라수(沙羅) 옆에 사라(沙羅) 사찰을 지었고, 완산(完山)에 머물며 고구리 승려 '보덕'에게 열반경을 배웠다는 기록이 있는데, 동해 주산군도에도 사라산(沙羅山)이 존재한다.

② 도리천(忉利天), 강도(江都), 묘각사(妙覺寺)

"661년 당나라에 간 의상은 스승 지엄법사와 함께 천궁의 부처 어금니를 요청한 바 있다. 1284년(고리 충렬10년)에 국청사 금탑을 보수하고 왕이 장목왕후(제국대장공주)와 더불어 묘각사(妙覺寺)에 와서 부처 어금니와 낙산(洛山)의 수정 염주와 여의주를 꺼내어 우러러 예배했다. 또한 이때 이른바 부처님의 어금니라는 것을 친히 보았는데, 그 길이가 3촌(9cm)가량이었다." <삼국유사>

도리천(忉利天), 묘각사(妙覺寺)도 양자강 하류 유역에 나타난다.
몽고군 침략을 받았던 강도(江都). 그 지역도 이 근처다.
신라마을이 잔뜩 존재하는 그 위치. 풍요로운 강이 있는 곳.
명주(明州)=영파(寧波)에는 현재에도 월성(月城)이라 불리는 성터 유적지가 존재한다.

③ 부석(浮石) : 옛 경주(금성, 현재 합비) 근처 양자강 하류 유역

[부석사비 浮石] "의상대사는 625년에 태어나 어린 나이에 출가하여 650년에 원효(元曉)와 함께 당나라에 들어가려고 고구리까지 이르렀으나 어려움이 있어 돌아왔다."

④ 도리천 패방(忉利天 牌坊) 존재
※ 패방(牌坊)=기념비적 건축물

<삼국사기>기록에는 신라 선덕여왕이 죽기 전 "낭산 남쪽 도리천(忉利天)에 나를 장사지내라."고 했다. 도리천 패방(忉利天 牌坊)이 신라 중심지 양자강 하류 월성(月城)주변에 현재 존재한다.

6. 부처님 봉양에 쓰였던 여러 가지 차(茶)

중국은 지리산 중심으로 차(茶)가 유명하다. 선덕여왕 때 차가 굉장히 유행했는데, '차'라는 것은 물 좋고 산 많고 따뜻한 곳에서 자란다. 사찰에 봉양할 때 쓰이는 고급 명차들이다. 지금도 중국 10대 차 생산지는 양자강 남부에 주로 자리를 잡고 있다.
한반도 조선에서는 불교 탄압의 원인도 있겠지만 '차'는 명맥을 잇지 못하게 된다. 국가의 중심 환경이 바뀌면서 다양한 '차'와 '고려청자' 등의 맥이 끊겼다.

7. 맺는말

원효는 한 번도 외국에 나간 적이 없는데, 원효(元曉)마을, 도리천 (忉利天), 부석사(浮石), 강도(江都), 진해(鎭海), 묘각사(妙覺寺), 해인(海印 도로), 사라산(沙羅山) 낙가산(洛伽山), 김유신 거리(庾信), 신라마을, 신라섬 등이 신라 중심지인 양자강의 금성, 월성 지명이 있는 근처에 모두 현존한다.

한 번도 당나라에 간 적 없는 원효대사의 지명들이 이곳에 이렇게 중국 땅에서 쏟아지는 건 우연일까? 필연일까?

왜 중국 본토에는 '신라마을'이라는 지명이 26개 이상 존재하는 걸까? 왜 26개 신라마을은 우리 정통 사서 <삼국사기>, <삼국유사>, <고리사>의 내용과 일치하는 그곳에 존재하는 걸까?

신라, 후삼국, 왕건의 고리(高麗).
중국이 고구리를 제외하고는, 모두 자기들 것이 아니라고 부정하는 우리 대한민국의 역사다!

우리 역사의 본토는
중국 대륙 동부부터 한반도까지다! 핵심 지역인 그곳에서 찾자!

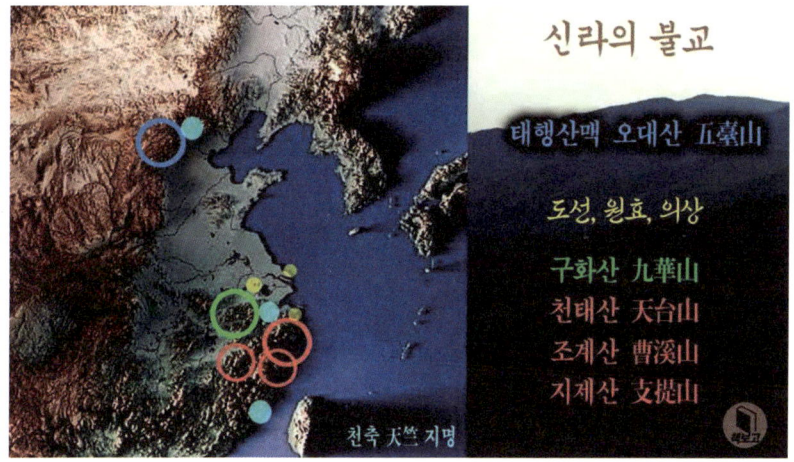

[25] '강좌(江左)' 거꾸로 해석으로 줄어든 우리 땅

1. 양자강 중류의 악주(鄂州) = 오(吳)나라의 중심지.

양자강은 '왼쪽(좌)'에서 '오른쪽(우)'으로 흐르는 강이다.
강좌(江左)는 원래 양자강의 좌측이다.
중국 잡국인 6개 왕조 오(吳), 진(晉), 송(宋), 제(齊) 양(梁), 진(陳)나라가 양자강의 좌측에 자리 잡았다가 차례대로 멸망했다.
이들의 수도인 건업(건강)은 '말릉(秣陵)'에서 시작했다. 현재 역사학계는 이 왕조들의 수도가 남경(양자강 오른쪽 끝)에 위치했다고 우기며 사기를 치고 있다. '좌'가 오른쪽이란다. 어이가 없다.

약 50년 지속했던 오나라 왕조 유적지가 모조리 양자강(장강) 왼쪽 '악주(鄂州)'에서 발견된다. 삼국지로 유명한 위·촉·오 전장터 역시 왼쪽 형주였다. 오나라 수도도 양자강 남경이 아니라 악주다. 양자강 오른쪽의 남경(난징), 항저우는 당시 신라가 있던 곳이자, 그 후 왕건 고리의 남경이 있던 곳이다. 내륙 중국 소국들이 엄두도 못 내던 풍요로운 양자강 오른쪽 땅은 우리 선조의 것이었다.

2. 강좌(江左) 기록

<중국 25사>에는 강좌(江左)에 대해 9번의 기록이 나온다.
'동이열전'에 나오는데 <수서>, <신당서> 등 본서에서 조금 더 많이 찾아볼수 있다.

근대에 일본이 만든 사전 <대한화사전>에도 강좌(江左)를 양자강의 오른쪽으로 해석한다. 이 중국, 일본 해석을 한국은 검증 없이 그대로 받아들여 "강좌(江左)는 양자강 오른쪽이다."로 그대로 따른다. 이러니, 우리나라 사학과가 우리나라 모든 과 중에서 가장 수준이 낮은 열등한 과라고 평가받는 거다. 의심이나 검증 없이 대물려 받은 대로 외우니. 종교랑 똑같지. 하는 짓이.

3. 한국 사학계의 강좌(江左) 번역?

<중국 25사> '동이열전'의 '강좌'를 한국 국사편찬위원회에서 해석해 놓은 것을 찾아봤다.

① 원서의 '강좌(江左)'를 해석하면서 '강남(江南)'으로 번역해 놓았다. 기본기가 없다는 뜻이다. 국사편찬위나 한국학중앙연구원이나, 역사 기록의 현장을 해석할 능력이 안 된다는 거다.

② <삼국사>, <위서>, <북사>에 적힌 위(魏)나라 기록을 보면 "광주(光州)에서 남제(南齊)로 가던 중에.." 라는 구절이 나온다. 광주는 양자강 중류이고, 그 근처가 악주(鄂州)다.

③ <진서>에 적힌 기록을 보면 "숙신은 서진에 공물을 바쳤다. (서진이 망하고) 동진 때도 강 좌측(江左)에 와서 돌화살촉을 바쳤다."라는 구절이 나온다. '강좌(江左)'를 '양자강의 왼쪽'으로 상식에 맞게 해석하면 그 위치가 술술 풀린다.

④ <주서>, <북사>에는 진·송·제·양 국가들의 위치 기록이 있다. "진(동진)·송·제·양나라는 강좌(江左)에 있었다. 백제와 교류하며." 라고 적혀있는데, 국사편찬위원회에서는 강좌(江左)를 고의로 '강동(江東)'이라고 해석해 놓았다. "좌는 오른쪽이고, 우는 왼쪽이라고 학계에서 주장하니 양자강, 즉 장강의 강좌를 '강동'으로 번역해 놓자. 그래야 고리 '서희'의 '강동6주' 또한 압록강 서쪽에 갖다 두어도 아무 말이 없을 테지." 그렇다면 도대체 언제부터 강동과 강서가 현대의 방향 위치로 바뀌었는지도 답변해야 한다. 오래전부터 사용된 대륙의 수많은 동쪽, 서쪽 지역 이름은 현대와 일치한다. 옛날부터 지금까지 쭉 그대로다. 왜 고대부터 잘 사용하던 동서 방위 개념이 유독 '강좌, 강우'에서만 반대가 된다고 우기나?

현재 한국의 역사 해석은 이처럼 무지성 수용으로 엉터리다.

4. 안(安)의 위치

'안(安)양, 안(安)평, 안(安)동' 등 태행산맥 동쪽으로 하북성에는 '안(安)'의 지명이 굉장히 많이 존재한다.
'광개토 평안 호태왕'은 이 안(安)지역을 평정했기에,
① 비문에 '평안(安) 호태왕'이라 부르며 '안(安)' 자를 썼다.
② '한고비 두 고비 넘는다.'는 '고비사막'이 서쪽에 펼쳐져 있다.
③ 웬만한 중원의 장수, 관료들이 다 묻히는 북망산이 있고,
④ '태산이 높다하되 하늘 아래 뫼이로다.'의 태산이 있다.

5. 연(燕)의 위치

중국은 또한 연(燕)나라의 위치를 본디 '태행산맥 왼쪽(산서성)'에서 '태행산맥 오른쪽(북경)'으로 옮겨서 조작했다.
'산서성 태원(太原)', '진양(晉陽)'의 위치가 늘 '연(燕)'나라의 수도, 그 중심 위치였다.
명나라 주원장 아들 주체(영락제)는 산서성을 다스리던 연(燕)왕이었는데, 명나라의 수도를 남경에서 북경으로 이동시켰다. 그러기에 고대 연(燕)의 수도는 줄곧 '북경'이었다고 박박 우기고 있다. 그래야 고구리와 고리의 수도 위치를 완벽히 감출 수 있으니.

6. 요(遼)의 위치

또한 '요(遼)', 태행산맥이라는 잣대도 어이없게 오른쪽으로 쭈욱 빼서 만주 '심양'의 강에다 '요하(遼河)'라는 이름으로 붙여놨다.

7. 상식을 되찾자

강좌(江左 장강 왼쪽)는 오나라의 수도이기도 하고, 진·송·제·양·진 즉 모든 남조 나라들이 망하면서 차례로 수도가 있던 곳이다. 삼국지 오나라는 약 50년 있다 망하고, 동진도 그렇고, 송나라 59년, 제나라 23년, 양나라 55년 존재하다 망하고, 진나라도 바로 망하고... 이런 나라들이 다 양자강 중류, 서쪽을 중심으로 자리 잡았었다. 동쪽이 아니고.

지도에 표기한 노란색이 황하, 하늘색이 회수, 파란색이 장강(양자강)이다. 장강은 왼쪽에서 오른쪽으로 바다를 향해 흘러간다.

'강좌(江左)'는 '장강의 왼쪽(左)'이다. 너무나 쉽다.

그런데 이 '강좌(江左)'의 위치를 중국은 어떻게든 오른쪽으로 해석하고 싶어 한다. 그래야 중국 왕조들의 수도와 영토를 바닷가 쪽까지 밀어버릴 수 있기 때문이다.

명나라 때부터 '왕이 보는 방향을 기준으로 좌,우를 나눈다.'라고 말도 안 되는 방향 호칭을 사용한 조선. '우수영, 좌수영' 들어들 보셨을 거다. 그러면 왕의 뒷통수의 방향은 어찌 부른다냐? 좌우가 다 섞여서 틀어지네? 이와 다르게 지금 중국 땅의 수많은 지역 이름은 좌,우 일정하게 상식적으로 불리며 전해온다.
중국, 일본이 던져주는 떡밥과 사기성 정보를 아무 의심 없이 달달 외워서 답습하면서 아는 척하지 말고, 상식적으로 누구나 납득할 수 있게 해석하면 정답은 뻔히 나온다.
손바닥으로 하늘을, 진실을 가리지 마라.

한국 사학계에서 아무도 이의를 제기하지 않던
'강좌(江左)'에 대한 해석, '연(燕)', '요(遼)'의 위치. 어떤가?

동북공정은 '한국 없애기'다.
멍청한 나라의 민중은 곧 역사 속으로 소멸되기 마련이다.
그만 자고, 이제 일어나서 우리 주변을 깨울 때다.

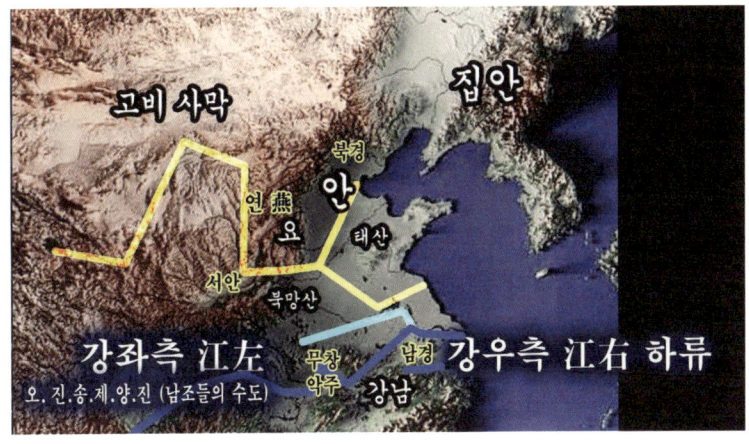

[26] 백제의 동남쪽 언어가 다른 신라.
(중국 공식 기록들)

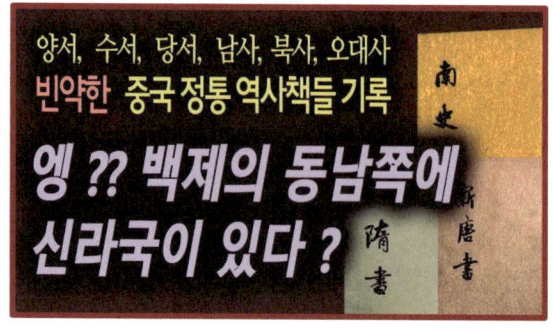

1. 정통 역사서와 잡서

우리나라에서는 왜 역사한다고 폼 잡는 사람들이
신라, 후삼국, 고리 땅이 중국 본토였다는 감을 못 잡을까?

우리 정통 역사서에는 <삼국사>, <고리사>가 있고,
중국은 <중국 25사>가 있다.
그리고 잡서들이 한국이나 중국이나 매우 많다.

정사인 <중국 25사>는 <후한서>부터 시작해서, 신라 기록은 <신오대사>로 끝난다. 중국 정사들은 늘 별책부록처럼 '동이전'을 기록한다. 그만큼 고구리-백제-신라가 중요한 이웃 나라였기 때문이다. 고구리 기록은 <후한서>부터 <삼국지>, <신오대사>까지 계속 나타난다. 신라 기록은 <양서>부터 시작된다. 신라 기록은 지역명이 거의 없이 "신라는 이러이러한 나라다." 정도로만 간단히 기록된다. 이렇기에 때문에 중국 기록만 디립다 파는 작자들은 신라의 정확한 위치 해석을 할 수 없다.

2. <구오대사>, <신오대사>의 통일신라,
<송사>의 정안국, <요사>, <금사>, <원사>의 고리(高麗)

<구오대사>, <신오대사>에는 통일신라 기록, <요사>, <금사>,

<원사>에 고리 관련 기록이 적혀있다.

<송사>를 보면 발해 유민이 세운 '정안국'이 나온다.
"정안국은 모른다."는 발언은 그렇게 중국기록 타령을 하면서도, 정작 중국기록도 제대로 안 봤다는 얘기다.
베이징이 고리 서경이었으니 그곳 서북쪽 산맥 너머에 현재도 '정안국'의 이름이 떡~하니 존재하는 것이다. <송사> 기록대로 요나라와 고리의 국경 사이에 위치했던 발해 유민의 국가다.

3. <동이열전>의 '왜국(倭國)' 고의누락

국사편찬위원회는 중국사서 <후한서>~<신오대사>에 보너스처럼 딸린 '동이열전' 해석을 내놓았는데, '왜(倭)' 기록은 고의로 누락시켰다. 해석을 안 해 놓았다. <구당서>에는 동이 나라들을 '고구리, 백제, 신라, 왜, 일본' 5개 나라로 구분해서 적어놓았다. '왜(倭)'와 '일본(日本)'을 각기 다른 나라로 본 것이다. '일본(日本)'이라는 나라 이름이 역사서에 처음 등장한 것은 670년 백제가 멸망한 다음부터였다.
'왜(倭)'는 대륙 동남부에 존재하던 30개국의 통합 세력이었다.
<한서>에는 왜(倭)는 100여 개국, 또 그 뒤 30여 개국이었으며, <수서>에는 30개국에 모두 각각 왕이 있었다고 기록되고 있다.

국사편찬위는 중국기록을 번역하면서, 무엇 때문에 '왜국'의 해석은 고의로 누락시켰을까? 현재 일본의 위치 기록이 맞지 않기 때문이다. 지금의 대륙 동남부에 존재했을 때만 해석이 맞아떨어지는 기록들 천지다. 그러니, "왜(倭)는 현재 일본열도다."라는 국민의 우민화 상태를 유지하려면, 차라리 해석을 누락시키고 말자는 결론을 내린 것이다. 국사편찬위에 있는 '동이열전' 번역서들 보면 전부 왜(倭)국의 해석을 빠뜨렸다.

4. 중국 송·제·양·진 기록에 나온 백제, <양서>에 나온 신라

<송서>, <남제서>, <양서>는 송·제·양나라 때의 기록인데 백제가 함께 기록되어 있다. 송·제·양·진나라 바로 옆에 백제가 인접해 있었다는 얘기다.

신라 기록은 <양서>부터 등장한다.
<위서>, <주서>에는 신라의 기록이 없는데, 위나라, 주나라는 대륙의 북쪽에 있는 국가라서, 대륙의 남쪽 신라와 접하지 않았기 때문이다.
<남사>, <북사>는 대륙 남방 나라들과 북방 나라들의 기록을 모아놓은 책으로 신라는 간단하게 기록된다. 38년 만에 망한 북방기마 민족인 수나라 <수서>에도 당연히 신라가 등장한다.

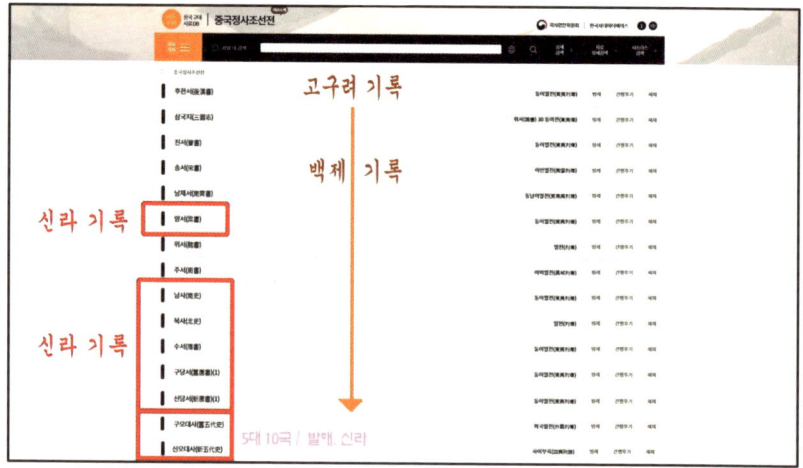

<구당서>, <신당서>는 고리시대-송나라 때에 쓰였다고는 하나, 송나라의 <송사>는 거란 요나라, 여진 금나라, 농고리의 원나라 등에게 무참히 짓밟히며 저 멀리 운남성까지 내뺀 약소국이기에 기록이 제대로 남았을 리 없다. <구당서>, <신당서>는 원본 분실로, 명나라 때 다시 쓰인 걸로 보는 게 마땅하다. 당나라가 망한 후에는 15개의 내륙 잡국들을 '5대10국'이라 부르며, 그들의 역사책이 바로 <구오대사>, <신오대사>이다. 우리로 보면 후삼국시대이다. 이 책들을 보면, 얼마나 중국이 우리 동이 국가을 비루하게 날림으로 기록했는지 알 수 있다. 이런 날림 중국 기록들을 보고 우리 삼국-고리 역사를 해석하겠다는 사람들 꽤 있다.
이게 어찌 제정신인가. 똘아이 인증인가?
<삼국사기>, <고리사>는 안 읽고, 중국 역사 기록만 읽고, 믿고, 우리 역사를 해석하겠다니, 정신병도 이런 중증 정신병이 없다. 이런 병에는 쓸 약도 없다. 처방전 없음. 조제 불가.

5. <양서>, <북사>, <남사>, <수서>
"백제 동남쪽엔 신라가 존재",
"고구리 동남쪽에도 신라가 존재" 기록

한국 교과서는 역사 기록의 위치와 전~~혀 일치하지 않는다. 백제는 2개의 수도, 신라는 9주 5소경으로 수도가 5개였다. 위 기록의 방향은 국가와 국가 간의 위치를 말한다.

현재 교과서의 역사 해석으로 보면 백제의 '동쪽'에 신라가 있다. 고구리의 '동남쪽'이 아닌 '남쪽'에 신라가 있다. 고구리 '동남쪽'은 깊고 푸른 동해다. 이처럼 한반도 역사관, 영토해석으로는 중국사서 위치 기록과 1도 맞지 않게 된다.

① <양서>에는 "백제가 통역을 해줘야 양나라와 신라가 대화할 수 있다." 백제와 양나라는 의사소통이 되나, 신라는 언어가 달라서 의사소통이 안 된다는 얘기다. 현재도 북경, 산동 쪽 중국어와 양자강 쪽과 남쪽의 중국어는 크게 다르다. 한반도의 전라도와 경상도 언어는 사투리는 심해도 다 알아듣는다. 소통이 잘 된다.

② <북사>에 "신라 언어는 마한(고구리)과 다르다." 마한은 고구리고, 고구리에서 백제가 나왔다. 고구리-백제 vs 신라 언어가 다르다는 얘기다. "진한(신라)의 왕은 마한 사람으로 정한다."

신라는 원래 굉장히 약소했던 나라다. 건국자인 박혁거세부터 차차웅, 이사금, 마립간으로 호칭을 부르다가 503년에서야 비로소 '간'에서 '지증왕(王)'이라 호칭으로 변경한다. 그전까지 늘 마한, 백제 사람을 왕으로 삼았다. 고구리의 연방 제후국으로 본다.

③ <남사>에 "신라의 북쪽과 남쪽엔 고구리, 백제가 있다." 이걸 현재의 역사 해석으로 설명할 수 있는 분. 있으신가? 잘난 역사 전공자, 교수님들아, 해석 좀 해보시라니까?

④ <수서> 수나라는 북쪽에서 말 타고 다니다가 오르도스의 북부에 '영제거, 통제거' 운하를 만들어 잠깐 넘어왔다가 고구리에 개박살이 나 불과 38년 만에 망한 나라다. 그런 수나라가 기록했다. "고구리의 동남쪽에 신라가 있다. 신라의 언어는 고구리와 다르다."

6. 명나라 때 쓰인 <구당서>, <신당서>, <구오대사>

<구당서>, <신당서>, <구오대사>에는 신라 위치를 "백제 동쪽이 신라"라 기록하는데 이는 당대에 쓰였던 사서들 <양서>, <북사>, <남사>, <수서>의 "백제 동남쪽이 신라"라는 기록과 다르다. 당나라 시기에 강성해진 신라가 북쪽으로 치고 올라와서 산동반도를 차지했기에 '동쪽'이라고 바꿔 기록한 것이다.

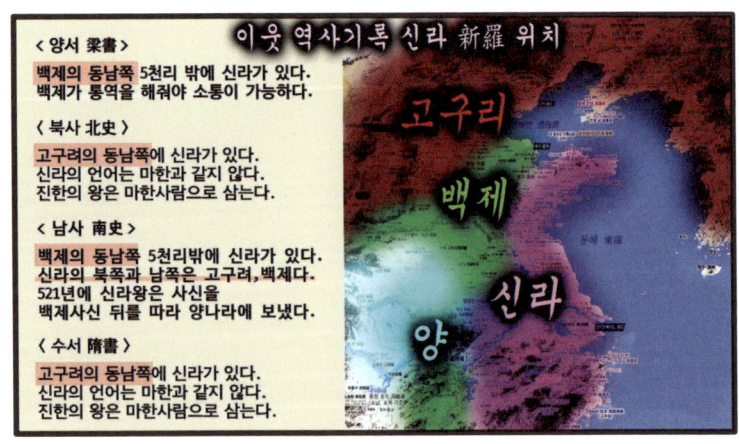

[27] 허황후(許皇后), 인도~금관가야 장강 뱃길

1. 금관가야. 보주(普州) 태후 허황옥

인도 허황옥(許黃玉 33~189년)이 정착한 금관가야는 양자강 남쪽 황산 주위에 존재한다. 황룡 지명이 많은 곳이었기에 '황(黃)'자를 쓴다. 황후(皇后, 황제의 부인)라는 이름은 금관가야의 김수로는 황제였다는 뜻이다.
허황후를 '보주태후'라 얘기하는데, '보주(普州)'는 사천성에 있다.

2. 인도 아유타국(Ayodia)

허황후의 인도 아유타국(Ayodia)은 갠지스강 물줄기에 자리 잡고 있다. 아유타국을 흐르는 강 이름이 가라(Kala)다.
무동력 선박(돛단배)을 타면 동쪽 바다로 빠진다. 동쪽으로 이동하여 브라마푸트라강 거쳐서 이동하여 사천성에 도착한다.

사천성 보주(普州) 근처에는 지금도 '허씨도로', '허씨물가', '허가구(許家沟)', '허가구촌(許家沟村)' 등 허씨 관련 지명들이 잔뜩 쏟아진다.

3. 500년 역사를 이어간 금관가야 위치,
  양자강 남쪽 소호금천(金天)의 도시

보주(普州)에서 양자강을 따라 쭉 나주(羅州), 안경(安慶) 지나서 도착한 곳이 금관가야의 지역인 청양(靑陽), 소호금천의 도시다.

'9강(九江), 귀지(貴地=9地), 구화산(九華山), 황산(黃山)' 등 가야 관련 지명이 쏟아지는 양자강 남부로, 허씨마을(許村) 등이 항저우(杭州) 부근까지 나타난다. 그 너머 해안가와 평야 지역은 신라(新羅)의 땅! 현재 상하이에 김해(金海)마을과 도로가 존재한다.

<삼국유사> '가락국기'에 따르면 금관가야 김수로왕이 나라를 세우고 10대 '구형왕(仇衡王) 김구해(金仇亥)' 532년까지 490년 동안 존속했다.

4. 대가야 : 고령(高靈, 대가야), 동남 지대

양자강 아래 금화시(金華市)는 중국의 제조물이 많은 큰 '이우'시장이 있다. 이 위치부터 중국 동남부에 대가야가 있던 고령(高靈)의 지명이 나타난다. 풍족한 지역이다 보니 국가가 오래 지속이 되었다. 거대한 항구들로 부를 쌓은 도시다. 대가야!

대가야 시조는 '이진아시'로 <삼국사기>에 의하면 후기 6가야 정세를 주도하며 520년간 존속하다가 562년 신라군에 멸망했다.

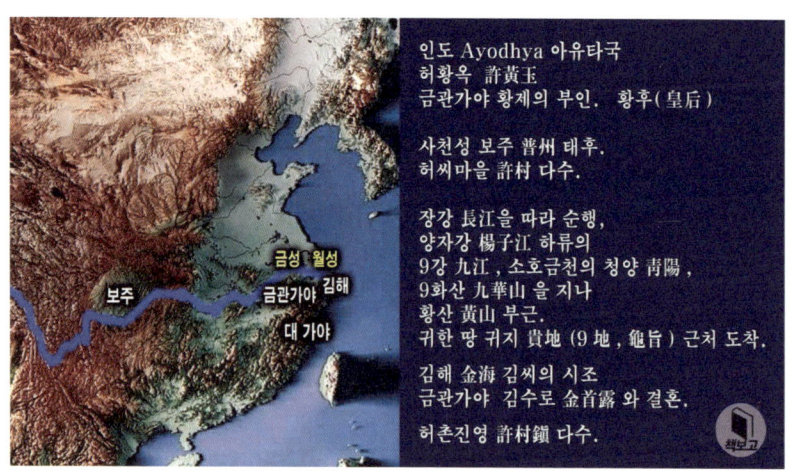

인도 Ayodhya 아유타국
허황옥 許黃玉
금관가야 황제의 부인. 황후(皇后)

사천성 보주 普州 태후.
허씨마을 許村 다수.

장강 長江을 따라 순행,
양자강 楊子江 하류의
9강 九江, 소호금천의 청양 靑陽,
9화산 九華山 을 지나
황산 黃山 부근.
귀한 땅 귀지 貴地(9地, 龜旨) 근처 도착.

김해 金海 김씨의 시조
금관가야 김수로 金首露 와 결혼.

허촌진영 許村鎭 다수.

[28] 차(茶)의 고향 신라

1. 지리산(地理山) 차(茶)

신라 42대 흥덕왕(826~836) 때인 828년 당나라에 다녀온 외교 사신 '대렴(大廉)'이 당나라 왕 이앙(李昂 827~840년)한테서 차(茶)나무 종자를 받아왔다. 신라 황제의 명령을 받아 지리산(地理山)에 심었다. 차는 선덕여왕(善德女王) 때도 있었지만, 이때 이르러 굉장히 많이 퍼졌다.

'땅이 다스린다.'는 뜻의 지리산(地理山)으로,
대한민국의 지리산(智異山)과는 그 한자가 완전 다르다.
<삼국사기>의 '지리산' 기록 5번 중 4번은 지리산(地理山)이다.

조선시대 쓴 <고리사>에는
'지리산'이 총 18번 나타나는데,
17번을 한반도의 '지리산(智異山)'으로 기록해 놓았다.

918년 철원 사람들의 추대로 왕건이 고리국의 왕으로 즉위하자, 후백제 견훤이 소식을 듣고 가을 8월에 일길찬(一吉湌) '민합(閔郃)'을 보내어 축하했다. 이어서 공작선(孔雀扇)과 지리산의 대나무로 만든 화살(地理山 竹箭)을 바쳤다. 지리산에 대나무가 엄청나게 많이 자랐다는 얘기! 양자강 아래의 기후가 따뜻한 황산지역에는 '지리(地理) 계곡' 등이 현존한다.

대나무가 많이 있는 산, 지리산(地理山). 한반도에 없는 한자.

한반도 지리산(智異山)은 추워서 대나무가 조금씩 자라는 수준.

<삼국사기>의 견훤이 수많은 화살을 만들어 보낸 내용도
<고리사>에 베껴 적으면서, 원본과는 다르게
지리산(地理山)에서 지리산(智異山)으로 한자를 바꿔놓았다.

<삼국유사>도 모두 '지리산(地理山)'으로 기록한다. (한자 원문과 달리 국사편찬위가 번역하면서 '智異山'으로 다 바꿔놓음. 왜??)

2. 강남(양자강 남쪽) 장성(長城), 임해(臨海)

고리(高麗) 시대에 지리산 남쪽에는 긴 장성(長城)이 있는 마을이 있다고 기록하고 있다. 실제로 중국 동남부의 '지리(地理) 계곡' 지명이 있는 '황산'에서 남쪽을 바라보면 유명한 '강남 장성(長城)'이란 곳이 존재한다. 양자강의 남쪽이라 강남 장성이다.

'강남 장성'은 임해(臨海)시에 있다. '임해'라는 지역명은 <삼국사기>의 굉장히 유명한 곳이다. 통일신라 때인 769년 '임해(臨海)'에 누각을 세우고 여러 신하들과 잔치를 베풀었다는 기록이 나온다. '임해(臨海)'는 경치가 빼어난 곳으로, 역사 기록에 자주 나오는 매우 유명한 지명이다. 이곳에는 강줄기를 따라 긴 장성이 아직도 유적으로 현존한다.

<삼국사기> "김인문을 '임해(臨海)군공'으로 불렀다." '임해(臨海)를 다스리는 공작'이라는 뜻이다.

<삼국사기> "신라는 긴 고개(長嶺)에 진영을 설치하여 왜적(倭寇)에 대비했다." 양자강 유역의 신라는 중국 남부 해안가의 왜(倭)를 대비해 임해에 장성을 쌓은 것이다.

한국 역사학계는 고구리-백제-신라는 한반도에만 있었다고 우기지만, 한반도에 없는 지역 이름들이 중국 대륙 동부에 마구 쏟아진다. 기록과 동일한 지명과 위치가 너무 많아 정신이 없다.

3. 남쪽은 대표적 차 재배지

차는 중국 대륙 남부, 인도, 스리랑카 등 따뜻한 고산지대에서 주로 재배된다. 한반도에서도 보성 등 남쪽에서 재배한다.

중국 10대 차(茶) 재배지는 소주(苏州), 항주(杭州), 황산(黄山), 6안(六安), 기문(祁門), 9강(九江), 무이(武夷山), 천주(泉州), 신양(信阳), 군산(君山)이다.

삼국시대 차의 주생산지 양자강 소주(苏州,쑤저우) 벽라춘차, 절강성 항주(杭州,항저우) 용정차는 신라 월성 근처이며, 대륙 남부 산악지대는 그대로 지금 중공 10대 차 생산지로, 나라 이름만 바뀐 채 1,500년 내내 좋은 품질의 차를 생산하고 있다.

지리산(地理山) 근처인 안휘성 황산(黄山)에서 나는 황산모봉차, 신라 수도 금성 근처인 안휘성 기문(祁門)에서 나는 기문홍차, 6안(六安)에서 나는 육안과편차, 그 아래 강서성 9강(九江) 지역 고산지대에서 나는 여산운무차(廬山雲霧茶), 복건성 무이산(武夷山)의 무이암차(무예를 아는 동이東夷의 차), 천주(泉州,취안저우) 옆 안계현의 굉장히 유명한 차인 철관음(铁观音=鐵觀音)이 생산된다. 이처럼 신라 본토로 추정되는 대륙 남부에서만도 8개 유명한 차 생산지가 분포한다.

하남성 신양시(信阳)에 신양모첨, 호남성 악주 옆 군산에 군산은침(君山银针) 역시 유명한 차로 중국 10대 차에 들어간다. 호남성 악주(鄂州)는 양자강 중류로 오나라 왕성, 왕릉이 있는 곳이다. 선덕여왕 때도 차가 있었고, 그 뒤로도 많이 생산됐다. 물을 정수하기 어려워 끓여 먹는 차가 발달했던 대륙 동남부가 신라의 본토!!

4. 지리산(地理山)과 쌍계사(雙溪＝双溪村＝双溪乡)

<삼국사기>에 "신라 말기 최치원은 지리산 쌍계사(地理山 雙溪寺)에서 대나무를 심고 놀았다."고 적고 있다. 대나무는 더운 저위도 지역에서 주로 자라며, 한반도 지리산(智異山)은 대나무 군락과는 거리가 멀다.

우리나라에 지리산 하동(智異山 河東)에도 '쌍계사'가 있는데, 사찰의 '쌍계사(雙磎寺)'는 '계(磎)' 자가 기록의 '계(溪)'와는 다르다. 표지판에는 "임진왜란 때 다 불타서 새로 사찰을 지었다."라고 적혀있다.

역시 당나라에 쌀을 보급한 숭늉의 민족.
보리차(茶)의 민족, 현재는 커피의 민족.
계림 닭, 치킨을 사랑하는 민족.

신라의 피를 이어받은 후손.

[29] 북경의 연개소문, 고구려 말기 유적지

1. 연개소문 시절 고구리 황제

27대 고구리 영류태왕, 연호 함통(咸通), 618~642년
28대 고구리 보장태왕, 연호 개화(開化), 642~668년

연개소문(淵蓋蘇文)은 협치론자인 고구리 영류왕 고건무(高建武)를 죽이고, 보장왕인 고장(高臧)을 고구리 황제 자리에 앉혀서, 선비족(당태종 이세민)을 무릎 꿇렸으며, 대제국의 위엄을 이어가고자 했던 장수이다.

2. 베이징 옆 통주(通州), 남쪽 장안성, 안동도호부 신성(新城)

고구리 평원왕 28년(586년)에 수도를 장안성(長安城)으로 옮겼다. 장제스 중화민국의 1918년 지도, 1943년 지도를 보면 평원 근처에 '장안성(長安城)'이 또렷이 적혀있다. 고구리 패망 뒤 '신성'에 안동도호부(安東都護府)를 두었는데, 그 근처다.
668년 고구리가 마지막으로 패전한 곳은 평양성(平壤城).

3. 베이징 정해구 서복산 무예 연습장 (연무대)

'연개소문-당태종 이세민'을 다룬 중국 경극을 보면 연개소문은 5개 칼을 꽂고 다니는 맹장으로 나온다. 고구리 남자들은 근거리 적에게 표창처럼 던지는 칼인 비도를 늘 연습했고, 여러 개의 비도(날려 던지는 칼)과 함께 누구나 숫돌을 함께 갖고 다니며 비도를 수시로 슥슥 갈고, 날리며 훈련하는 일을 게을리하지 않았다. 1920년대만 하더라도 북경 근처에 무예 연습장이 매우 많았다. 북경 우측에는 연개소문 유적지인 '연무대'가 있다. 중국 공산당이 "고구리 대장군 연개소문이 늘 비도를 연습한 곳"이라고 자세한 설명도 덧붙여 놓았다. 베이징이 과연 어느 국가 땅이었길래 고구리가 패망할 때의 장군인 연개소문이 군사훈련, 즉 비도를 연습했단 말인가? 적대국 당나라 땅에서 고구리가 훈련할 수는 없었을 텐데? 중국도 인정하는 베이징 고구리.

4. "베이징에서 연개소문을 붙잡았다." 기록

고구리가 패망한 평양성 위치는 북경. 북경 순의구 욕자구를 바이두에서 찾아보면 "당나라 왕이 고구리 연개소문을 추격해서 마침내 이곳(베이징)에서 연개소문을 붙잡았다."라는 기록이 있다.

5. <삼국사기> 기록 : 고구리 평양 = 왕건 고리의 서경

왕건은 마한-변한-진한, 즉 고구리-백제-신라 3한 모든 지역을 통일했는데, 영토를 보면 고구리 평양을 '서경(서쪽 수도)'으로 삼고, 1주 거리의 '개경'을 수도로 삼았다. 현재도 북경 순의구에 '고리영(고리 진영)'이 있다. 고구리-백제는 유·연·제·노·오·월 대륙

땅 전역을 영토로 점유한 나라였다. 고구리 중기부터 나라 이름을 '고리'라 표기했는데, 이 고구리를 이어받은 국가가 요나라(거란)와 고리(왕건 고리)였다. 태행산맥 서쪽 중앙아시아까지의 고구리 땅을 이어간 나라가 거란의 '요나라'이며, 태행산맥 동쪽은 고구리 수도 영역을 포함 대륙 동남부 노른자 땅을 차지한 왕건의 '고리'였다.

그래서 <고리사>에 "고리(고려) 서북쪽은 옛 고구리의 영토를 넘지 못했으나(동족 거란, 요나라의 땅이기에), 동북쪽은 옛 고구리 영토보다 넓었다."라고 적혀있다.

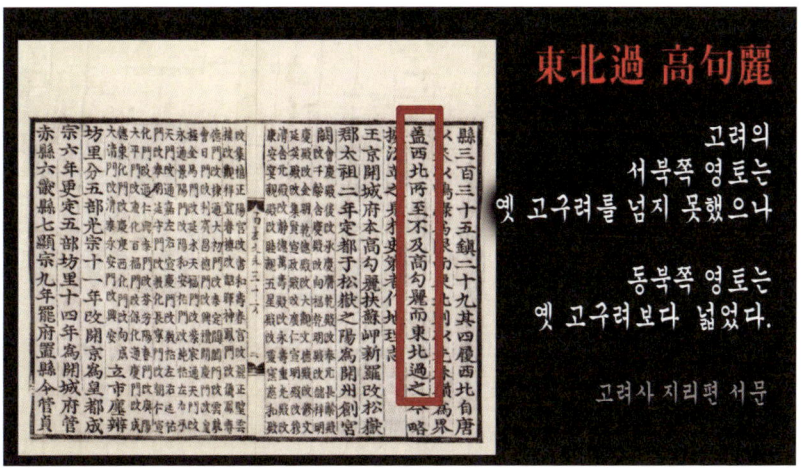

6. 백제와 신라

① 백제 땅 산동반도(우이.래이)는 양나라, 즉 50년 존속한 내륙 잡국 중 하나에서 작성한 [양직공도]에서도 확인할 수 있다.
산동반도는 '우이.래이' 라는 것은 중국 애들도 인정한 바이다.

② 회수 이남, 양자강을 중심으로 하는 신라 땅. 지증왕 때 국력이 커지면서, 503년 '사로'에서 '신라'로 바꿔 부르고, '왕' 호칭을 사용하기 시작한다. 505년 수로 정비사업을 통해 배를 이용한 교통과 운반 관련 법령을 만든다. 회수와 양자강, 한반도까지 이어지는

신라는 점점 강성해져 결국 백제, 고구리까지 멸망시킨다. 고구리는 금세 대진 고리(발해)로 거듭나 옛 고구리 땅을 회복하므로, 발해와 신라의 '남북국시대'가 이어진다.

7. 발해 유민이 세운 정안국(定安國)

거란(요나라)과 고리 서경(서쪽 수도)의 중간지점엔
아직도 정안(定安)마을, 정안 진영(定安營)이 존재한다.

8. 연개소문 부친은 서쪽부서(西部)의 대대로,
연개소문은 서쪽부서의 대인!

서부(西部, 西府)는 시안(西安) 왼쪽인 보계(寶鷄)를 부르는 명칭

9. 고구리 천리장성

조선시대에 '고리적 영토의 기억을 잃은 자들'이 <삼국사기>를 다시 뜯어고치고 교정하면서, <구,신당서> 기록과도 다르게 수정한 흔적이 곳곳에 있다. <구,신당서>에서는 "고구리 말기의 천리장성은 '부여성'에서 서남쪽으로 400km 이어진다."고 적고 있으며 <삼국유사>와도 동일하다. 통주(通州)에 부여성이 있었다.
고구리가 쌓았다는 "부여성에서 서남쪽으로 400km 이어진 성"은 현재의 베이징 좌측의 만리장성이다. 우리가 베이징에 관광으로 찾아가 보는 만리장성은 주로 북쪽과 동북쪽의 만리장성이다.

그런데 유독 조선에서 교정된 <삼국사기>만
장성의 방향을 반대로 동남쪽으로 쌓았다고 기록하고 있다.

매번 외세의 공격을 받은 약해빠졌던 명나라는 장성을 꼼꼼히 쌓을 시간이 없었다. 예전부터 존재하던 장성에 고구리가 덧붙여 장성을 쌓았고, 그 뒤 왕건의 고리가 천리에 달하는 장성을 쌓았고, 그 뒤 명나라가 벽돌로 증수하였다.
고구리 말기, 허약한 나라들이 서쪽에서 나대는데 장성이나 쌓으라고 시키니 연개소문이 화가 나 영류왕을 죽이고 보장왕을 세웠으며, 당태종을 골로 보낸다. 고구리는 연개소문이 죽은 후, 사실상 '연남생, 연남건' 형제의 분열로 망했다.

[30] 만리지국 고려(高麗)

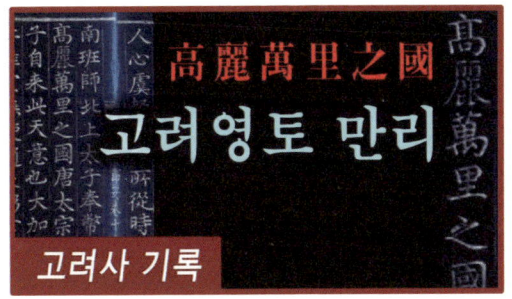

몽고리의 남송을 격파하던 남방정벌에서 돌아오던 쿠빌라이가 강화도에 숨어있던 고리(高麗)황태자 왕정(원종, 1259~1274년)을 만나자 말했다. "고리(高麗)는 그 땅이 광대하여 가로세로 약 4,500km(1만리)에 이르는 나라다."라고 기록되어 있다.

칭기즈칸부터 시작된 몽고리 제국의 침략에 고리는 맞서 싸우나 서경과 개경을 뺏기고 23대 왕철(고리 고종, 1213~1259년)은 산동반도(강화도)로 수도를 옮기고 들어가 30년간 항전하다가 24대 왕정(고리 원종, 1259~1274년) 때 화친을 맺는다. 쿠빌라이의 딸인 '제나라 공주(제국공주)'를 며느리로 들여와, 25대 왕거(고리 충렬왕, 1274~1308년)는 쿠빌라이를 장인어른으로 모신다. 원나라의 부마국이자 원나라 천자의 제후로 편입된 바, 왕거(고리 충렬왕)부터는 독자적인 연호를 사용할 수 없었고, 홍건적을 제압한 왕전 이후에야 공민왕으로 불리며, 몽고리의 간섭에서 벗어난다.
31대 왕전(고리 공민왕, 1351~1374년) 역시 마찬가지로 원나라 공주(노국공주)와 결혼한 원나라의 부마왕이었으나 원나라는 힘이 빠지고 양자강 도둑 주원장 세력이 치고 올라오며 동아시아가 정신없는 격변기에 접어드는데, 왕전(고리 공민왕)은 신하들의 반대를 무릅쓰고 쌍성(雙城)=장령=화령에 사는 동북면 토착민으로 1천 가정(약 1만명)을 이끌고 고리(高麗)에 내조한 이자춘(이성계의 아빠 1315~1360년)을 받아들여 원나라에 반대하는 정책을 편다. 이자춘이 쌍성총관부(雙城摠管府 1258~1356년)의 반란을 쳐서 무너뜨림으로써 그간 원나라에 뺏겼던 고리(高麗) 동북 땅을 99년 만에 되찾게 된다. 한편, 남쪽 도둑 수괴 주원장은 커진 세력을 바탕으로 1368년 '명나라'를 세운다.

아들 왕우(고리 우왕 1374~1388년) 때인 1377년. 고리는 북쪽으로는 쫓겨간 북원, 남쪽으로는 신흥 강자인 명나라와 국경을 맞대고 끼인 형국이 되었다. 1379년 '이현'의 새로운 궁궐로 옮기고, '회암'에서 다시 궁궐터를 알아보는 궁색한 처지가 되었다.
기세등등한 주원장의 "철령(鐵嶺)도 내놓으라!"는 무리한 요구에, 1388년 왕우(고리 우왕)와 최영은 '요동정벌'을 결심하고 이성계와 조민수에게 군대를 맡겨 정벌을 보낸다.
결과는? 위화도 회군! 상대랑 싸우기 싫단다. 쿠데타가 좋단다.

이성계 쿠데타로 왕우(고리 우왕), 왕창(고리 창왕) 그리고 왕요(고리 공양왕)까지 3명의 고리 왕들이 모두 죽임을 당했다.

```
1364년   홍건적 주平章 고려에 조공
1368년   홍건적 홍무제 주元璋 명나라 건국
         20년후
1388년   고려가 요동정벌. 위화도 회군
         4년후
1392년   이성계 조선 건국
```

※ 이성계 고조 할아비 이안사(李安社, 목조)는 원래 고리(高麗) 사람으로 몽고리를 막는 임무를 받고, 고리 동북쪽인 의주의 병마사로 임명되었으나, 몽고리에게 1천 가정을 거느리고 항복했다.
그는 몽고리의 다루가치(지방자치 장군)가 되었고, 몽고리의 원나라는 그 지역에 쌍성총관부(1258~1356년)를 두었다.

이안사→이행리→이춘→이자춘→이성계 5대 걸쳐서
고리 배신→원나라 배신→고리 배신→조선 건국.
이라는 '거듭된 배신과 사욕 추구'의 DNA를 보여줬다.

[31] 고구려를 계승한 발해 위치

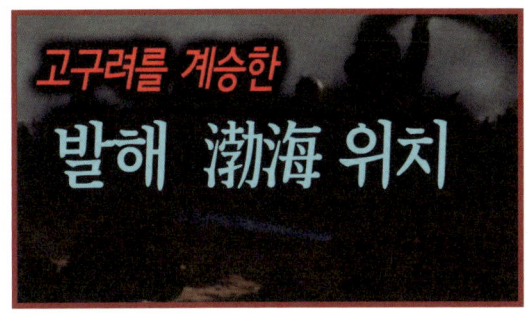 

고구리 멸망 후, 신라의 허락 아래 '안승'이 옛 고구리 땅에서 왕을 이어갔고, 그 후 대조영의 발해국이 건국했다.
고구리는 베이징(국내성)을 중심으로 태행산맥 요(遼)에 영토가 걸쳐있던 국가로, 5개의 수도를 두었던 대제국 발해국 역시 그 위치 곳곳에 국가 이름과 흔적들을 남겼다.

1. 발해 진영(渤海鎮) 현재 베이징시
2. 발해 장소 마을(渤海所村) 현재 베이징시
3. 발해 울타리(大渤海寨) 하북성 탕산시
4. 발해만(渤海灣) 베이징 우측 바다
5. 발해 진영 마을(前渤海營村) 하북성 싱타이시
6. 발해 길(渤海路) 하북성 싱타이시 니하마을(泥河村) 주변
7. 발해 길(渤海路) 만주 심양 부근
8. 발해 길(渤海路) 만주 북쪽 하얼빈 부근

[32] 일제의 중국 점령지들.
<삼국사기>부터 기록된 중일전쟁 육로

일본 군부는 대륙을 공격하기 전에 대단히 많은 공부를 했다. 지도를 만들고 공격 루트를 정하고 산맥과 강을 모두 분석했다. 우리도 일본과 중국 지리적 특성에 대해 배울 필요가 있다. 지금은 전혀 공부가 안 돼 있고 오직 '남한 땅' 밖에 모른다. 일반인은 북한 지명조차 잘 모른다. 역사를 편협하게 한반도에만 가둬놓고 보지 말고 주변 나라들을 분석하며 뻗어나갈 생각도 하고 있어야 한다.

일본군의 중국 대륙 공격은 천진(天津)부터 시작해서 북경(北京), 조양(朝陽)을 함락한다. 석가장(石家庄)을 병참기지로 삼고 위쪽 산서성 대동(大同), 태원(太原)을 공격하고 남쪽으로 쭈욱 내려가서 운성까지 진격한다. 동부로는 산동성부터 시작해서 제남(齊南) 점령, 연운항, 기주(沂州)를 거쳐 상해(上海), 남경(南京)까지 쭉 내려간다. 양자강을 타고 중류 무한(武漢, 무창+한구)을 공격한다. 사천성(중경, 성도)은 당나라 현종 포함 모든 역대 화하족이 외세 침략 때 늘 도망가던 곳으로, 경덕(景德), 무령(武寧) 즉, 신라 경덕왕, 백제 무령왕 지명이 남아있는 곳의 서쪽이다.

1. 조양(朝陽)

고리 21대 왕영(희종, 1204~1211년)때인 1214년 고리 군대가 침략한 거란군 29명을 척살한 곳. 일제가 1930년대 지나사변을 일으켜 일본군이 조양과 북경을 점령했다. 같은 곳이다.

2. 석문=석가장(石家庄, 스좌장)

태행산맥을 넘어가기 전의 전략적으로 중요한 곳으로, 예전에 신라와 당나라가 전쟁을 벌였던 주요 전투지이며 석문(石門)으로 불렸다. 지나사변 때 북경과 조양을 차지한 일본군은 곧이어 이곳 석가장을 공격해서 점령했다.

3. 보정(保定), 덕주(德州)

북경 아래 석가장 바로 위가 보정이다.
중세 삼국시대 때도 역사상 중요한 지역이다. 보정 옆이 덕주.
일본군은 북경, 석가장 함락 후 보정과 덕주를 함락시켰다.

4. 제남(齊南), 청도(靑島, 칭다오)

북경, 석가장, 보정까지 차지한 일본군은 이어서
산동반도의 제남, 칭다오를 함락시킨다.

5. 대동(大同)

태행산맥을 넘어가면 대도시 태원을 차지하고, 그 북쪽 대동을 함락시킨다. 삼국시대 때나, 일제강점기 때나 늘 육로로 뚫려있는 곳을 향해 진격하면서 가장 주요 위치들을 함락시킨다.

6. 태원(太原)

하북성 자하, 북경 옆 영정하를 차지하고, 태행산맥을 넘어 태원성을 공격한다. 태원을 함락시키고 만세를 부르는 일본군.
※ 일본군 지휘부=일본인
총알받이 선두 군인들=조선과 대만 청년들

7. 고대 중국 나라들의 영토해석은 다 뻥!!

전쟁에서는 화살, 대포, 식량 등 보급품이 굉장히 중요하다. 삼국시대에는 화살을 안 떨어지게 보급하는 것이 중요했을 것이다. 수나라, 당나라 역시 소가 끄는, 우마에 보급품을 실어 달그락달그락 갔을 텐데, 이 상태로 과연 얼마나 먼 거리까지 진격이 가능할까?

1500년 전 삼국시대 전쟁에서 화살 보급이 제일 중요했다면, 20세기 전쟁에는 총알과 포탄 보급이 제일 중요하다 할 것이다.

수나라, 당나라 때에 비해 1400년이나 지난 1937년부터 중국 본토를 쑥대밭을 내는 일본군인데, 중세 삼국시대나 마찬가지로 일본군도 소와 말로 운반하는 모습을 사진에서 볼 수 있다. 근대화에 성공했지만, 전쟁 수행의 기본 방식은 크게 변하지 않았다.

사람이 전쟁물자를 짊어지고 가기도 하고, 달구지를 타고 가기도 한다. 1937년도 이러니, 수나라, 당나라 시절에는 오죽하겠냐? 먹을 거 없으면 동네 들어가서 가축들 잡아서 먹고, 밤에는 아무 데나 널브러져 잔다. 육로 진격에는 한계가 있다. 도로가 정비되어 있지 않으니까 육로로 가는 게 무척 더디고 힘들다. 1937년에도 이러는데, 수나라, 당나라-삼국시대 때는 오죽했겠냐?

1937년 중국 대륙을 쑥대밭으로 만들던 일본군의 강을 건너는 사진이다. 딱 봐도 참 힘들어 보인다. 근대화 당시에도 이처럼 대륙을 이동하기 힘들었다. 이게 뭘 뜻하느냐? 진시황 때, 한나라 때, 위·촉·오 삼국지 때, 수나라 때 모두 공통으로 50년도 안 돼서 망한 나라들은 그 넓~은 중국 땅 전역을 다스리기 불가능하다는 얘기다. 근대화 성공했는데도 이렇게 힘들게 움직이는데, 1400년 전 수나라 당나라가 이동하는 데 한계가 있고 한반도까지 차마 올 수도 없었다는 얘기다. 고대 중국 나라들의 영토해석? 모두 다 뻥!!

8. 남창(南昌)

일제 해병대-육군 협동작전으로 남창을 공격한다.

9. 남경(南京)

북경, 산동, 운성 등 거점을 점령한 일본군은 양자강 쪽으로 남하해 상하이, 남경으로 공격해서 그 악명높은 30만 '남경대학살'을 자행한다.

민간인도 살려두면 훗날 적군이 될 수 있다는 전제하에 모두 다 남김없이 죽여버리는 거다. 전부 죽이면 뒤탈은 없을 테니.

10. 전쟁은 죽이고 부수러 가는 것

"일본 도당(도적의 무리)을 몰아내자.", "나라의 적을 죽이면 영웅이다." "무장하여 산서성을 지키자.", "민족을 지키려면 오로지 항전뿐이다.", "유격대를 조직하여 적에 대항하자.", "매국노를 죽여라." 등 공산당(팔로군)들이 중국인들을 고취하기 위해 쓴 글들.
이때 수많은 뜻있는 조선인 청년들도 중국 공산당 팔로군에 참여해서 항일 무력투쟁을 같이 했다. '선동 고무'를 비난거리로 삼을 때는 무척 조심스럽게 다루어야 한다.

'전쟁'이란 총 든 일반 병사나 다수 국민들의 떼죽음을 일으켜 침략국 혹은 참전국의 기득권층이 '하이 리스크, 하이 리턴'의 고수익을 올리는 고부가가치(?) 사업이다.
일반 국민들이 나중에 속아서 전쟁통에 개죽음당할 때는 이미 늦다. 사전에 그들이 전쟁 선동 갈라치기를 시전할 때, 속지 말고 그 본질을 보고 억제시켜라. (그래봤자 또 속겠지만)

중국은 지나사변, 국공내전으로 이렇게 유물이 작살이 나고도 모자라 중화인민공화국 수립(1949년) 후에는 '문화대혁명'이라는 이름으로 그 땅에 남아있는 고대, 중세 유적-유물들을 모조리 파괴하고, 관련 지식인들을 죽였다. 대만에서도 역시, 도망간 중화민국의 장제쓰(장개석)가 반대파를 숙청, 살육한다.

[33] 고려 말기 장수 이성계, 화령(和寧)과 만주 하얼빈 점령기록

1. 철령(鐵嶺)

명나라는 건국 후 고리(高麗)에게
"철령(鐵嶺)에 명나라 군사기지 세우겠다!"며 선전포고 했다.
32대 왕우(고리 우왕, 1374~1388년)는 열 받아서 "요동을 공격해 수복하라!"고 명령한다. 이성계와 조민수는 출전을 했다가 위화도에서 말머리를 돌려서 공격하라는 명나라 냅두고 아군을 공격한다. 4년 뒤 고리는 망하고 조선이 건국한다.

고리 수도와 약 3백 리 떨어진 곳이 철령인데, 우리나라에서는 철령(鐵嶺)을 '강원도 고산군~회양군 사이의 고개'라고 소개한다., 일제강점기에 쓰에마쓰(末松保和) 놈이 제멋대로 비정한 곳이다.

2. <고리사(高麗史)>에 기록된 '동녕부(東寧府 1270~1290)'

고리 동북 영토는 동녕부(東寧府) '동쪽의 안녕'을 지키는 곳이라 불린다. '장춘(長春), 요양, 해주, 심양, 개원'이 다 고리 동북쪽 영토다. 고리 말기 원나라에서 해방되어 되찾았던 원래 고리 땅 '쌍성'과 '청주(靑州)'까지 회복하니, 고리는 더 이상 동북쪽을 근심하지 않아도 되었다.

3. 이성계 고조 할아비 이안사(李安社, 목조)

이안사(李安社)는 원래 고리 사람으로 몽고리 군사를 막는 임무를 띠고 고리 동북쪽인 의주(宜州)의 병마사로 임명되었으나, 몽고리에게 1천 호를 거느리고 항복했다. 몽고리의 다루가치(지방자치 장군)가 되어 만주 개원에서 살았다.
※ 아들=이행리(李行里), 손자=이춘(李椿 ?~1342), 증손자=이자춘(李子春 1315~1360), 고손자=이성계(李成桂 1335~1408)

4. 이성계의 아비 이자춘(李子春 1315~1360)

1355년, 쌍성(雙城)의 1천 가정(약 1만 명)을 이끌고 고리(高麗)에 내조하니, 왕전(고리 공민왕, 1351~1374년)이 반긴다. 이자춘이 쌍성총관부(雙城摠管府 1258~1356년)를 쳐서 무너뜨림으로써 원나라에 뺏겼던 고리 동북 땅을 99년 만에 되찾게 된다.

고리(高麗) 조정에서는 신하들이 "이자춘은 동북면 1천 가정의 오랑캐로 언제 배신할지 모르므로 받아들여선 안 됩니다."라고 했으나 공민왕은 그를 받아들여 동북면 병마사로 임명한다.

훗날 이자춘의 아들이 실제 쿠데타로 나라를 주원장과 반분하여 뺏었으니 신하들의 우려가 현실이 된 것.

<고리사>에 "쌍성(雙城)은 땅이 가장 비옥하고 풍요롭다." 하는데, 한국 역사학자 떼가 한반도에 비정한 쌍성은 과연 비옥하고 풍요로운 땅인가? 상식에 벗어나는 장소를 믿는 뇌 구조여!

한편, 현재 송화강이 흐르는 만주 땅의 쌍성(雙城)은 젖과 꿀이 흐르는 풍요로운 땅이다. 그 이름 그대로 존재하는 지역들이다.

5. 고리 동북면 화령(和寧=和州=雙城)에서 태어난 이성계

고리의 장수 이성계는 1350~60년대에 '동북면 도지휘사', '동북면 상만호', '동북면 원수'로서 고리의 동북쪽 영토를 다스렸던 그 지역 강자였다. 동북면을 잘 알았기에 1356년 쌍성(雙城)과 청주(青州)를 되찾을 수 있었다.

고구리 때 '장령(長嶺)'으로 불렸던 만주의 고리 땅 '화주(和州)'.
23대 왕철(고리 고종, 1213~1259년) 때 몽고리 즉 원나라가 강성해져 고리 왕실은 산동(강화)으로 쫓겨갔고, 그곳은 쌍성총관부(雙城摠管府 1258~1356년)가 되었다. 31대 왕전(고리 공민왕, 1351~1374년) 때 되찾아 화주(和州)를 '화령(和寧)'으로 바꿔 부르며 승격시켰다.
이곳이 이성계가 태어난 곳! 물 좋고, 살기 좋은 하얼빈 근처.
현재도 '장령', '쌍성', '화령' 등의 이름이 남아있다.

1335년 이성계가 태어난 고향인 화령(和寧)은 화주(和州)이며 현재는 쌍성구(雙城區)로 쌍성총관부(1258~1356년)가 세워진 곳이다.

<조선왕조실록>에는 세종 때까지만 '화령(和寧)'이라는 지역 이름이 등장한다. 그 이후에는 여진에게 그 땅의 영유권을 뺏겨 더 이상 기록되지 않는다.

6. 고리 우왕 때, 회수 서쪽 평민 출신의 주원장

양자강 도적단 세력이 커지면서, 수괴 주원장이 북경의 공민왕에게 선물을 바치며 권력을 안정화하다가 1368년 대뜸 자기 세력권을 하나의 나라로 격상하여 지칭하며 '명나라'라 하였다.
그로부터 20년이 지나, 왕우(고리 우왕 1374~1388년) 때인 1388년 이성계의 위화도 회군 쿠데타로 사실상 홍건적 도적 떼 수괴 주원장과 쿠데타 주범 이성계가 함께 고리(高麗) 땅을 양분하여 나눠 가지게 되었다.

<고리사)>에 "철령 산은 고리(高麗) 수도에서 300리 떨어져 있다."고 적혀있다. 만주에 '쌍성, 장춘, 개원, 철령, 심양, 요양, 해주'가 쭉 늘어서 있다. 지금도 고리 때 그 지명 그대로다.
철령에서 300리 거리이면 만주의 심양, 요양을 커버한다.

※ 요양(遼陽)과 심양(瀋陽)은 현재 그 지명이 태행산맥과 만주에 똑같이 각각 2곳에 존재한다. 태행산맥의 좌권(左券)이 요양(遼陽)이며 그 남쪽 장치시(長治市)에는 현재 '명나라 때 심양 유적지(明朝沈王府城墙遗址)'라 불리는 곳이 존재한다.

7. 새 나라 이름 '화령 vs 조선'

조선의 외교관 '한상질'이 조선(朝鮮)과 화령(和寧) 두가지 이름을 들고 명나라로 가서 선택해 달라고 하는데, 주원장이가 '조선(朝鮮)'으로 낙점한다.
"만주 화령(和寧)=몽고리 수도 카라코롬은 원나라 냄새가 너무 나지 않나? 그 옛날 기자(箕子)가 살았던 대륙의 고조선(朝鮮)과 같은 이름으로 짓고 우리 명나라와 함께 잘살아 보세. 조선이란 국명을 허락한다." 기자(箕子) 고조선의 위치는 이제 한반도로~.

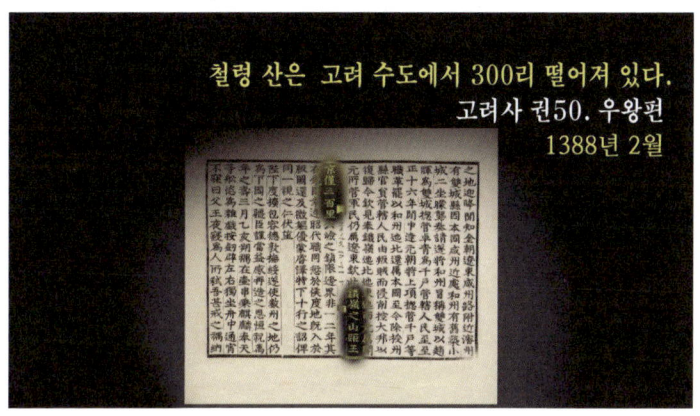

[34] 1388년 고려 말 수도 위치. 몰랐던 그 장소

1. 고리(高麗) 땅, 북경 중심으로 나타난다.

우리가 교과서로 배우는 것과 전혀 다르게 모든 한국과 중국 역사 기록에는 "고리(高麗)는 가로 영토가 훨씬 더 길다."라고 한다.

<고리사>에 기록된 수백 개 지역명을 찾아보면 순천, 창평, 천수산, 개평, 홍주, 통주, 영녕, 함녕, 보정, 안주, 순덕, 광평, 교하, 제양, 사수, 청주, 등주, 안문관, 위원, 평로, 영원, 금주, 심양, 금-복-개-해주, 고우(최영 전쟁터: 양자강 위쪽) 등 28개 지역명이 청나라 지도 [대청광여도]에 북경을 중심으로 나타난다.
[대청광여도]뿐 아니라 위성지도 구글맵에서도 찾을 수 있다.

<고리사> 어디에도 고리 영토가 한반도라 적히지 않았다.

<고리사>에 고리 지역명이 어디 어디라고 다 기록이 되어 있으며 그것만 찾아가면 고리 영토를 쉽게 확인할 수 있다. 현재 우리가 배우는 교과서 내용이 얼마나 왜곡되었는지 확인할 수 있다.

2. 고리 역사

고구리 땅, 백제 땅에서 마지막 신라 땅을 병합하면서 왕건은 고리라는 나라를 세웠고 삼한을 통일했다. 서북쪽 거란(요나라)은 카자흐스탄까지 뻗어가며 기마 민족들과 전투를 벌였으나, 1125년 금나라에게 정복당한다. 고리는 금나라, 아래로는 북송과 손을 잡왔다. 고리 고종(1213~1259년) 몽고리의 침입을 여러 차례 받아 1231~1259년까지 30년간 전투를 벌이고, 10년간 더 강화도에 머물면서 고리 충렬왕 때부터 원나라의 사위 나라가 되었다.

고리 말 원나라가 약해진 틈을 타서 공민왕(1351~1374년) 때 다시 힘을 키웠다. 고리 남부 양자강 중심으로 홍건적 떼가 일어나서 위세를 떨쳤다. 우왕 때(1374~1388) 요동 정벌을 기획하지만, 이성계가 위화도 회군으로 쿠데타를 성공시킴으로써 고리의 500년 역사는 사라진다. 조선 건국.

위화도 회군 당시인 우왕 때 고리 수도는 어디일까?

3. 주원장이 활약했던 곳, 회남(淮南)

1362년 고리군이 홍건적을 평정하고, 2년 뒤 회수의 홍건적 두목 주원장(주평장)이 무기를 바치며 고리 황제에 조공한다. 그로부터 4년 후인 1368년에 명나라를 건국한다.

'회남'은 안휘성, 즉 회수의 남쪽이자 양자강의 북쪽이다. [대청광여도]를 보면 명나라 태조 주원장의 진영이라고 기록이 되어있음을 알 수 있다. "황금 보기를 돌같이 하라."던 최영 장군이 싸웠던 고우(高郵)가 '회남' 바로 동쪽에 존재한다.

고리에 엎드렸다가 4년 만에 고리의 남경을 뺏어 명나라를 건국한 주원장(주평장). 북쪽으로는 산동, 남서쪽으로는 사천성과 운남성까지 점령할 정도로 초기 명나라의 기세는 드높았다.

4. 궁궐터를 여러 번 옮겨 다닌 우왕

공민왕은 갑자기 암살당하고 신돈의 아들 우왕이 10살 때 고리의 왕이 된다. <고리사> 보면 우왕 때 수도를 여러 번 옮긴다. 1379년 <고리사> 기록을 보면 '이현'의 궁궐로 옮겼고, '회암'에서 궁궐터를 살폈다는 내용이 나온다. 이런 내용을 아마 다들 처음 들어봤을 것이다. 고리는 처음부터 끝날 때까지 북한의 개성을 개경, 평양을 서경으로 삼고 지낸 줄로 알 것이다.

한국 사학자들이 얼마나 <고리사>를 안 읽고, 우리나라 기록들을 천시했는지 알 수 있는 대목이다.

'이현', '회암' 뿐 아니라, 우왕 때 한양, 평양, 개성으로 간다는 등, 수도 없이 궁궐을 옮긴 기록이 나온다. 명나라가 점점 고리 땅을 압박해 왔기 때문이다.

1368년 '회남'에 나라를 세운 뒤 강성해진 명나라는 드디어 20년 뒤 고리 땅 '철령(鐵嶺)'에 군사 진영을 설치하겠다고 통보한다. 그곳까지 뺏겠다고 한 거다. 우왕은 "안 되겠다. 선제공격하자. 요동을 정벌하겠다. 이성계와 조민수가 출동하라!" 명령한다. 그러나 이성계와 조민수가 위화도에서 손을 잡고 회군하여 쿠데타를 일으킨다. 이후 우왕, 창왕, 공양왕을 차례로 모두 살해한다. 위화도 회군 4년 뒤인 1392년 조선을 건국한다.

5. 위화도 회군 당시 고리 군대가 출병했던 고리의 수도?

<고리사>를 읽다 보면, 현재 방송 등의 강사, 박사, 교수들, 재야 사학자 간판을 달고 '사학자'랍시고 폼 잡는 이놈들이 얼마나 우리나라 역사서를 안 읽었는지 알 수 있다. 서로 오염된 논문만 돌아가며 처 읽고 있으니 알 턱이 있나. 현장에 대한 이해도 없고.

1388년 명나라가 설치하겠다고 한 철령위, 그 철령의 위치는 어디인가? 고리 수도에서 300리 떨어진 철령은 만주 근처에 개원이 있는 곳이고, 북쪽으로 쌍성이 있는 곳이다.

철령은 구글맵 보면 원나라가 설치했다는 만주의 개원 바로 아래쪽에 존재한다. 철령 한참 위쪽으로 쌍성총관부의 쌍성이 있다.

<고리사>에 "고리 수도에서 300리(130km) 떨어진 철령"이라 했으니 심양-요양이 딱 그곳=우왕 때 고리 수도!
태자하가 흐르는 곳!! ※ 명나라때 10리=4.44km

1385, 1388년 우왕 때 봉천강에 배를 띄우고 놀았다는 기록들이 나온다. 심양 앞으로 지금도 큰 강(태자하)이 흐르며 그곳 지명이 봉천(奉天)이다!

[35] 능성 구씨(綾城 具氏)

1. 매년 전라도 화순에서 능성 구씨 종친회

한국에서는 능성(綾城)을 화순(和順)으로 본다.

2. <삼국사기> 능성(陵城) vs <고리사> 능성(綾城)

능성 구씨 본관인 능성(綾城)은 '실 사(糸)' 들어간 자인데, <삼국사기> 기록에 나오는 능성(陵城)은 '언덕 구(阝)' 있는 문자다. 조선이 기록한 <고리사>부터는 '실 사(糸)' 들어간 능성(綾城)으로 기록되어 있다.

① <삼국사기> 능성(陵城)

능성(陵城)은 백제 땅이었는데, 신라에게 뺏긴 뒤 경덕왕 때 능성으로 이름이 바뀌었고, 쭉 그 이름 그대로 썼다. 능성군 안에 현이 2개인데 화순과 복성현.

② <고리사> 능성(綾城)

<고리사>에 "철야현(鐵冶縣)은 본래 백제 땅인데, 경덕왕 때 지금 이름으로 고치고, 그대로 쭉 이어졌다. 고리 때 능성현(綾城縣)에 소속되었다. 나주로 가는 길에 능성(綾城), 화순(和順), 광주(光州), 해남, 남평 등이 있다."고 나오며, '구영검'이란 장수가 능성 구씨(綾城 具氏)였다고 소개하고 있다. '구영검'은 면성(沔城)

을 다스렸고 고리 말기 고우성(高郵) 원정을 갔다는 기록이 있다. 고우성(高郵=高邮)은 최영 장군이 반란군을 막았던 전투지로, 양자강 남경 북쪽에 있다.

고리 시대 기록상 '왜(倭)'는 중국 동남부를 지배했던 세력으로, 홍건적과 병기해서 기록되어 있다. "왜(倭)가 광주(光州), 능성(綾城), 화순(和順)을 공격했다."는 기록이 있다. 양자강을 따라 그 위쪽으로 합비시(옛 금성), 광주(光州)와 광산(光山), 나주성(羅州)이 있다. 나주성(羅州城=罗州城)은 궁예가 후백제 견훤을 격파한 곳으로, 광주(光州)와 광산(光山) 바로 남쪽에 있다. 한반도 지역명과 거의 방향이 똑같다.

3. 장강(長江, 양자강) 요충지 나주성(羅州城)

'나주성(羅州城=罗州城)'이라는 이름은 전 세계 딱 하나다.
한반도에는 '나주성'은 없고 '나주'만 존재한다.

양자강, 장강 나주의 서쪽엔 그 유명한 면성(沔城)이 존재한다. 면주, 면성, 면천 등 능성 구씨의 본고장이다. 현재도 성곽의 유적이 뚜렷하게 존재한다. 이 면성에 부원군의 작위를 받았던 구씨 가문.

4. 장강(長江, 양자강) 남부에서 활약했던 능성 구씨(綾城 具氏)

능성 구씨(綾城 具氏)는 면천 구씨(沔川 具氏)라고도 하는데 면성(沔城)을 흐르는 강을 면천(沔川)이라 불렀다. 한수(漢水=汉水)가 양자강으로 이어지는데, 이곳을 중심으로 활동하던 무인 가문이 구씨다.

양자강(장강)을 중심으로 후백제를 거쳐서 고리적까지 활약하고, 조선 때 한반도로 넘어온 유명한 무신 집안이다. 한반도 남부에 시조 묘를 가묘(가짜 묘)로 만들어 지금까지 제사를 지내고 오는 것으로 해석된다.

[36] 서울 강남 돌 마을. 피라미드

서울 송파구 석촌 돌무덤

중국은 북한 압록강 위쪽 집안(集安)시에 존재하던 수많은 고구리의 피라미드 무덤들을 댐공사 명목으로 수몰시켰다. 몇 개는 남아서 광개토대왕 무덤, 장군총(장수왕 무덤)이라고 아무 근거 없이 해석, 주장하고 있다. 그런데 중국 집안시까지 안 가도 똑같은 양식의 거대한 피라미드 무덤을 잠실(송파구) 석촌동에서 볼 수 있다. 무려 100개 이상 고구리 양식 돌무덤이 무더기로 있었는데, 88올림픽을 위해 '전두환'이 도로를 깔면서 싹 다 없애버리고 딸랑~ 3개 정도만 남겨놓았다.

계단식으로 돌을 쌓고 옆에는 안 무너지게 돌로 기대놓은 전형적인 고구리 양식 무덤이다. 전두환 탓에 딸랑 3개만 남았지만, 그 규모가 엄청나다. 몽촌토성, 풍납토성, 아차산 유적지 등이 다 근처에 있다. 3~5세기 유적으로 학계는 백제 것으로 추정하지만, 아무런 근거가 없다. 무조건 한반도에서만 고구리-백제-신라를 비정하겠다는 신념에 찬 무지성 한국 사학계의 해석 꼬라지.

아무 근거도 없이 백제 한성은 서울이고 500년 백제 땅이라 우기고 절대 신념으로 가득 찬 한국 사학계인지라, 석촌의 돌무덤 역시 백제 것이라고 주장하지만! 무덤 양식으로 보아 집안시 돌무덤과 똑같은 고구리 양식이다. 서울이 줄곧 고구리 땅이면 안 되니?

중국 대륙에 고구리, 백제, 신라 본토가 있고, 바다 건너 한반도에는 산 좋고 물 맑고 경치 좋은 안전한 지대로 해석해야 한다. 고구리 땅이다가 신라, 고리(高麗)가 점유한 영토다.

이집트 피라미드가 약 5천 년 전 유적이므로 잠실 옆 석촌의 돌무덤 역시 고구리보다 훨씬 이전에 만들어졌을 가능성도 배제할 수 없다.

우리 역사책 보면 늘
"한국은 중국의 문화를 받아들였다", "중국에 조공했다"고 기록한다. 전공자들은 중국 역사는 대단하다는 사대 의식에 쩔어 있다.

<중국 25사>, <삼국사기>, <고리사> 등 원문 기록이 보여주는 시대 상황, 지역 이름, 그리고 옛 고지도와 구글맵이 보여주는 진실의 역사 현장은 그들의 고정관념으로는 이해 불가다.

※ 성남 서울 공항 활주로를 옮기면서까지 만들어낸 일본 쇠말뚝 123층 롯데타워. 원래 롯데 본사는 일본에 있다는데, 일제강점기에 서울의 중심부에 박았다는 대못들이 생각나는 것은 왜일까?

서울 강남 잠실옆 돌마을(석촌동)

[37] 역대 중국왕조들 위치와
동부 대륙 우리 영토 비교 _ 고려(高麗)까지

1. 고조선의 곁가지 중국의 하·상·주나라

2. 춘추전국시대 vs 고조선

진나라(晉 Jin)는 현재 요산(遼山), 요주가 있는 요의 서쪽이다.
항상 '진(晉)'이라는 국가 이름을 가진 나라는 앞으로도 쭉 이어지는데, 같은 지역 언저리에서 건국된다. 그 아래에 제나라, 노나라.

태원 부근은 늘 연(燕)나라였다. 지금도 연경산이 있다.
양자강 중류 현재 악주, 무한 부근은 늘 오·월 지역이었고,
강릉 부근은 늘 초나라였다.

3. 진(秦)나라, 한(漢)나라 vs 고구리-백제-신라. 삼국시대

진시황 진나라(秦) 수도는 함양!!
이후 한(漢)나라는 황하 아래에 자리한다.
전한은 서안, 후한은 낙양을 중심도시로 한다.

베이징을 중심으로 고구리가 있었다.
황하 아래 제남시에는 백제, 회수, 양자강 쪽에 신라가 있었다.

4. 삼국지 위·촉·오 시대 vs 고구리-백제-신라

50년 정도 만에 모두 망한 나라들이다.
위나라는 황하 아래 허창, 촉나라는 사천성 성도, 오나라는 건업(건강)을 중심으로 한다. 양자강 중류 악주 지역이 오나라다.

이후 진(晉)나라 시대이다. 진(晉)나라는 늘 태행산맥(요) 서쪽에 자리 잡은 나라였다. <송서>, <양서>, <남사>를 보면 "진나라의 동쪽 영토를 백제가 빼앗았다."라고 기록된다. 우리는 그 영토를 '요서 백제'라 부른다. 요서의 진평(晉平) 2군이 지금도 그대로 남아있다.

5. 5호 16국 vs 고구리-백제-신라

북쪽의 5개 오랑캐, 남쪽의 16개 나라가 난립하던 시끄러운 시대다. 잡국들이 건국하다 망하기를 되풀이하던 시대며, 대륙 동부 주 무대에서는 고구리-백제-신라가 번성하던 시대다.
연(燕)·진(晉)나라는 태행산맥 서쪽의 산서성.
조(趙)나라는 그 옆,
양(凉)나라는 청해(青海, 호수) 쪽에 있다.
사천성엔 늘 한(漢)족 나라가 있다. 이들 나라들은 늘 그 위치에서 건국하고 망하기를 되풀이했다.

6. 남북조 시대 vs 고구리-백제-신라

잠깐잠깐 있다가 사라지는 나라들이다.
송·제·양·진 수도는 건강(건업)인데, 말릉, 무창으로 악주가 있던 오의 위치다. 그 위치가 송나라, 뒤이은 남제(南齊), [양직공도]의 양나라가 자리 잡은 곳이다. 백제랑 북위(北魏)가 전투를 벌인 모습을 남제가 구경하다가 기록했다. 이 <남제서> 기록을 보면 북위 수십만의 기마군과 백제의 전투가 묘사되어 있다.

그다음이 수나라, 당나라다. 북방 이민족인 선비족이 북쪽에서 말을 타고 내려와 세운 나라다. 서안 왼쪽! 수나라는 38년 만에 망하고, 당나라는 신라와 손을 잡고 신라가 주는 쌀과 옷을 받으면서 백제와 고구리와 전쟁을 했다. 일종의 신라 용병! 고구리가 망한 뒤에 신라, 당나라는 서로 영토전쟁을 7년간 벌였다.

7. 5대 10국 잡국 vs 후삼국 시대

당나라가 망한 후, 15개의 잡국들. 황하 쪽에 후진, 후당, 후량이 있고 남쪽 양자강 따라서는 사천성에 촉나라, 무한지역에 오나라와 초나라, 남평(호북성 강릉). 약 3년 있다 망하는 나라도 있고, 정말 금방금방 망하는 나라들이 이어진다. 이때 대륙 동부는 후삼국, 즉 견훤 의 후백제, 궁예 고리(高麗 후고구리), 신라가 겨뤘고, 왕건의 고리(高麗)가 힘을 키워 결국 통일한다.

8. 요나라 vs 고리, 금나라 vs 고리

진나라(後晉,후진)가 요나라(거란)한테 "후당(後唐)만 공격해 주세요. 그러면 연운 16주(산서성) 줄게요." 부탁한다. 후당은 산서성 태원의 서남쪽이다. 그곳을 거란의 요(遼)나라가 차지하고, 고리(高麗)는 베이징을 중심으로 대륙 동쪽에 자리 잡는다. 신라의 남방 땅을 고스란히 흡수했다.

북송이 망해 남송으로 간 것은 신라를 이어받은 김씨들의 나라, 금나라의 국력이 커진 탓이다. 만주에서 힘을 키운 금나라가 말을 타고 북쪽 대동과 연경의 평원을 지나서 거란(요나라)을 멸망시키고 옛 신라 땅의 버릇없는 송나라를 공격하기 위해 달려갔다.

9. 몽고리 원나라 vs 고리(高麗)

몽고리는 남송을 격파하며 강화도로 수도를 옮긴 고리를 30년간 공격한다. 고리 원종 때 항복하여 몽고리 원나라의 제후국이 되기로 한다. 강화에서 10년 더 쉬다가 개경으로 돌아간다.

원나라는 태행산맥을 중심으로 오른쪽은 고리(高麗)를 제후국으로 두고 전 세계를 지배하겠다는 야욕을 펼친다. 고리 충렬왕 때 서경-개경을 돌려받고 나서 고리는 원과 연합군을 이루어 일본 정복에 나선다.

상도(내몽골 네이멍구), 연경(산서성 태원-진양), 대도(북경 부근)를 중심도시로 하며 원나라가 구축되었고 그 후, 남경을 중심으로 주원장 홍건적이 발호한다.

홍건적이 산서성을 함락시키고 원나라를 북쪽으로 몰아냈다. 명나라의 힘이 우위에 서는 순간. 그 후 우왕은 도망을 간다. 명나라를 치러 요동 정벌하랬더니, 이성계가 위화도에서 군사를 돌리며 쿠데타를 일으켰고, 그 뒤 우리의 역사는 북경 우측에 있는 산해관의 좌측 영토를 잃게 된다. 처음엔 이성계 고향 땅인 쌍성(화령)과 하얼빈 등 만주 땅 지배권도 가졌지만, 한반도 남쪽을 중심으로 국정을 편 탓에 토착 여진족에게 주도권을 내주면서 점차 한반도에 갇히고 만다.

10. 명나라-조선. 역사 영토 왜곡

고리(高麗)와 원나라 세력을 짓밟고 일어난 명나라-조선은 후대 모든 역사서의 조공 기록, 위계질서 기록을 변형시켰지만, 수많은 지역명은 없앨 수 없어서 대륙에 그대로 진실의 흔적은 남아있다. 연나라, 평주, 영주, 노룡, 어양 등 산서성 위치의 지명들을 북경 우측으로 옮겨놓았다. 하지만 그 예전의 지명들이 아직도 원래 위치에 대부분 남아있다.

11. 대한민국 이름 Coree = 고리(高麗)

지도에 남겨진 이름들과 기록들을 맞춰보면 깔끔하게 당시 영토를 해석할 수 있게 된다. 모든 정보가 다 드러나는 현재 AI 시대.
우리의 고구리-백제-신라-고리 중심의 동아시아 역사 진실에 맞춰 한·중·일 역사를 새롭게 다시 써야 마땅하다.

[38] 그림 없는 그림책 <고려도경>

1. 원래 제목 <선화봉사 고려도경>(宣和奉使高麗圖經)

(북)송나라 말기, 송나라 '서긍'이 이끄는 8척 배가 고리(高麗)를 방문하며 고리의 도로, 건축물 등을 모두 염탐하며 그림으로 기록을 남겼다. 40권 중 2권만 남아있고, 38권이 분실되어 후대에 다시 쓰였다. 전해지는 책 2권은 바닷길 부분만이다.

양자강에서 출발하여 고리에 도착하는 데까지 40일 걸렸고, 고리(高麗) 황성에 도착하여서 한 달 정도 체류하면서 건축물이나, 고리 사람들 사는 모습, 관직 등을 그리고 기록했다. 돌아오는 데도 약 40일 걸렸다.

이 책이 발견된 곳은 강소성 남창(南昌)과 운남성 징강(澄江)이다. 양자강 남부 남창(南昌)은 신라 경덕(경덕진), 백제 무령이 있는 곳과 가깝다. 징강(澄江)에서 책이 발견된 것은 (남)송나라의 마지막 수도가 운남성 임안(臨安)임을 밝혀주는 강력한 증거다.

도경(圖經, 그림책)임에도 불구하고 그림은 전혀 전해지지 않는다. 현재까지 고리의 영토 지도는 단 한 장도!! 존재하지 않으며, 남김없이 없어졌다. 누가 왜 없앴을까? 왕건의 고리 영토지도.

송나라 망한 다음 원나라가 건국되었고, 명나라 때 다시 쓰인 책이라 보면 된다.

2. 고구리의 기록

외국에 가는 사신은 무조건 그림으로 그곳을 그리게 해야 한다. 고리는 요동이라 멀기 때문에 그림으로 그려내는 게 쉽지 않다. 그전 '왕윤'이 쓴 <계림지>가 있었으나 전해지지 않는다.

한나라의 '장건'은 실크로드 쪽 대월지(大月支)에 사신으로 파견된 적이 있다. '서긍'은 고리에 있었던 기간이 겨우 한 달 남짓이어서 작성에 한계가 있었다. 그 기간 동안 겨우 5~6번 밖에 나왔을 때 보고 들은 것을 그리고 기록한 책이 <고리도경>!

"지도자의 호를 단칸(單干,선우)이나 칸(可汗,가한)이라 부른다. 부여의 왕이 황하의 신(河神)의 딸을 거두었는데, 햇빛을 받아 감응하여 알을 낳으니 '주몽'이라 했다. 흘승골(紇升骨)에 살면서 그곳을 '고구리(高句麗)'라 불렀다. (홉스골은 현재 부리야트의 주요 지역 이름이다.)
한나라 말기에 '공손강'이 환도성을 한때 점령했었다가 곧 퇴각하나 그 후 위나라 장수 '무구검(毌丘儉 관구검)'이 고구리 환도성을 쳐들어가 잠시 점유했지만 뺏기고 위나라는 이로부터 불과 20년 후 망한다. 당나라 때는 이세민(당태종)이 고구리를 정벌하러 요동을 쳤으나 연개소문에 참패했다. 당태종 아들 이치(李治 당고종) 때에 이르러, 드디어 고구리의 배신자 '연남생'의 도움으로 고구리를 멸망시켰다. 고구리 왕 고장(보장왕 642~668)을 사로잡고 그 땅을 나누어 군.현을 삼았으며, 평양에 안동도호부를 설치했다. 발해가 건국하면서, 안동도호부는 서쪽으로 밀려난다."

3. 출발지 명주(明州, 닝보)

명주(닝보) 푸른 물, 먼바다를 건너서 고리(高麗)로 나아갔다.

4. 고리(高麗) 영역

고리의 영토 서쪽은 요수,
북쪽은 거란, 서남쪽은 송나라, 동쪽은 여진에 붙어있다.
그리고 일본, 유구, 탐라, 흑수(말갈), 모인 등의 나라와 국경이 개의 어금니처럼 서로 맞물려 있다. 신라와 백제를 흡수해 고리를 건국했는데, 나주(羅州), 광주(廣州)가 여기에 해당한다.

송나라 수도를 개봉이라 주장하는데, 더 내륙인 변량(汴梁)으로 상구(商丘)시인 송주(宋州)로 봐야한다.

연산도(산서성 지역)에서 육로를 거친 다음에 태행산맥 요수(遼水)를 건넜다. 고리(高麗) 수도(현재 북경)까지 가는데 4천 리.

해도(물길)로는 하북(황하북쪽), 경동, 회남(회수 남쪽), 양절, 광남, 복건(양자강 아래)이 있는데, 모두 왕래가 가능하다. 현재 고리(高麗)의 위치는 정확히 등주·래주·빈주·채주(산동성)와 마주 보는 위치다.

송나라에서는 사신을 고리에 파견할 때 양자강 초입에 있는 명주(닝보)에서 출발한다는 뜻은 송나라 수도가 황하 근처의 개봉(開封)이 아니라는 말이다.

고리(高麗)는 동서 2천 리, 남북 1,500리다. 거리가 중요한 것이 아니라, 영토가 가로가 더 길다는 것이다. 현재 한국에서 가르치고 외우게 하는 고리 영토 지도는 말짱 다 틀렸다는 얘기다.

고리 영토는 동해에 닿아있다. 서해, 남해도 아니고, 굳이 '동해에만 닿아있다.'라고 쓴 것은 대륙 고리가 동중국해(동해)와 닿아있다는 뜻이다. 큰 산과 깊은 골짜기가 많다는 것은 북경의 산맥들을 말하는 것이다.

5. 고리 내원성과 국내성

전에는 요나라(거란)와 경계를 이루었는데, 계속 침범하니까 고리(高麗)가 내원성(來遠城)을 쌓았다.
태행산맥에 '내원(來遠)'이라는 지역명들이 그대로 남아있다.

태행산맥 흑수 말갈에서 발원하는 압록강(오리가 많은 강)은 요동에서 5백 리 떨어져 있는데, 고구리 국내성을 거치면서 염난수와 합류한다. 안평(安平)에서 물(海)로 들어간다. 이 위치는 고리의 천혜 요충지로 폭이 넓다. 요(遼)의 동쪽은 옛날에 거란 땅이다.

6. 고리 왕성 위치

당나라 이세적이 남소에서 고구리를 격파하고 물을 건널 때, 물이 얕고 좁았는데 그곳이 바로 요수(遼水)의 시작 지점이다.

고구리는 한나라 말기 때 환도 아래 살았고, 후위~당나라에 이르는 동안 평양에 도읍하였다. 당나라 말기에 '개주(開州)'라 한 곳이 현재 '개성부(開城部)'이다. 성 북쪽에는 숭산(嵩山)이 있다.

평양은 한나라 유철(한나라 무제)이 세운 낙랑군과 당 이치(당나라 고종)가 세운 도호부가 있던 곳으로 압록수 동남쪽이다.
※ 낙랑군=현재 석가장시 신락(新乐)
안동도호부=현재 보정시 장안성(長安城)· 신성(新城)

지금의 고리 황성(皇城)은 압록수 동남쪽 1천 리에 위치하는데, 옛 평양지역은 아니다. 성 주위는 60리며 산에 둘러싸여 있다.

7. 고리 고관 풍속

① 동이

고리는 종묘사직을 세우고 읍과 주에는 집과 거리가 있으며, 높은 성벽으로 둘러 있다. 성곽들이 우뚝 솟아 타국에서 업신여길 수 없다.

<후한서> '동이(東夷)'의 '이(夷)'란 '어질어서 잘 번성한다.'라는 뜻이다. 만물이 땅과 맞닿아 자라나기 때문에 동이 민족의 천성은 유순하여, 호전적인 서융(서쪽 오랑캐)과는 다르다.

② 복식

왕은 자색 비단옷을 입는데, 금빛과 푸른빛을 수놓은 허리띠를 매었으며, 검은 두건을 쓰고 있다. 그 아래 영관급 신하들은 자색 비단옷에 허리에 옥 허리띠를 두르고 금어대를 찼다. 대개 청라로 된 관에 새 깃을 달아 썼다. 경과 감은 자색 옷은 못 입고 비색 비단옷에 허리에 무소뿔 허리띠를 두르고 은어대를 찼다. 조관은 비색옷에 은어대, 서관은 녹색 옷을 입고 검은 신을 신었다.

③ 갑옷과 무기

갑옷은 고구리 시절처럼 위아래가 연결된 모습이며, 금빛 꽃으로 장식한 높은 모자는 석자나 된다. 푸른색 비단옷에 느슨한 허리띠는 사타구니까지 내려온다. 고리 사신들은 대개 고깔모자를 쓴다.

활은 다섯 자,
화살은 대나무가 아닌 버드나무로 만들어 더 짧고 작다.

④ 왕이 타는 말은 큰 의례가 있는 날에는 갑옷을 입힌다.
고리는 금나라(아골타)와 멀지 않은 까닭에 준마(좋은 말)가 많다. 기병이 타는 말의 안장과 언치는 매우 정교하다.
밀치끈과 고삐 사이사이는 황금과 은으로 꾸몄다.

⑤ 동신성모지당

선인문 안에 동신사가 있다. 성모(聖母), 여신을 모신 곳인데, 어떤 이는 부여왕의 아내인 '하신(황하의 신)의 딸'이며 주몽의 어머니이기에 상을 세워 모신다고 한다.
고구리를 그대로 이어받은 왕건의 고리.
송나라 첩자의 그림 기록 <고리도경>

송나라 사신들이
고려를 방문해서 그렸던

(고려도경) 책의
'고려지도' 또한 사라졌다.

[39] 중국 여수(麗水)의 고려(高麗) 양식 절

고리 황제에게 조공했다는 <고리사> 기록상의 중국 동남부의 '명주(明州), 태주(台州), 온주(溫州), 복주(福州)' 그 근처 여수(麗水)에는 '시사사(時思寺)'라는 고리 양식의 사찰이 있다.

※ 사찰에 '대웅(大雄)'전이라 쓰는 이유는 예전엔 '환웅'의 사당이었다가, 불교가 유입되며 그 예법과 관습이 전승되었기 때문이다.

[40] 고요(高遼, 고려 거란) 전쟁

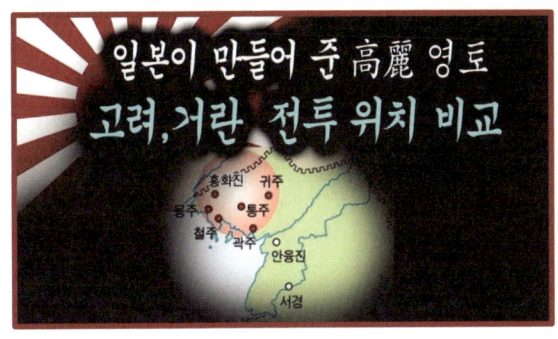

1. 통주(通州)는 어디?

거란인 요나라와의 전투 지역명 중에 '통주'는 가장 중요하다. 통주를 거쳐서 고리의 수도인 개경으로 들어간다.

일제총독부 식민 한반도 역사관(한국 유일의 역사 해석 사관)에 따르면 용주, 철주, 통주, 곽주, 귀주, 안의진을 압록강 귀퉁이에 다 몰아놓았다. 그렇게 비정한 것은 근거 1도 없이 '상상 속의 비정'일 뿐이다. 하여간 용주, 철주, 통주, 곽주, 귀주, 안의진 통해 숙주로 공격해서 북한 평양인 서경을 점령하면, 개성까지 어떠한 성도 존재하지 않는다. 희한하잖나? 한반도 오른쪽 텅텅 빈 땅을 돌아서 공격한다면 한반도 평양과 개성까지 바로 뚫릴 텐데.

그렇다면 이번엔 중국 대륙에서 하북성의 고리 수도를 살펴보자.
압록강(혹은 태행산맥)을 넘어가면 용주, 곽주가 있다.
평야 지역인 숙주, 철주, 안주, 그다음 귀주, 통주 지나면 개경으로 들어가게 된다. 역사 기록과 따~악 맞아서 떨어진다.
선주, 자주, 박주, 정주, 조양도 <고리사>에 기록된 고려-요나라 전투 지역명이다. 대륙 하북성엔 모조리 있다.

일본 놈 쓰다소키치(津田左右吉)가 만들어준 '식민지 한국사(지금 교과서)'에서 아무 근거 없이 비정된 그 위치들을 외우기만 하면 다인가? 다냐?

2. 안문관(鴈門關)은 어디?

안문관은 고리의 장수 하공진이 파견된 거란과의 서북쪽 경계로, '영원, 평로' 2개의 성을 쌓은 곳과 가깝다. 산서성을 남북으로 나누는 입구가 안문관(鴈門關)이다. 영원(永遠), 평로(平虜)까지도 안문관(鴈門關) 근처에 모두 존재한다.
'지명'은 사람들 사는 땅에 찍힌 지문과 같아서 어떤 식으로든 남아있는 경우가 많다. 모두 <고리사> 기록 그대로 존재한다면 그 곳이 실제 고리 영토 아니겠는가? 한반도에서 상상의 나래를 펼친 '비정, 추정' 따위는 그만 개나 줘버리자! 한반도, 만주 그 어디에 옛 역사 기록상의 중요한 관문인 '안문'이 있겠나?
있으면 말 좀 해보라. 고리 영토를 한반도와 만주에 가둬 두려는 넋 나간 작자들아!

3. '강남 나주(羅州)'는 어디?

거란(요나라)에게 서경, 개경 모두 함락당하고 고리 현종은 강남 나주로 도망간다. 요나라 장군이 고리 장수 하공진에게 "너희 황제는 어디로 내뺐나?" 물으니 "강남으로 갔는데 너무 멀어서 몇만 리인지 알 수가 없수다."라고 답했다.
고리 왕순(현종)이 들른 노령(蘆嶺), 나주(羅州) 등 지명은 그대로 양자강에 존재한다. 강남(江南)=양자강의 남쪽.
※ 노령(蘆嶺=芦岭)=강서성 구강시 영서현
　 나주(羅州=罗州城)=호북성 황강시 기춘현
과연 너무 멀어서 요나라가 추격을 포기했던 '강남'이 어디였겠나? 천 년 전 '강남'과 '나주'가 과연 한반도 강남구와 전라도겠나?

4. 구리(九黎)→고구리(高句麗)→대진고리(大震高麗)→고리(高麗)

구리(九黎, 배달국 치우천황)→고구리(高句麗, 혹은 高麗)→대진고리(大震高麗 혹은 발해)→고리(高麗)로 국통의 맥을 이어왔는데, 이성계는 왜 그 이름을 이어받지 않고 '조선'이라 했을까?
왜 명나라의 따까리 제후국을 자청하며 고리 왕족들을 살해했을까? 왜 우리는 현재 전 세계 속에서 '고리(Coree)'로 불리고 있을까? '조선'이 아니고? 치우천황 구리(九黎)로부터 왕건의 고리(高麗)까지 우리의 혼을 지배하는 그 단어, 고리!

하북성~양자강에 쏟아지는 수백 개의 고리(高麗) 역사 지역명들!

<고리사> 기록과 일치하는 이 지역 이름들에 대해
"현재 존재하지 않지만, 옛날 한반도에서는 그리 불렸을 것"이라고 상상하며 박박 우기는 역사꾼들의 해석과 비교해보라.
어떤 해석이 올바른지 상식적으로 판단해 보시라.

우리 내부에 고구리, 고리 영토의 언급을 꺼리고 뒤로 슬슬 빼면서 <고리사>는 연구가 끝나서 더 안 해도 된다는 놈들의 진짜 정체는 무엇일까? 중공, 일본이 사랑하는 무지한 조력자인가?

우리는 고리의 정신을 이어받을 자격이 있을까?

[41] 한반도에 단 하나 묘지석이 있는 무덤. 무령왕릉

삼국시대 무덤 중 유일하게 지석(묘지석)이 발견되어, '유일하게 내부 비석으로 주인이 정확히 밝혀진 무덤'으로 평가받는 것이 무령왕릉이다. 그 나머지는 주인을 모르는 무덤들! 그런데 희한하게 지석(묘지석) 가운데 구멍 뚫린 건축자재의 흔적이 있고 낙서처럼 적혀있다. 묘지석의 '사마' 글씨를 보면, 우리 국보 <삼국사기>의 '斯摩'가 아니라, <일본서기>의 '斯麻'로 다르게 적혀있다.

일본이 만들어준 그 역사 그대로 배우고 있는데, 그나마 한반도에 단 하나 묘지석이 있는 무덤인 무령왕릉마저 일제 조작 작품이라니! 백제를 충청, 전라도에 쑤셔 넣기 위해 노력을 많이도 했다.

일제강점기에 옛 무덤 천여 기를 들어가 보고 6백 개 정도를 도굴했다고 자랑스레 스스로 도굴 사실을 밝힌 역대급 도굴꾼 '가루베 지온'이라는 작자가 있다. 이 역사 범죄자 '가루베 지온'이 충청도를 '공주 백제'로 만들려고 손을 써놓은 건 아닐까 의심해 볼 수 있겠다. 이 자는 백제로 떼돈을 벌고 교수가 된 자이다.

모두 조상의 선산(先山)이 있을 것이다. 방문을 해 보면 묘비명이 있어 언제 태어났고 뭐 하고 살다가 언제 죽었다는 내용이 돌에 적혀있다. 왕건부터 시작해서 우리나라 고리 왕들 34명 무덤 중에 단 하나라도 묘지석과 묘비명이 발견된 게 있나?? 단 하나라도 있냐고? 고리 황제 계보에 나와 있는 그분들 묘비석 다 어디 갔어? 고리 5백 년간 왕 이외에 왕가의 왕자, 공주들도 또한 엄청나게 많을 텐데, 그 많아야 할 묘와 묘지석이 다 어디 갔냐고?

하늘로 날아갔나? 땅으로 꺼졌나?

중국 땅에는 많은 무덤의 묘지석과 묘비석을 죄다 뽑아다가 시안(西安)에 비림(碑林, 비석 숲) 박물관을 지어놓았다. 중국 땅에는 비석이 너무 많이 발견되니 전시 및 보관, 숨기고 있다.
(자기네 역사의 기록과 다른 내용의 비석도 많으니까)
반대로 한반도에는 제대로 된 묘지석이 단 하나도 없으면서 "우리는 한반도에서 쭉 살아왔음이 틀림없어!"라고 모두가 한마음 한뜻(?)으로 믿고 있으니, 참으로 한심하기 그지없다. 바보 떼다.

고리 왕건 무덤은 북한에 있다고 주장하지만, 남한의 모든 고리 무덤(조선왕조 무덤 제외)에서 보듯 추정된 묘일 뿐이다. 묘지석과 묘비석이 없기 때문이다. 북한도 일제강점기의 역사 해석으로 북한 평양, 개성을 이용해 고리의 정체성 받았다고 유적과 유물을 만들고 있다. 제일 조작해 만들기 쉬운 게 유적과 유물이니까~~
공주의 무령왕릉처럼 말이다.

파내고 들어가 '사마왕'이 써진 묘지석 떡 던져놓고, 기존 핵심 유물 빼내고, "여기가 백제 무령왕릉이다."라고 발표해 버리면 온 민중이 의심 없이 믿어버리잖나?

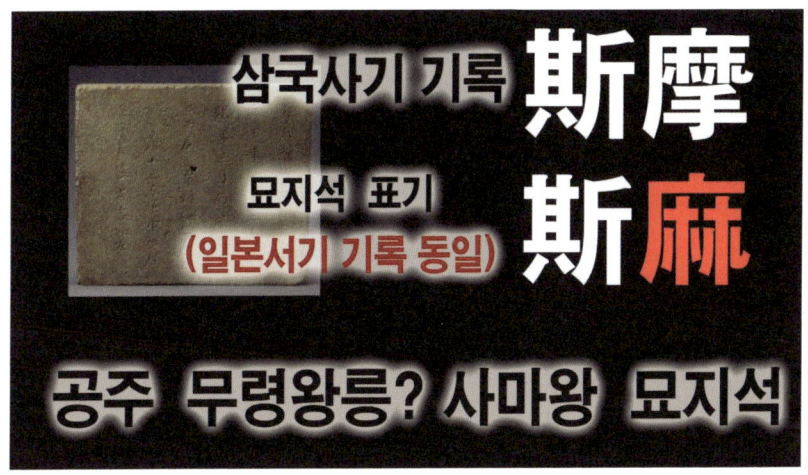

[42] 고려 영토 논란 종결. 지도.
(고려, 거란 전쟁) KBS 드라마 비교

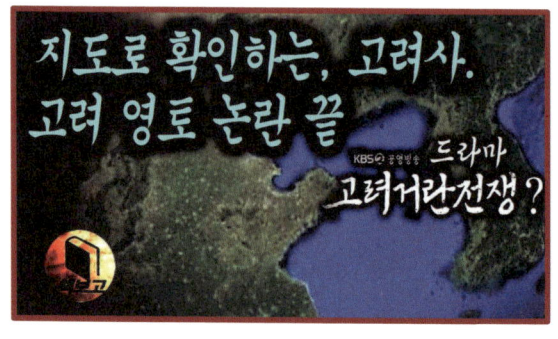 

1. 고리 지도?

조선이 망한 지 6백 년밖에 안 됐는데,
그전 고리(高麗) 영토 지도는 한 장도 발견이 안 된다.
중국 땅에도 없다. 한반도에도 없다.
송나라에서 그렸다는 <고리도경> 그림책에서도 제일 중요한
지도 부분만 없앴다.
도대체 왜? 고리의 핵심 수도 베이징, 난징의 고리를 숨기려고!

베이징과 난징을 본토로 눌러앉았던 동아시아의 진정한 주인,
코리아, 고리(高麗 Coree)는 동아시아의 최대 강국이었다.

2. 거란?

거란(契丹) 민족은 단군조선, 고구리의 후예로 '요나라'를 세워 넓은 땅을 다스렸다. 드라마나 학계에서 '요나라' 대신 '거란족'이라 부르는 것은 맞상대인 고리도 낮추는 효과를 가져온다. 태행산맥 서쪽을 다스린 드넓은 기마 민족 '요(遼)나라'라고 불러야~

고려와 거란이 점유했던 내원성은 태행산맥에 이름 그대로 현존한다. 거란-고리 간 격전이 벌어졌던 흥화진은 북경 위쪽 태행산맥을 따라 '흥(興)' 지역으로 발견된다.

3. <고리사> 전투명
    통주, 귀주, 용주, 자주, 숙주, 안주 모두 하북성

고리 본토였던 대륙 동부 지역에서 전투를 벌였다.
한국 사학계는 일본 놈들이 멋대로 정해준 한반도 고리 지도에서 벗어나지 못하고, 북한 압록강 변에다가 대부분 가상의 지역이름을 때려 넣어 소설을 쓰고 자빠졌다. 상상력 최고다.

4. 고리 황제 왕순(현종 1009~1031년)은 나주로 도망

나주(羅州)는 1963년 [대만군사지도] 에 표기된 '나주(羅州)' 지역명 그대로 현재도 존재한다. 양자강 무한(武漢,우한) 근처다. 빨리 도망가는데 어떻게 이동하겠나? 말이나 소는 쉽게 지치므로, 물자를 가지고 이동할 때는 주로 수로(물길)를 이용했다.

개경-서경이 있는 북경에서 아래로 내려가면 갑골문 발견된 안양(安陽)근처에 광평(廣平) 지역명이 나온다. 황하 유역 복양(濮陽) 근처에 인의현(仁義縣), 그다음 동평 호수 물길을 쭉 타고 내려가서 회수 아래 신라 수도 금성(金城)까지 간다. 17C 지도에는 '경주'라 표기된 곳이다. 이곳에서 복룡(福龍), 노령(蘆嶺)을 거쳐 나주(羅州)까지 피난 간 것이다. 고리 왕순(현종)은 요나라를 피해 이곳에 머물렀다.

5. 몽고리 침략

요나라 이후 금나라, 그 이후 몽고리가 쳐들어온다. 1232년 강화도로 수도를 옮긴다. 강화도는 어디겠나? 오런산, 견자산이 있는 곳이고 고리 왕가와 식솔, 군대와 그 식솔까지 40년을 지낸 곳이다. 인천 강화도 코딱지만 한 섬에서 그게 가능했다고 보나? 태산과 동평 호수가 천혜의 방벽이 되는 산동성! 이곳에 최씨 집성촌도 그대로 남아있고 삼별초가 항전했던 제주(濟州), 마지막 결전을 벌였던 벽파정(碧波亭), 평양(平陽) 지명까지 존재한다.
대륙의 고리 시대 이름들 그대로가 모두 남아있다.

한국 역사 강사와 민족사학자 코스프레하는 놈들은 지역명 자체도 없는 한반도와 만주에서 소설을 쓰고 있으면서

"책보고는 지역명만 같다고 중국이 본토라니, 허황되다."라며 헛소리 발광을 하는데, 중국 땅의 역사 기록상의 지명들은 이름만 같은 게 아니라 방위각, 거리까지 거의 모두 일치한다.
"너네는 지역 이름 자체도 없는 한반도와 만주에서 뭐 하고 늘 비정하고 추정한다는 그 가상의 위치에서 언제까지 소설 쓸래? 혹시 구글 위성지도도 검색할 줄 모르는 거 아냐?
설마?? 논문용 타자 치는 것과 인터넷 검색 외에는 컴맹??"

6. 고리 황후들이 살던 지역, 고리의 지역

고리 충렬왕 아내=안평(安平) 공주
고리 충숙왕 아내=복국(濮陽) 공주
고리 충선왕 아내=계국 공주=한국(韓國) 공주, 3한(韓)!

7. 주나라, 후주(後周), 송나라. 다 같은 곳에서 건국했다.
   조조의 도시 허창 아래 주구시(周口市), 상구시(商丘市)

8. 원나라의 (남)송나라 정벌길

1270년 고리를 제후국으로 삼은 쿠빌라이칸은 남쪽 송나라를 정벌하러 간다. 3개의 길로 공격을 시작했는데 현재 (남)송나라의 수도라 우기는 임안(臨安)이 있었다는 항저우 즉 난징 방향으로는 가지도 않았다. (남)송나라 격파를 위한 방향을 보면

①악주(鄂州), ②사천(四川省), ③운남성(云南省) 3곳으로 공격!

고대 전쟁은 수도를 함락시키면 끝이다. 지금 한·중 사학계 말처럼 임안(臨安)이 항저우(杭州)라면 3개의 공격 루트에는 왜 항저우로 가는 길은 포함이 안 되어있나?

악주(鄂州)는 양자강 중앙 무한(武漢) 근처로 예로부터 오(吳)나라가 있던 곳이며 지금도 오왕묘(吳王墓)가 존재하는 곳이다.
화하족은 양자강의 동쪽은 신라, 고리 등 때문에 구경도 못 해봤다. 늘 중부 내륙, 양자강 중류 물줄기에 갇혀 살던 종족이다.

악주(鄂州)로 가는 길, 양양(襄陽)에서 송나라와 장기간 치열한 전투를 벌인다. <삼국지>에도 늘 나오는 전투지역들이다. 양자강

위의 회수(淮水) 물길의 끝인 양양(襄阳)에 가며, 양양(襄阳)에서 물길로 내려와 또 악주(鄂州)로 이동한다. 악주(鄂州), 양양(襄阳)에 전투. 서쪽 사천성(四川省)도 공격한다. 사천성(四川省)은 산악으로 둘러싸인 넓은 분지로 그곳에 한 번 숨으면 공략하기 어렵다. 남송의 수도 임안(臨安)은 주강 상류로 쭉 올라가면 존재한다. 사천성에서도 더 남서쪽으로 내뺀 곳이다. 남송의 마지막 전투는 애산(崖山) 전투인데, 광저우에서 주강을 따라 좀 올라온 곳에 존재한다. 남녕(南寧) 백제향 바로 위쪽! 이렇게 남송은 홍콩 좌측 깊숙이 숨어 살던 약소국이었다.

9. 원나라와 고리의 경계 자비령(북경 위쪽)

원나라 대도엔 '태액지'가 있다. 북경, 시안(西安) 2곳에 존재한다.

10. 홍건적의 난. 공민왕이 남쪽으로 도망간 복주(福州)목

11. 양자강 위쪽 '안동(安東)'이라 불리는 곳이 현재 존재

12. 위화도는 해주(海州)와 압강(압록강)이 있는 곳

13. 원나라 요청으로 최영 장군이 전투한 곳.
    양자강 북쪽 강소성 고우(高郵)!

14. 역사를 몰라서 벌어지는 일

역사를 모르니 과거 영토를 모른다.
영토를 모르니 야망의 미래가 없다.
몇 푼 안 되는 돈 앞에 나라의 핵심을 다 팔아먹는다.
주변국에 영원히 경제적으로 종속되는 일만 남았다.
지금 잠깐 배부르겠지만 훗날 노예 민족이 되는 초고속 열차에 탑승했다.

바른 역사관으로 무장해야 우리 재산과 생명을 지킬 수 있다. 자긍심을 가져야 역사상 강국, 문화의 강국으로 아시아를 리드할 수 있다. 땅 뺏겠다고 무식하게 전쟁하려 드는 '국가 간 갈등 대립'이 아니라, 우리가 동아시아 역사, 문화의 계승자로서 리드해야 한다는 인식을 통해 '다국적 화합'의 시대로 나아가야 한다.

[43] 신라 초기 국명. 서라벌, 사라, 사로국 위치

우리나라에서 발견된 유물에 '서(西)신라국', 즉 '서쪽에 존재했던 신라국'이라는 명문이 발견되었다. 한반도 [단속사 신행선사 비석 탁본기록]에 보면 "신라의 김씨 스님은 신라 동경(동쪽 수도) 출신이다."라고 기록되어 있다.

신라(新羅)는 초창기에는
서라벌(徐羅伐), 사로(斯盧), 사라(斯羅)로 불렸다.

이 3개의 지역은
'서'는 서주(徐州)
'로'는 사로국(斯盧)의 노(로)주(盧州),
'라'는 사라(斯羅)의 나(라)주(羅州)가 존재하는 위치다.

고구리, 백제, 신라중 가장 힘이 약했던 신라는 503년에야 비로소 마립간에서 '왕(王)'의 호칭을 썼다. 이때 나라 이름을 기존의 서라벌(徐羅伐), 사로(斯盧) 혹은 사라(斯羅)에서 '새로운 라' 신라(新羅)로 완전히 통일한다.

'사(斯)'는 '이것(this)'이라는 뜻이다. 별 뜻이 없다.
초기 신라는 서(徐), 로(盧), 라(羅)의 지역에 살았다는 얘기다.

로(蘆)는 갈대이다.
회수, 양자강 주변으로 강이 많아 갈대가 많이 자란다.

1) 서(徐)의 지역 서주(徐州)

산동반도 아래 '어조사 우(于)'를 사용하는 '우산국(于山國)'의 지명이 아직도 존재한다. 그 좌측에 서주(徐州)가 있다.

2) 로(盧)의 지역 노주(盧州)

양자강의 합비시(현재 금성 漢金城)는 조선 때 그려진 지도인 [천하고금대총편람도]에 경주(慶州)로 표기되어있고, 또 노주(盧州)로 불렸다. 지금도 합비시의 가장 큰 성곽이 '노주(盧州) 고성(古城)'이다. 회수, 양자강이 흐르고 갈대가 많은 지역 노주(盧州).

3) 라(羅)의 지역. 나전현(羅田縣)과 나주(羅州)

나전 마을(羅田縣)이 지금도 존재하고, 이곳에 왕건과 견훤이 싸운 그 유명한 나주성(羅州城=罗州城)이 존재한다. 위성지도로 검색하면 쉽게 찾을 수 있다. 나주성 그 이름 그대로. 고리거란전쟁 때 고리 현종이 거란을 피해서 강남(양자강이 있는 남쪽)으로 도망간 곳이 나주!! 이 바로 위로는 광주(光州), 광산(光山)이 존재한다. 김씨들의 고향!

[대청광여도](1758년)에서도 서주(徐州), 노주(盧州,庐江), 나주(羅州,罗田)를 그대로 확인할 수 있다.

1136년 송나라 때 비석 탁본 [우적도],
1666년 조선에서 만들어진 [천하고금대총편람도],
1402년 조선 초에 만든 세계지도 [혼일강리역대국도지도]에서도 서주(徐州), 노주(盧州), '라'의 지명들(羅州)을 마찬가지로 확인할 수 있다. 신라는 이렇게 회수(淮水)와 양자강 유역에 살던 세력들이었다.

이제 '묻지마 경상도 신라 설' 폐기하고, 실증적 정통 해석으로 '진짜 역사의 무대'를 바라보자.

서라벌(徐羅伐), 사로(斯盧), 사라(斯羅)에 대한 책보고 최초 해석이다.

[44] 허풍 삼국지의 실제 영토

1. 삼국지 위·촉·오 영토를 보면
    중국 땅 전체를 석권한 듯 그려놓았다. 과연 그럴까?

파라과이에 서버를 두고 모든 풍문을 짜깁기해서 만든, 거짓 정보라도 책임은 안 지겠다는 [나무위키]. 비실명제로 정보를 올리므로 무책임한 정보를 퍼뜨린다. 지들끼리 운영자를 해 먹어 일반인의 글 수정을 막는다. 역사쪽 정보엔 특히 개소리 정보들로 꽉 차 있다. 대다수 글들을 수정도 못하게 막아 놓았다.

2. 대략 50년도 지속 못하고 망한 못난 나라들. 삼국지!

보급이 안 되면 전투를 못 한다.
중세 때 전쟁 보급품은 주로 배로 싣고, 강을 따라 이동되었다. 멀지 않은 거리는 소나 말이 끄는 수레를 통해 비포장도로를 이동하며 이루어졌으나, 많은 쌀과 텐트, 화살, 무기 등을 힘 안 들이고 이동시키는 법은 물의 부력을 통한 강을 활용하는 것이었다.

위나라는 45년, 촉나라 42년, 오나라 58년.
꼴랑 50년 안팎 존재한 나라들이 대륙 저 넓은 땅 전체를 다 다스렸다고? 비포장도로뿐이던 시절, 그 짧은 기간 동안 그 넓은 지역을? 얼마나 비상식적인가? 전투하기 위한 보급체계도 가능할지 한번 따져보라. 위나라는 허창(許昌), 촉나라는 성도(成都), 오나라는 남경(南京)을 각각 수도라 주장한다. 과연 소, 말이 수레에 보급품을 잔뜩 싣고 발이 빠지는 뻘 속에서 전쟁하기가 쉬웠을까?

3. 역사서 기록 vs 이야기 소설책

① 정통 기록 <삼국지>

정통 사서 <삼국지>는 서진 시대 '진수'가 쓴 책이다.
원본은 안 남아있고, 명나라 때 다시 편수했다.
손을 많이 대고 고쳤다는 얘기다. 모든 중국 정사들은 빠짐없이 <동이전>을 싣고 있는데, <삼국지> 역시 마찬가지로 오환, 선비, 부여, 고구리, 왜, 읍루, 예맥, 동옥저, 마한, 진한, 변한 역사를 <(위서)동이전>에 싣고 있다. 삼국 초·중기 시대임에도 불구하고 고구리 내용은 있으나 신라, 백제 내용은 나와 있지 않으며, 이는 고의로 빠뜨린 것으로 봐야 한다.

② 정통 기록 <삼국사기>

우리나라 국보 <삼국사기>에도 50년 버티다 망한 위·촉·오 관련 내용이 남아있다. 고구리 동천태왕(227~248년) 때인 236년. 오나라 왕 손권은 고구리에 "동맹을 맺어 주세요"라며 외교 사신을 보내왔다. 그러나 고구리는 저 먼 촌구석의 오나라의 동맹 제의에 웃음 지으며, 외교 사신의 목을 베어 위나라에게 보냈다. "고구리는 현재 위나라와 동맹국이다."라는 사실을 보여줬다. 고구리는 위나라에 군사를 보내 요동태수 '공손연'을 패도록 지원해줬다.

③ 소설 <삼국지연의>

명나라 시절 나관중이 의도를 담아 허구로 쓴 이야기책이다.
변하지 않는 건, 위·촉·오는 50년 만에 망한 잡국들이란 사실이다.

4. 400년 한나라 시대 이후 50년 위·촉·오 내륙 잡국 시대

(후)한나라 말기 환관-외척 간 권력다툼은 극에 달했다. 한나라 유굉(영제 167~189년)이 정치를 '십상시'한테 맡기고 술만 마시다가 34살에 죽는다. '하태후'는 아들 유변(소제 189년) 대신 섭정하면서, 모든 군사권을 오빠 '하진'이 갖게 했다. 십상시가 외척인 하진을 척살하자, 하진의 통제 아래에 있던 '원소, 동탁' 등 군웅들이 더 이상 눈치 볼 것 없이 들고 일어났다.

하진의 절친인 동탁이 군사를 끌고 오던 중, 궁궐에서 도망쳐 나온 유변(소제)을 볼모로 잡아 궁궐에 들어가 권력을 한 손에 쥔다. 막상 권력을 쥐자, 동탁은 유변(소제)을 죽이고, 말 잘 듣는 허수아비 황제로 8살짜리 유협(헌제 189~220년)을 앉힌다. 동탁은 반대파를 다 잡아다 10족을 죽여버리는 공포정치를 했다.

192년 '왕윤'의 반동탁 레지스탕스는 동탁을 죽이지만, 왕윤은 곧바로 동탁 부하 '이각, 곽사'에게 죽임을 당한다. 이각, 곽사가 폭정을 이어가던 195년, 15살 유협(헌제)이 장안에서 도망쳐 나와 낙양에 갔다가 '조조(曹操)' 품에 안겨 허창으로 옮겼다. 이후 조조가 죽는 220년까지 허수아비 황제 노릇을 한다.
216년 위나라 왕에 오른 조조에 이어 아들 '조비'가 조조가 죽은 220년 위나라 왕으로 등극한다. 이로써 400년 한나라는 멸망한다. 위나라 조조(曹魏, 220~265년), 수도는 허창(許都)→낙양(洛陽)! 그때까지 오(吳)나라에 빌붙어 안전하게 지내던 '유비'는 "조비가 유협(헌제)을 죽였다."는 뜬소문을 근거로 스스로 황제가 되었다 (221~263년), 촉(蜀)수도=성도(成都).

오나라(吳 229~266년) 수도 건업(建業)을 '남경'이라 우기지만 오왕의 묘가 발견되고 오(吳)의 기록이 있는 양자강(장강) 적벽시, 무한(武漢)아래 악주 부근으로 해석이 쉽게 된다. 오(吳)나라 관련 유물이 잔뜩 나오는 곳. 건업(建業)을 굳이 동쪽 끝으로 밀어낸 이유는 그곳이 고대로부터 신라, 고리 영토이기 때문이다.

5. 지도로 보는 삼국지 위치들

45년, 42년, 58년 눈 깜짝할 새 사라졌던 나라들인 위·촉·오는 '형주 땅'을 놓고 피 튀기게 싸워댔다. 9백 년, 7백 년 고구리-백제 본토가 있었던 대륙 동부와는 영토가 전혀 겹치지 않는다.

① 공손찬 : 주병은 기마부대이므로 옛날부터 말을 타고 다니는 곳인 산서성 태원(太原) 근처를 근거지로 한다. 공손찬은 '흉노족'이라고도 하고, '발해 태수'라고도 한다. 태행산맥에 가까운 내륙저지대에 '발해길' 지역명이 아직도 남아있다.

② 북평(北平)의 강자 원소 : 산서성 임분 위쪽=북평! 당시 가장 강력한 세력을 구축하고 있었던 원소.

③ 동탁과 여포 : 환관 정치로 부정부패가 만연하고, 관리들의 가렴주구가 판을 치던 한나라에 반기를 들고 184년부터 '황건적의 난'이 일어나자, 동탁은 낙양(洛陽)에 입성한다.

④ 허창의 조조 : 서주(徐州)를 공격했었는데, 위나라(허창)에서 동쪽으로 조금만 가면 있는 곳으로서, 잠깐 침입했다. '관도대전'은 '정주(鄭州)'에서 조조 군대과 원소 군대가 싸운 전투다.
황하변 정주 호로관에서 벌어졌던 '동탁군 vs 원소·조조·관우 연합군'의 전투에서 "이 잔이 식기 전에 적장의 목을 베겠소~"했던 소설 속 관우의 호기로운 소리에 아직도 가슴 설레는가?
정통 기록 <삼국지>에서의 관우는 원래 소금 밀매업자로 욕심 때문에 동종 경쟁자를 죽이고 다닌 살인범이다.

⑤ 양양(襄陽)의 제갈량 : 유비가 삼고초려를 해가며 제갈량을 만난 곳이 양양 근처다.

6. 적벽대전

위나라 군대가 적벽대전을 하려고 장강(양자강) 중류로 진격한다.

허창(許昌)에서 양양(襄陽)까지 이동한 다음 물길로 쭉 적벽까지 이른다. 구글맵 보면 양양~적벽까지 실제로 물길이 쭉 이어져 있다. 형주에서는 유비군이 손권군에 합류한다. 이후 조조의 대군에 맞서 '화공(불화살 공격)'으로 싸웠다는 소설 속 이야기가 이어진다. 이 소설은 우리의 후삼국시대 나주에서 벌어졌던 후백제 견훤과 왕건의 해상전, 불화살 전투와 너무나 닮았다.

기껏 50년밖에 안 되어 역사에 거의 기록도 안 되는 유비-조조-손권 대륙 잡국들의 주요 무대는 대륙 중서부임을 쉽게 알 수 있다. 전혀 고구리-백제-신라 대륙 위치와 중복되지 않는다.

오나라 수도 '건업(建業)=건강(建康)'을 '악주(鄂州)'로 보면 정사 <삼국지> 퍼즐이 다 맞춰진다. 아무 문제가 없다. 그래서 명나라 때부터 대대로 장강 중앙의 오나라 수도를 우측 끝 남경으로 바꾸는 역사 공정을 해 온 것이다. 현재 남경에 건업(建業)=건강(建康)이 있다면 역사서 기록과 전장 위치의 설명이 힘들다.

7. 중원의 패자 고구리

오나라는 위나라가 두려워 고구리에 '동맹 제의'를 했으나 외교 사신이 처참하게 죽임을 당하고도 조용히~ 지낸 남쪽의 소국이었다. 내륙 잡국들의 질서는 중원의 패자 고구리 입맛에 맞게 움직였다. 후에 위나라의 무구검(관구검)이 고구리의 수도 중 1개인 환도성을 잠시 점령하나 약 20년 뒤에 위나라는 바로 멸망한다.

한 나라의 군주로서 이웃 나라들과 외교와 전략을 통해 치세를 안정시키며 어떻게 민중의 삶을 풍요롭게 하고, 나라를 번영시킬지에 대한 논의는 전~~혀 없고, 한 개개인의 야욕과 영달을 위해서 꾸준히 왕권을 침탈하고 빼앗고, 백성들은 생각하지 않고 배신과 배반, 모략 술수가 난무하는 쓰레기 소설이 바로 <삼국지연의>!

다행히 요즘은 <삼국지>의 허풍이 너무 심한 것을 알고 있어서 아이들이 별로 읽지 않고 있다. 그러나 일본은 [코에이 삼국지] 게임 등을 꾸준히 제작해 말도 안 되는 영토관을 심어주고 있고, 중국 공산당도 명나라 때부터 현재까지 대륙 동부 고구리-백제-신라, 고리 영토 지우기의 일환으로 꾸준히 명나라 때 소설인 <삼국지>, <수호지>, <서유기> 등을 지속적으로 알리고 있다.

[45] 옛 지도를 통해 <고려사> 28개 지역 교차 검증

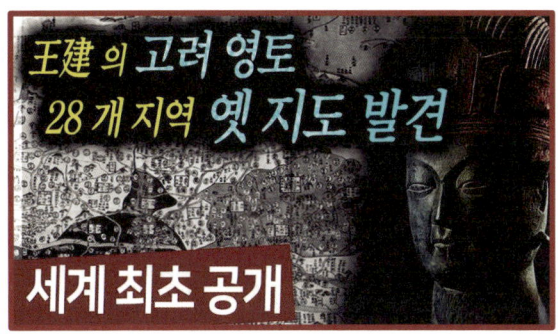

1. 비상식적 한반도 역사관

현재 우리는 쓰다소키치(津田左右吉)라는 일본 놈이 그려준 고리의 영토를 배우고 있다. 조선시대보다 더 영토가 작았다는 어찌 보면 코미디 같은 지도인데, 백 년이 지나도록 먹히고 있다는 게 놀라울 지경이다.

그러나 만주 쪽에는 지금도 고리의 쌍성총관부 '쌍성'의 지명이 있고, '공험진'의 흔적 등이 남아있다. 그래서 일부 역사꾼들은 고리 영토를 만주까지로 해석한다. 하지만 만주가 과연 정확할까?

조선시대에 기록되어 2021년 보물 2115-2호로 지정된 139권 85책의 우리 자랑스러운 정통 역사서 <고리사(高麗史)>에는 전쟁 기록, 무역 기록, 그리고 고리가 상국으로 주변 여러 나라로부터 조공을 받은 기록들이 너무나 많이 기록되어 있다.

2. <고리사>에 기록된 지역명 중 [대청광여도]에만 28개

중요한 지명, 현재 북한 평양 위쪽 '순천(順川)' 역시 한반도에서는 방위각이 안 맞는다. <고리사>의 수도 근처에 존재해야 하는 '순천(順天)'과는 한자가 다르다.

누군가는 "지역명만 똑같다고 어떻게 그곳이 고구리-백제-신라라고 확신하나?" 묻는다.

"애야, 그 지역명들조차 한반도엔 아예 없단다."
지역명도 없는 한반도, 만주만 보면서 뭐 하고 자빠졌나?

이 자들, 과연 <고리사> 한 번이라도 제대로 읽어봤겠나?
장담컨대, <고리사>를 제대로 해석 못 하는 자들이다.

우리의 소중한 아이들을 가르치는 이 자들.
생업에 바쁜 민중을 어리석게 만드는 게 바로 이자들이다.

3. 청나라 지도 [대청광여도]

고구리에게도 제사를 지냈던 김씨 황제, 여진족 나라 청나라.
조선이 오랑캐라고 그토록 깎아내리고 얕보았던 여진족이
중국 땅 전역을 지배한 마지막 왕조 청나라였다.

고리(高麗)의 땅에서 건국한 명나라..
조선은 처음부터 주씨(원장이) 도둑 떼에 납작 엎드리며 시작했다. 조선은 건국 때부터 명나라에 종속되기를 바라며 건국했다.

명나라가 세워졌을 때 만주 땅에는 고리의 동북방 잔여 세력인 여진이 존재하고 있었다. 후에 청나라가 된 이 여진족 후금을 조선은 줄곧 오랑캐 취급했다. 그러나 여진족은 고리와 같은 민족이다.

조선이 하대하던 여진족에게
조선 왕 인조인 이종(李倧, 1623~1649년)은 삼전도에 끌려 나와서 이마를 땅에 박아야 했다.

신라인으로 알려진 금나라 '김함보' 후손이 세워서 '후금'을 자처하면서 '청나라'로 불리던 김씨 황제들이 이어간 나라.
그 나라에서 만든 [대청광여도]를 보자.
고구리 정통성(혈통)을 이어받아 중원을 누비던 여진족 청나라가 만든 지도이다. <고리사>의 지역명이 중원에 28개가 나타난다.

4. 토착 왜구 강점기, 깔보임 당하는 우리의 진짜 한국사

<고리사>는 2021년에서야 가까스로 '보물'로 지정되었다.
고리 왕실의 정사로서 전질이 보존되어 전해지는 놀라운 역사 유

산임에도, 해방 후 70년 넘게 질질 끌다가 '국보'도 아닌 '보물'로 지정된 것이다. 연구가 거의 안 됐다는 얘기이고, 학계에서는 거의 보지 않는다는 게 정설이다. <고리사>에는 수많은 지명과 내용들이 숨겨져 있기 때문이다.

5. 역사 기록 지역명들은 <지리지> 교차검증이 필수

28개 지역명은 북경(고리 서경)과 산동반도 주위에서 많이 나타난다.

국사편찬위원회 사이트에 가면 원문과 번역본을 다 볼 수 있는데, 지역명은 반드시 <지리지>를 통해 반드시 교차 검토를 해야 한다. '등주(登州)'를 예로 들어보면, "본디 고구리 땅이다가 신라 땅이 되었다. 별호는 삭방주(북쪽에 있는 주)다."라 되어 있음을 확인해야 한다. 단순히 지역명이 같다고 해서 이리저리 현장을 갖다 붙이면 큰 문제가 생긴다. <삼국사기>, <고리사> 지리지에는 지역 이름이 어떻게 바뀌어 왔고, 어느 나라 영토였으며, 어떤 유래가 있는지 자세하게 나온다.
한반도에서는 이런 지역명들 자체가 없으므로 모두 '비정한다.' '추정한다.' '예전에 이렇게 불렀다.'며 '상상의 영역'으로 이끌어 적어 놓고 있다. 실은 어딘지 다 '모른다'는 얘기다.

그런데 중국 동부 대륙에 대부분 그 지역들은 존재한다.

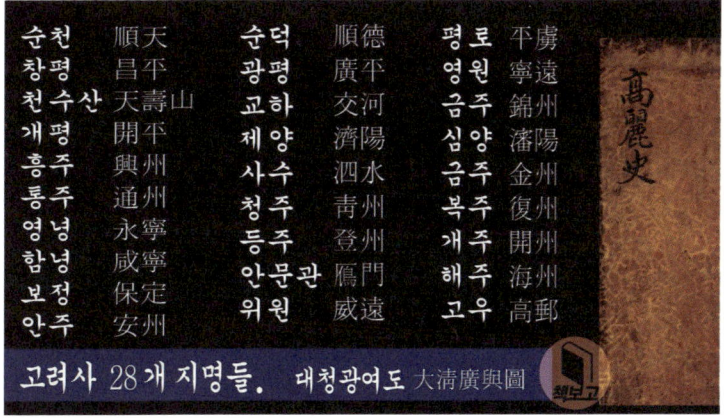

고려사 28개 지명들. 대청광여도 大淸廣輿圖

① 순천(順天) : 북경, 이곳이 고리의 '서경'
② 창평(昌平) : 북경 위
③ 천수산(天壽山) : 천수산에 절 '천수사'가 있다.
④ 개평(開平) : 거란과 싸우던 장소
⑤ 홍주(興州) : 북경 위쪽
⑥ 통주(通州) : 거란(요나라)과 전쟁을 벌였던 곳
⑦ 영녕(永寧) : 고리 왕의 조카 영녕공이 있었던 곳
⑧ 함녕(咸寧) : 작위를 주던 곳
⑨ 보정(保定) : 현재 보정시
⑩ 안주(安州) : 수도 아래 굉장히 중요한 지역
⑪ 순덕(順德) : "순덕에 성을 쌓았다."는 위치
<대청광여도>에 딱! 나온다. 지금의 '형태(邢台)'시로 산맥 우측. 고리가 거란의 침략에 대비한 곳이다. 한반도에는 없다.
⑫ 광평(廣天) : "광평현과 하빈현에 지진이 났다."
광평, 하빈(황하의 빈주)을 [대청광여도]에서 쉽게 찾을 수 있다. 광평현(廣天)은 '영남도(령남도)'라 하는데, 위쪽에 태행산맥이 있고 자비령이 있어 '고개의 남쪽(령남)'이라는 뜻에 딱 들어맞는다.
⑬ 교하(交河) : 교하 아래는 지금도 신라의 '천성(泉城)'이 있다.
⑭ 제양(濟陽) : 백제 때 도시 '제양' 그 위치, 이름 그대로 있다.
백제(百濟)의 '제(濟)'자가 사용되는
제양(濟陽, 백제땅), 제동(濟東, 백제동쪽), 제하(濟河, 백제황하), 제녕(濟寧, 백제녕), 제남(濟南, 백제남쪽).
※ 참고로 중국 잡국인 제(齊)나라들의 '제(齊)'와 한자가 다르다.

⑮ 사수(泗水) : 백제 '사비성(泗沘城)'이 있었던 도시

⑯ 청주(靑州) : 우리나라 청주(淸州)는 '물(氵)' 들어간 '청(淸)'자다. 고리 기록에 등장하는 청주(靑州)는 대다수 '청(靑)' 자다. 청주(靑州)는 8C 이정기가 제나라를 세웠던 중심지이자 9C 장보고가 세운 글로벌 해상무역 도시 청해진(靑海)의 거점도시다.
현재 산동반도. 그곳이 우리나라 백제-신라(통일신라)-고리(高麗) 시기 우리 땅.

⑰ 등주(登州) : 지금도 <고리사>에 나오는 그 이름 그대로다.
한반도에서 눈 씻고 찾아봐라. '비정한다?' '추정한다?' 다 '모른다'는 얘기다. 한국 사학 교수, 강사 떼여, 지금 너네 밥벌이 땜에 '역사' 가지고 장난하냐? 우리 애들 미래도 망쳐놓고 있냐?

무식하면 시민 연구가들이 지도에서 열심히 찾은 역사 기록과 교차 검증된 현장을 주워 먹기라도 하든가?

뭐가 잘 났다고, 눈에 힘 꽉 주고 목에 핏대 세우며
"대륙에서의 우리 역사해석은 유사 해석이다. 사이비다. 엉터리다. 고리(高麗)는 무조건 한반도와 만주가 본토다. 우리 역사의 중심지는 기껏해야 만주다."라며 고래고래 소리 지르느냐?

그래, 너네는 도대체
<고리사>의 등주(登州)가 어디라고 보냐? 근거는 있냐?

일반인들도 다 아는 그 위치를 대답 못 하겠으면, 박사, 전문가 타이틀을 다 내려놓으시라! 한국사 전공자들. 적폐 꼰대 양성소.

⑱ 안문관(鴈門關) : 역사상 대륙에 딱 하나밖에 없는 그 중요한 관(관문). 산서성을 남북으로 통과하는 주요 관문!
고리(高麗)시대 거란과의 경계. 하공진의 안문관.

⑲ 위원(威遠) : "위원 진영을 쌓는데 흥화진의 서북쪽이다."라 기록하고 있다. 기가 막히게 서북쪽에 딱 있다.

⑳ 평로(平虜)와 영원(永遠) : "고리(高麗) 정종 8년(1042년). 서여진의 '고지지' 등은 평로성과 영원성을 개척할 때 공적이 있다."
<고리사(高麗史)>권6 세가 권 제6
거란을 막고자 서여진과 함께 뺏은 평로성과 영원성은 태행산맥 북쪽, 안문관 북쪽에 있다. 지금도 있다.
대한민국에서 '역사 교수'니 '강사'니 '학자'니 '전문가'니 하면서 목에 힘주고 다니는 자 중에서 이거 아는 놈이 한 놈이라도 있나? 더 이상 '역사' 안다고 깝죽거리지 마시라!

㉑ 금주(錦州) : 현재 탕산(唐山) 우측. 고리 때 금주에 유배를 보내기도 하고, 금주에 지진이 나기도 한다. 이 지역은 대륙에서 늘 지진이 자주 나는 곳이다.

㉒ 심양(瀋陽) : 1307년 고리 충렬왕 왕거(王眶, 25대)를 '심양왕(瀋陽王)'으로 삼았다.' <원사(元史)>권22 기록에서 보듯, 원나라는 고리왕(高麗王)을 심양왕(瀋陽王)이라 불렀다.

<고리사>권32 "몽고리 원나라가 고리 충선왕 왕장(王璋;26대)을 심양왕(瀋陽王)으로 임명하였다." <고리사>1366년 심양왕(瀋王) 독타불화(篤朶不花)가 사신을 보냈다.
※ 심양(瀋陽) 지역명은 만주와 태행산맥 2곳에 존재한다.

㉓ 금(金)·복(復)·개(開)·해(海) : 고리 말기, 만주 지역 절도사들이 알아서 스스로 명나라에게 땅을 바치겠다는 기록이 나온다. 원래 누구 땅이었길래 갖다 바치겠나? 그때까지 쭉 고리 땅. 그쪽 절도사가 힘센 쪽에 줄 선 거다. 북쪽으론 심양(瀋陽), 철령(鐵嶺), 개원(開原)이 존재한다. 고리(高麗)의 해주(海州)는 여러 곳. 요녕성의 '금·복·개·해' 중 하나인 '해주(海州)'가 있고, 산동에도 '해주(海州)'가 있다.
"1391년 정월, 고리 공양왕은 안주(安州), 압록(鴨綠), 용천(龍泉), 대동(大同)의 여러 중요한 곳에 파절관(把截官)과 참부(站夫)를 설치하였다."라는 <고리사> 기록 등으로 보아 고리 최후에 북경 서쪽 대동(大同) 지역까지 지배권을 되찾은 것으로 보인다.

㉔ 고우(高郵) : 강소성 고우(高郵)는 고리 말 최영 장군이 싸웠던 전투지. 양자강 부근에 있다. 사서를 설렁설렁 읽고 위치를 지도로 찍을 줄조차 모르는 헛똑똑이들이 "나 역사 강사, 교수네, 전문가네. 학위있네." 외치며 악을 쓰며 우리를 조롱한다.

에라이, '밥벌이 카르텔' 스크럼 짠 거 믿고 어깨 힘주며 으스댈 뿐, 대한민국 역사 복원에 1도 도움 안 되는 놈들.

[46] [송본역대지리지장도] 역대왕조 영토 조작지도

1. 중공의 단씨썅(譚其驤,담기양). 중국 공산당 지시로 만든 역사 영토 지도, 완전 엉터리 왜곡 지도

중국 공산당은 한국전쟁 1년 전인 1949년 건국하여 1966~1976년 10년에 걸쳐 젊은 정치 거지들(홍위병들)을 끌어모아 만주~중국 동부 유적유물 파괴하며 대대적인 '역사 지우기' 작업을 했다. "지난날의 역사에 연연하지 말고, 공산당 아래에서 하나가 되자." 라며 정치 거지 떼 홍위병들을 내세워서 10년간 유적을 대대적으로 파괴했다. 작업이 끝난 후, 청년들을 다 시골로 농사지으라고 내려보냈다. 이것이 문화대혁명! 그 뒤 '단씨썅'을 시켜 중국 왕조 시대별 역사 영토 지도를 만든다. 한국 역사학자들은 이 '개뻥 지도'를 신줏단지처럼 받들어 모신다. 이 뻥튀기 지도에 토다는 자가 한 마리도 없다. 이걸 활용하는 밥버러지 역사 전공자들!

2. 송나라 제작. 역대왕조 지리지 지도

1989년 상하이 고적 출판사에서 발행했다. 일본에서 발견되었다는 (북)송나라 시대 만들어져 원본은 전해지지 않고 있다.

송나라는 원래 엄청난 약체 국가였고, 북송(北宋 960~1127년) 167년 존속 패망. 그리고 몽고리의 침략을 받아서 저 산골짝 분지 지역인 사천성보다도 더 먼 운남성까지 내빼 도망가서 세운 (남)송나라(1127~1279년) 역시 152년 버티다 금세 망했다. 주류 사학계(매국 사학계)에서는 송나라 '소동파'의 이름값으로 이 조작

지도에 권위를 부여하고 싶었고, 소동파가 감수했다고 얘기하고 싶으니까 '북송'이라고 자꾸 책에 강조를 하는 거다. 그런데 이 지도는 북송 지도(북송각본)가 아니라, 일본에서 발굴된 남송 때 지도(남송각본)다. 현재 이 책의 지도(남송각본)는 1919년 북경으로 건네져 경사도서관이 소장한다.

남송 때 지도(남송각본)는 없고, 명나라 때 베껴 만든 것(명각본)만 있었는데, 남송 판각본이 온 뒤, 둘을 비교하면서 고칠 곳을 마구 고친 후 설명을 붙였다고 중국 공산당은 자백하고 있다. 지들이 알아서 스스로 편집했다고 지도집에 적어 놓았다.

3. 중국 공산당이 알아서 왜곡, 편집한 [송본역대지리지장도]

'서문'에 송나라 소동파가 감수했다고 적혀있는데,
원본이 전해지지 않으니 그 근거는 무효다.

① 한 시대에 만들어진 책이라면 앞 글씨체, 중간 글씨체, 뒤 글씨체가 같아야 하는데, 글씨 서체들이 페이지마다 서로 다르다.
② 한 시대에 만들어진 책이라면 해안선 포함 영토의 모양이 다 같아야 하는데, 지도 모양이 서로 다르다.
③ 폰트만 다른 게 아니고, 현대 간자체 한자도 적혀있다.
한자는 상형문자가 시대별로 조금씩 바뀌는 법인데, 북송 특정 시점에 만들어진 책이라면서 딱 그 시대에 쓰였던 한자만 적혀 있는 것이 아니라 현대 중국 공산당 시기 만든 간자체까지 혼용으로 적어 놓았다.

중국 공산당이 본인 입맛에 맞춰서 해안선도 뜯어고치고,
중간에 글씨도 싸인펜으로 써서 집어넣고, 말도 안 되는 지도를 만들어 출간했구나. 역시 '역사 영토 조작용 사기 지도집' 탄생.

4. 첫장. 고금화이구역총요도(古今華夷區域總要圖)

서문 다음 첫 장에 보이는 게 화하족과 동이족 지역 구분해놓은 지도인데, 어이없게도 만리장성이 그려져 있다. 요동반도까지 싸인펜으로 쭉~~ 그려놓았다. 중국 놈들 우리가 속아주니, 참 쉽게 산다. 이렇게 성의 없이 왜곡한 것에도 속는 한국인이 더 문제 아닌가 싶기도 하고...

바다에 물결 무늬 있는 지도는 이거 딱 한 장뿐이다. 이 지도의 글씨체는 서문 및 다른 지도와 다른 글씨체이다. 조작 지도로써 책에 끼워 넣었다는 얘기다. 고구리-백제-신라-옥저를 요동반도 (혹은 한반도)에 대충 다 몰아넣어 그렸다.
서문 바로 다음 장 처음 지도로 이걸 끼워 넣은 의도가 너무 티나지 않나? 역사 영토 왜곡용으로 만든 지도책은 무시가 답!

5. 같은 한자도 여러 모양의 다른 글씨체로 혼용

앞에는 이거 썼다가, 뒤에는 저거 썼다가. 왜 통일성이 없나?
북송 때 만든 지도책이 아니라, 후대에 고쳤다는 증거.
조작지도 [송본역대지리지장도]는 참조자료로 부적합하다는 뜻이다. 우산(羽山) 지명도 갑자기 아무 데나 나오네?
조작된 지도라 일관성 자체가 없다.

6. '흥화(興化)' 한자도 지도마다 다르다.

같은 지역을 써 놓았는데 글자가 페이지별 지도마다 다르다.
이런데도 북송 때 그려서 믿을만한(?) 지도라고 볼 텐가?
조작 지도는 폐기처분이 마땅한데도, 한·중·일의 역사한다는 전공자들은 한 놈도 예외 없이 물고 빨며 따른다. 지능이 궁금하다.

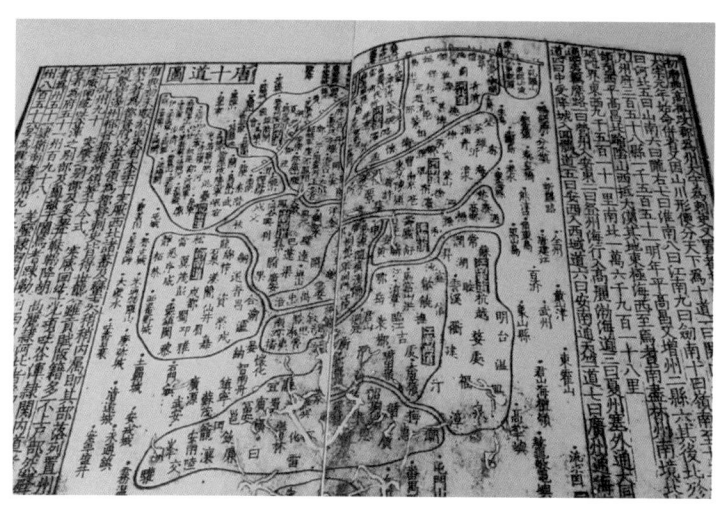

[47] 고려 최충(崔沖, 984~1068년)

고리(高麗) 최고위관직인 문하시중(門下侍中)에 이르렀고, 문종의 대리청정공(代理聽政公)까지 맡았던 최고의 고리 문신 최충.

1. 984년 해주(海州) 출생

산동성 아래 고리(高麗) 해주(海州)에서 태어났다. 황하 지류가 해주 남쪽으로 흐르기에 '황해도(황하의 길)'라고 불렀다. 황해도에 있었던 해주(海州) 최(崔)씨의 본관이 바로 이곳.

2. 최충(崔沖)

'최(崔)'라는 한자 모양은 위에 산(山)이 있고 그 아래로 새(隹)가 많이 날아다님을 뜻한다. 예부터 산동성 남쪽 큰 강인 회수(淮水)가 있는데, 산이 있고 그 아래로 새가 많이 날아다녀, 이곳 사람들을 '최(崔)'로 불렀다.

'충(沖)'은 중간인데 좌측 '삼수변'이 붙어 물이 많은 곳을 뜻한다. 고리(高麗) 영토의 중간이고 물이 많은 곳으로 볼 수도 있다.

3. 최초 관직: 서경장서기(西京掌書記)

1005년(고리 목종 8년) 과거에 붙었는데, 최초 관직명이 '서경(西京)장서기'이다. 서경(西京), 즉 현재 북경에서 살았다는 것.

※ 일제강점기 일본 놈 쓰다소키치(津田左右吉)의 한반도 역사 해석을 유일 정통 역사 해석으로 삼는 한국사 전공자들은 고리(高麗) 개경(開京)을 '개성(開城)'으로 보고, 북한 대동강 평양을 '서경'이라 굳게 믿고 우기는데, 방향이 맞냐? 개경 서쪽에 서경이 있어야 하는 사실과 어긋나잖나?
현재 한반도에서 개경이라 비정한 개성에선 북한 평양이 명백히 북쪽이잖아? 동서남북의 북쪽!
북쪽에 있는데 '서경'이라고 쓸 리 없잖아?
해방 후 80년 내내 상식이 가출한 채인 한국사 전공자들이여.
제발 상식을 되찾아라. (에라이~ 퍽이나 그러겠냐마는)

4. 거란 2차 침입 때 30만을 거느리고 통주에 가서 맞선 최충

북경 남동쪽에 지금도 통주(通州)가 있다.
거란이 압록강을 건너서 '흥화진'을 포위했다는 기록. 보정시 서쪽으로 '압강 도랑' 지명이 아직도 남아있는데, 이는 태행산맥 서쪽의 북방 민족이 침입해 오는 주된 경로이자 고리가 맞서 싸우는 서쪽 경계 지역이었다. 북경 북쪽을 둘러싼 산에 '흥(興)' 지역의 이름이 쏟아진다.

5. 불타 없어진 <고리 초기 7대 실록> 다시 쓴 최충

고구리 후예인 요(遼,거란)나라의 침입을 받아, 개경과 서경(현 북경)이 함락당한다. 이때 불탄 <7대 실록>을 1013년(고리 현종 4년), 황주량 등과 함께 다시 쓴다. 그래서 현재 전하는 <고리사>를 보면 고리 초기 왕조의 약 100년간의 일식 기록이 없다.

6. 영원, 평로의 군사 진영

상서좌복야참지정사 판서북로병마사(尙書左僕射參知政事 判西北路兵馬使)로 임명된 최충은 고리(高麗)의 서북쪽 변경에 나가 1041년 영원진(寧遠鎭)·평로진(平虜鎭) 등 군사 진영(鎭)을 쌓아 북방 방비에도 힘썼다. 759칸, 582칸 규모의 큰 성!!
한국 역사 전공자 떼거리는 이 지역 위치를 설명 못 하고 있다.
아예 해석이 없다. 찾아볼 생각을 안 한다.
<삼국사기>에는 잘도 '추정, 비정(실은 모름)'으로 설명을 달아 한반도 안으로 강제로 밀어 넣었지만 <고리사>는 설명으로 사기

를 치는(?) 정성조차 보이지 않았다. <고리사>는 전질이 원형 그대로 전해 내려오는 우리나라 정통 역사서임에도 불구하고, 2021년에야 그나마 ('국보'도 아니고) '보물'로 지정할 정도로 엄청나게 홀대당하고 있다.
왜냐? 무수한 대륙의 지역명이 쏟아지기 때문이다.

청나라 때 만들어진 [대청광여도] 보면, 대륙 서쪽 안문관 왼쪽에 '영원(寧遠)', '평로(平虜)'가 그대로 표기되어 있다.
과연 고리(高麗)의 서북 영토가 어디까지겠는가?

청나라 때에 '순천(順天)'이라 불리던 현재의 북경에는 고리(高麗)의 군사 진영인 '고리영(高麗營)'이 아직도 남아있다.

7. 최충을 '찬주로 가는 길(찬도)', 보정과 강주, 제주를 아우르는 공신으로 삼음

1050년 추충찬도 공신(推忠贊道功臣),
1053년 추충찬도협모동덕치리 공신(推忠贊道恊謀同德治理功臣),
1055년 추충찬도좌리동덕홍문의유.보정.강.제 공신
(推忠贊道佐理同德弘文懿儒.保定康濟 功臣)서훈을 받았다.

찬도(贊道)는 '찬주(贊州,혹은 찬황)로 가는 길'을 뜻하고,
보정(保定)시, 강(康)주, 제(濟)주가 나온다.

① '찬주(贊州)'는 지금도 태행산맥 근처 지명으로 현존한다.
② '강주(康州)'는 '진주(晉州)'다. 진주는 하북성에도 존재한다.
③ '제주(濟州)'는 제녕(濟寧)으로 산동에 현존한다.

'진주(晉州)' 연혁은 <고리사 지리지>에 자세히 나와 있다. 백제 거열성이 있던 거타주에 청주(菁州)총관을 두어 다스리고 있었는데, 경덕왕 때 '강주'로 이름 바꾸었다. (신라 경덕왕 때의 영토는 북경을 포함 대륙 동부를 전부 다스려, 그 영토가 무척 넓었는데, 양자강 아래 도자기 중심 도시 '경덕진'이 아직도 존재한다.) 혜공왕 때 '청주(菁州)'로 바꿨다가, 왕건이 다시 '강주(康州)'로 되돌렸다. 고리 성종 때 12목을 두면서 '진주(晉州)'에 속하게 되었다. 현종 때는 '청주(菁州)', 진주(晉州, 혹은 진양)' 병행해서 불렀다.

'청주(青州)', '진주(晉州)', '제주(濟州)'는
청나라 지도 [대청광여도] 에서도 똑같이 확인된다.

8. 해동 공자

고리 문종 때 최충은 많은 형법 법률을 손보고, 죄수에 대한 신문을 할 때 반드시 형관 3인이 함께 들어가도록 하는 '3원신수법'을 마련했다.

최충은 문장과 글씨에 뛰어나 '공자'랑 비견된다 해서
'해동공자(海東孔子)'라 불리었다. 은퇴 뒤 1055년 개경 송악산 밑에 9개의 서재로 이뤄진 '구재학당'을 세우고 후학들을 가르쳤다. 후일 문헌공도(文憲公徒)라 불린다.
지금도 해주 근처에는 공자 사당이 있다. 북경과 산동성을 아울렀던 고리(高麗) 영토를 감안하면 이 공자 사당 위치가 이해된다.

산동반도의 공자 사당은 특이하게, 사당임에도 불구하고 주변에 물이 있는 해자(垓子)가 있다. 해자가 있다는 건 사당이 아니라, 굉장히 중요한 성이며, 전략적 요충지였다는 얘기다. 예전에 '평양'으로 불리었고, '강화도'로 불리었던 곳이다.

9. <고리사> 기록으로 쉽게 알 수 있는 고리(高麗) 강역

1398년 요동 고토를 되찾으려던 '정도전'을 쳐 죽인 조선의 3대 왕, 이방원(李芳遠, 1400~1418년)은 도적 수괴 주원장 서자인 주체(朱棣, 영락제 1402~1424년)와의 협잡으로 대륙의 옛 고토와 찬란했던 고구리, 고리 역사의 무대를 고스란히 다 내주고 스스로 코딱지만 한 한반도의 2등 국가로 전락시켰다.

최충은 고리 왕치(王治 성종, 981~997년) 때 산동성 해주(海州)에서 태어나, 고리 왕송(王誦 목종, 997~1009년) 때 급제하여 관직에 나가고, 고리 왕순(王詢 현종, 1009~1031년) 때는 30만을 이끌고 거란을 북경 근처 통주에서 막아 큰 공을 세우고, 고리 왕흠(王欽 덕종, 1031~1034년), 고리 왕형(王亨 정종, 1034~1046년), 고리 왕휘(王徽 문종, 1046~1083년) 때에 밖으로는 서북 변방에 영원(寧遠), 평로(平虜)에 진영을 쌓아 거란의 침략에 대비하고, 안으로는 법률을 정비하고 과거시험을 주관하며 복지를 제도화하는 등 문무에 걸쳐 큰 공을 쌓았다. 고리 최고 관직인 문하시중 자리를 지키며, 왕과 관료는 물론 모든 국민으로부터 칭송받았다.

10. <청구영언(靑丘永言)> 중 최충의 시

"큰 해는 서쪽 산으로 지고

황하(黃河)는 동해(東海)로 흘러가며

옛(古今) 영웅은 북망산(北邙山)에 묻히니

놔두어라.

만물은 번성하면 또 쇠퇴하니

한탄(恨)할 필요 없다."

[48] 충주 고구려 비석의 비밀

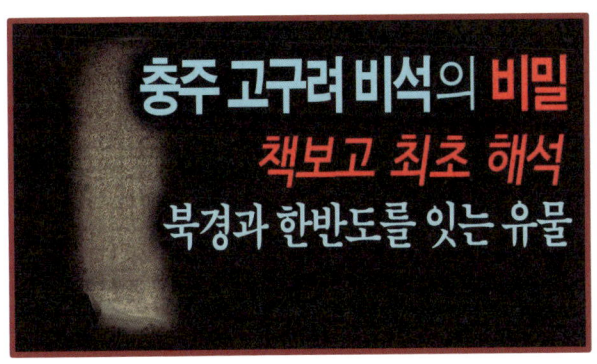

1. 고구리 (高句麗)

고구리의 주요 성(城)들.
국내성, 동황성, 장안성, 안시성, 요동성, 건안성, 백암성, 신성의 위치를 역사 기록과 위성지도를 가지고 현장을 보여주고 그려가며 설명할 수 있는 역사 교수나 강사가 대한민국에 단 한 마리라도 있는가?

2. 동래(東來) : 동쪽으로 왔다

충주 중원 고구리 비석에 "고구리 태왕이 지방을 다스릴 왕을 동쪽으로 보냈다."는 내용이 적혀 있는데, 현재 일본이 만들어준 역사 해석을 따르면 북한 대동강 평양에서 충주로 보낸 건데 그러면 그게 남쪽이지, 동쪽이냐? 방향이 동쪽이냐고?

일식과 각종 유물, 유적, 역사 기록과 현장을 교차해 베이징을 반드시 고구리 수도로 해석해야 한다. 그러면 고구리 태왕(황제)이 동쪽인 한반도 충주에 지방 수령(왕)을 보냈다는 비석의 해석이 일치하며 맞아 떨어진다. 충주 고구리 비석에는 '고구리 태왕 밑의 (지방 수령에 해당하는) 왕을 동쪽으로 보낸 기록'이 적혀져 있으나, 이를 제대로 의심하고 해석하는 자가 단 하나도 없다.
700~1000년 존속한 고구리, 백제, 신라는 모든 중국 기록에도 연달아 기록된다. 반면 중국 잡국들은 약 30~50년 만에 망하는 나

라들의 연속이다. 한결같이 동남아 게릴라 정권만큼도 이어가지 못한 나라들인데 '자칭 황제 나라'라고 부르니, 기가 찰 노릇이다. 더 웃긴 건 이런 잡국들을 황제로 불러주고 있는 우리나라 똥멍청이 한국사 전공 역사 강사, 교수 떼다.

후대(특히 명나라 때)에 뜯어고쳐 조작한 중국 역사서들. 명나라는 최강 대국 몽고리와 고리에 승리하고 건국한 나라인데, 얼마나 고구리, 고리의 장대한 역사를 폄하하며, 바보 멍청이 국가로 기술하고 싶었겠나? 그래야 건국의 정당성이 생기니.

3. 중세사를 해석하는 유일한 나침반 같은 지도
1천 개가 넘는 역사 지역명이 있는 역사 지도
책보고의 [왜곡된 한국사 복원 지도]

현재도 존재하는 기록상 지역명 무려 1천 개가 대륙 동부에서 발견되고 있다. 그곳이 고구리-백제-신라-고리 중세 때 우리 선조들의 땅.

4. <삼국사기>, <고리사> 눈먼 해석에서 깨어날 때도 되었다.

조선 건국부터 고리의 고토를 하릴없이 내주고, 만주와 한반도로 우리 영토가 줄었지만, 고리 말기 때도 베이징을 포함한 대륙 동부는 우리 역사의 땅이었다.
수만 년간 추운 만주와 한반도만 우리 역사의 본토라고 식민지 역사 해석만 떠받드는 사학과! 이제 미몽에서 깨어나라!

※ 려가 아니고 '리(麗)'

일제강점기 때 '고구리, 고리'를 제멋대로 '고구려, 고려'로 바꿨다. 바로잡아야 한다. 고구리는 말을 타고 다닌 마한이었으므로 '말 마'가 앞에 있는 한자도 병용해서 쓰였다.
高句麗, 高句驪 둘 다 맞다. 또한 줄여서 高麗, 高驪로도 쓰였다.

<송서>, <양서>에는 高句驪, 高驪, 高麗 세 가지 국명으로 마구 혼용해서 기록해 놨다. 후대에 가필, 첨삭하다가 생긴 오류다.
책 한 권에 같은 국가를 통일도 안 되게 다르게 적어놓다니.
우리의 소원은 뭐다?

[49] 인사동에 나타난 베이징 고구려 명문 불상

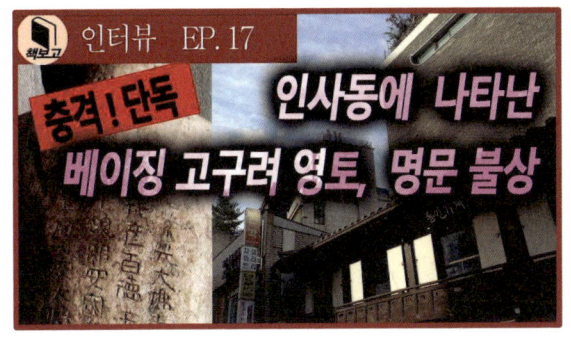

고구리-백제-신라

놀라운 건 이제는 기록, 과학, 유물, 유적 교차검증으로 완벽해진 이 삼국시대의 영토에 대해 인정하는 현존 대한민국 한국사 전공 교수, 강사가 아직 하나도 없다는 사실이다.

'역사'를 박사 학위 받고 밥벌이 도구로만 알 뿐, '진실, 상식' 따위 관심 없다. 심지어 더 나아가,
역사 복원에 관심 있는 자가 단 한. 명. 도! 없다.

수십 년간 시민들이 조롱받으며, 고통 속에 매일매일 외치고 있다.

광개토호태왕 비문과 같은 한자 글씨체가 적혀있는 고구리 시기 불상이 인사동에 나타났다. 물론 학계에서는 관심이 없겠지. 관련 연구 논문이 통과되겠냐, 그렇다고 연구비를 지원받겠냐….
대한민국 역사학계에 돈과 지위 앞에 식민사학(한반도 역사 해석) 안 하는 자는 한 명도 없으니 말이다. 그래. 그렇게 벅벅 기면서 말 잘 들었으니 대학에서 한국사 전공 박사, 교수 타이틀을 딱! 하고 얻었겠지~

어쨌든 그 유물에
'고구리 자광 대불사(高句驪 紫光 大佛寺)'가 적혀있다.
보랏빛(紫光) 큰 불상이 모셔진 절.
구글맵에 '자광(紫光)'을 검색하니 오직 북경 자금성 바로 옆에서

만 나타난다. 북경 일대가 고구리 영토였다는 얘기다.

불상에 새겨진 주요 내용을 보면 다음과 같다.
"많은 덕을 얻게 하고, 나라를 평안케 한다. 대윤과 주지스님은 대중의 큰 깨달음을 바란다."

여기서 '대윤(大允)'은 고구리의 주요 관직명으로
'군사 지휘를 하는 중앙 관료'를 뜻한다.
고구리 북경의 왕성(자금성) 옆의 큰 절인 '자광(紫光) 대불사'에서 당시 불상 뒤에 새겨놓은 글이다.

[50] 여우산(狐山), 백제 사냥터들의 비밀

<삼국사기>에는 백제왕들은 아산(牙山), 부산(釜山), 호산(狐山) 등에 사냥을 나갔다. 신라왕도 호산(狐山)에 사냥을 즐겨 나갔다. 신라의 호산성(狐山城)은 고구리에 점령당한 기록이 있다.

현재 한국 역사 전공자들은 정확한 사냥터의 위치들을 모른다. 국사편찬위원회 설명을 보면 오직 '추측, 비정, 추정한다.'뿐이다.

이 부산(釜山)은 현재 경상남도 부산과 한자가 같다.
설마... 누군가는 백제 초기에 백제왕께서 신라 땅인 부산에 목숨 걸고 룰루랄라 사냥을 다녀왔을 거라는 '개콘'을 다시 폐지시킬 만 한 웃기는 해석을 하시려는 건... 아니겠지?

중국 산동반도에 아산(牙山), 호산(狐山)이 존재한다.
요동의 중심지인 요산(遼山), 요양(遼陽)이 태행산맥에 존재하는 데, 이 요양 남부에 백제 고이왕이 사냥을 나갔던 부산(釜山)이 현재 존재한다. 진(晉)나라 우측을 백제가 빼앗아 다스렸다는 요 서 진평 2군의 그 위치다.

아산(牙山), 부산(釜山), 호산(狐山)으로 사냥하러 다녔던
백제 왕.

왜 이리 중국 땅에선 <삼국사기> 역사의 현장이 쉽게 찾아지는 걸까? 방위각과 지형도 일치하면서 말이다.

[51] 삼국, 고려의 수도는 대륙에 있다.
(중국 땅에서 숨 쉬는 9개의 대표 유물, 유적)

추론을 제외하고 실증을 통해 역사를 바로잡아야 한다.

일제총독부 역사학(한반도 해석)을 부여잡은 놈들은
늘 유적, 유물 타령을 한다. 그래. 좋다! 그러면
최소한 현재도 중국 땅에 남아있는 9개 유적, 유물로
삼국과 고리 본토가 중국 땅, 대륙 동부임을 보여주겠다.

고작 38년 존속하고 고구리에 망한 수나라. 양광(楊廣 수양제)이 만들었다는 대운하인 '영제거, 통제거'가 중국 땅 동부의 황하~양쯔강일 수 있는가? 기마 민족들이 포크레인도 없던 시절에 전투로 인원이 모두 동원되는데, 그런 큰 운하를 팠다는 게 과연 가능한가? 한국사에는 38년 기마 민족인 수나라가 한반도 크기만 한 운하를 단기간에 파고 이었다고 무지성, 맹목적으로 교과서에 싣고 '의심할 바 없는 실제 사실'인 양 가르치고 있다.

신라 이사부가 정복한 우산(于山)국이 과연 지금의 울릉도일까? 전략적 이점이 없는 동해의 외딴섬을 목숨 걸고 무동력선 타고 정벌하러 오갔다?? 우산이라는 지명은 현재 산동반도에 존재한다.

칭다오(青島)맥주로 유명한 산동성 청도 우측 청해(青海)에 지금도 신라 장보고 동상과 함께 장보고가 세웠던 적산법화원이 있다. 신라, 고리 수도는 모두 중국 동쪽 땅에 있었다. 고고학적 유적,

유믈이 중국 땅 동부에 널리고 널려있다 지천으로 널려있다.
문화대혁명 때 파괴하고 지금도 여전히 없애고 있지만 그런데도
삼국과 고리의 유적, 유물들이 널리고 널렸다.

1. 고구리 군사 진영 '고리영(高麗營)'

베이징이 당나라 땅이었다면 고구리 군사들을 여기 주둔시킬 수 있었겠나? 지금까지 '고리 진영' 지명이 남아있는 건 북경, 베이징이 고구리 수도, 고리 땅이었음을 입증해 준다.

2. 산동성 적산법화원. 신라말 유적, 유물 그대로 존재!

3. 양자강 아래 항저우에 고리 절 혜인사

그렇게 고고학 좋아하는 자들아. 고리 유적, 유물 여기 다 있다.

4. 구화산 신라왕자 김교각. 양자강 아래 유적, 유물 다 있다.

5. 중국 남부 전주와 백제마을
홍콩 바로 위에는 KBS 다큐에서 방문했듯이 전주(全州) 세부 지역명들도 똑같고, 우리 문화가 남아있고, 단어도 남아있다. 한국 전주보다 더 오래된 금산사(金山寺)가 있고 유적, 유물이 있다.

6. 고구리 말기 연개소문의 추적지, 강소성 몽롱보탑 말해 뭐해?

7. 투후 김일제의 김씨마을 집성촌 양자강 유역 금성 옆에 존재

8. 신라말 최치원 사당. 양자강 양저우(楊州) 부근에 존재

9. 고리 제주(濟州), 오련산과 견자산 (강화)

산동성에 현재도 지역명이 존재하고, 지도에도 다 표시돼 있다.
유적과 유물, 원서의 내용, 지명들.
모두 다 해석을 제대로 한다면 고리적까지 중국 땅 동부 핵심지역이 우리 역사의 중심지임을 쉽게 알 수 있다.
한반도 역시 당연히 삼국과 고리의 땅이었다. 중원에서 일본 땅을 정복하러 가기 위한 한반도 역시 매우 중요한 요충지다.

늘 우리 역사의 중심지, 본토는 어디였을까?
생산성이 높은 곳,
인구가 많은 곳,
물길 덕에 교통로가 확보된 곳,
실크로드 등을 통해 서역, 아라비아 등과 쉽게 교역을 할 수 있어서 선진 문물을 교환할 수 있는 곳,
그곳이 중국 동쪽 땅이며, 지금도 중국 인구의 대다수가 살고 있는 지역이다.

중국이 동북공정을 하는 이유,
일본이 배가 아파서 역사를 왜곡하는 이유를 깨달아야 한다.

우리 역사는 외국에서, 외국 교수들이 바로 잡아 주지 않는다.
해외 교수들에게 그만 연락해라. 그들도 권위를 중시한다.
지원해 주는 돈이 없으면 연구 안 한다. 사람이란 다 똑같다.

반드시 우리 내부에서 우리 손으로 바로잡아야 한다.
유적, 유물로 따지려면 최소한 현재도 남아있는 9개의 고고학적 유물부터 스스로 분석하고 반론하라.

고려 삼별초 산동반도 제주(濟州) 투쟁

[52] 대방군.공(공작) 백제왕

1. 패수(浿水)와 대수(帶水)

<삼국사기> 비류와 온조는 신하들을 거느리고 패수(浿水)와 대수(帶水)를 건너서 미추홀에 살았고, 온조가 위례성에서 한산 아래로 천도해 북쪽 패·대(浿帶)를 경계로 삼았다.

-대수(帶水)=태행산맥과 북경을 지나가는 조백하, 계운하, 북운하, 영정하, 천진(天津)으로 모이는 구하, 탁수, 거마하, 역수, 호타하, 대청하, 자하, 남운하 등 베이징이 있는 하북성은 강이 많은 곳이다.
-패수(浿水)=황하 지류의 옛길

한국 역사학계 입장? 대수(帶水)? 어딘지 모른다.
(그까이꺼 대충 '임진강'이라고 추정한다.)

※ '추정한다'?='모른다'는 뜻!
한반도 안에 영토를 맞추려고 근거도 없이 대수(帶水)를 '임진강'으로 추정한다는 한국사 전공 놈들 떼거리.
우리 선조의 땅을 한반도 안으로 쑤셔 넣은 일본 놈 해석을 뇌 없이 따라가는 머저리들.

2. 대방(帶方, 아랫고개) 위치=하북성 석가장 인근

근거 하나도 없이 오직 '추정'과 '비정'으로 만들어놓은 '3류 소설' 만도 못한 영토 비정으로 '백제'를 경기-충청도에 쑤셔 넣었다.
그러나 구글맵 검색해 보면 대륙에 '대'와 '방'의
대령(帶下嶺), 방촌(方村)이 검색된다. 백제를 특정하는 곳.

3. 대방 왕=요동태수=공손씨 가문

동명(東明)의 후손 구태가 대방 옛 땅에 나라를 세웠다.
요동태수 '공손도'는 딸을 백제에 바쳤기에
요동과 백제, 두 나라는 사돈의 나라가 되었다.

<삼국사기> "대방왕이 딸 보과를 백제왕에게 바쳐 사돈의 나라가 되었다."

<삼국사기> "고구리가 대방(帶方)을 공격하자, 대방은 백제에 구원을 요청했다. 백제는 옛날에 대방왕의 딸 보과를 부인으로 맞이 하였기에, 백제왕은 사돈 나라의 위급 요청이므로, 들어줘야 한다며 백제 군사를 출동시켜 구원해 주었다."

<백제왕기> 217년 요동태수 '공손강'이 대방왕으로 불리기 시작했고, 누이동생들을 늘 백제에 시첩으로 보냈다.

태행산맥 요동성(遼東)=요주(遼州)=태행산맥 좌권(左權)

요동태수 대방 왕이었던 공손씨의 사당은 구글맵, 청나라 때 지도에서도 쉽게 찾을 수 있다. 일제 해방 후 토착 왜구 식민사학자 떼가 손바닥으로 하늘을 가린 지 80년이다.
한반도 안에서 백제를 찾으며 비정, 추정하는 한심한 짓은 이제 그만할 때도 되었다.

4. <삼국사기>, 중국 땅 동부가 우리 본토였다는 무수한 기록

역사는 역사 기록과 지역명들이 일치됨이 가장 기초 바탕이 된다.
한반도에는 그 지역명조차 존재하지 않는데,
어찌 한반도에서 고구리-백제-신라를 찾고 있느냐 말이다.

기록과 지역명이 일치하는 그곳에서 유적과 유물, 각종 연계 교차 검증을 해서 영토를 해석하는 건 너무나 당연한 합리적 해석방법이지 않은가?

① "백제가 존재할 때, 공주(公州)는 신라의 땅"이라는 우리나라 국보 <삼국사기>의 기록이 있다.
한반도에서 공주를 찾는 헛똑똑이들이여, 대답해 보시라!

"<삼국사기>는 못 믿어! 일본 놈, 스승 교수님 해석과 책만 믿을래~" 이럴 건가?
"에라, 모르겠다. 더 고민해 봐야 한다. 그러나 네가 주장하는 위치는 무조건 틀리다." 이게 역사 학계 입장인가?

② 백제 초기 238년(고이 5년) 경상도 땅인 '부산(釜山)'에 백제왕이 사냥을 나갔다."는 기록.

헛똑똑이 역사 전공자 놈들아. 대답해 보라!
이게 어찌 가능한지? 신라 땅으로 사냥을 나간 백제왕이라니.

대방이 있는 곳. 공손(公孫)가문이 있는 곳. 요주가 있는 곳.
태행산맥 그 위치에 윗 사서 기록 그대로 '부산'이 존재한다.
백제의 진평2군 위치다. 역사 전공자들아, 눈은 있나?

③ "25년(온조 43년), 백제 온조왕이 '아산(牙山)'에서 사냥했다."는 기록

이 '아산'이 충청남도 아산일 거 같은가? 아니면
중국 거야택 우측이자 황산 아래쪽 산동성 아산일 거 같은가?

'대방, 공손 사당, 요주, 부산, 아산' 백제 초기 기록에 나오는 지역명을 모조리 중국 땅 동부에서 찾을 수 있다. 해석의 일치!
한반도에서는 상상 비정으로 일치되지 않는 그곳들.

비류와 온조는 패수(浿水)와 대수(帶水), 하북성의 수많은 강들을 건너서 도읍을 정했고, 해수면이 낮아서 물에 잠기던 지역(미추홀)에 비류는 건국했음을 기록과 고지도 및 구글맵 지역명으로 쉽게 알 수 있다. 고구리·백제가 유·연·제·노·오·월을 차지했다는 <삼

국사기> 국보 기록, 동이 민족은 5개로 고구리·백제·신라·왜국·일본으로 적어놓은 <구당서> 정사 기록과도 모두 일치한다.

5. 왕성의 주춧돌 한 개도 안 나오는 한반도

왕성을 건설할 때, 커다란 사각형으로 큰 부지를 잡고, 물을 채우는 해자(垓子)를 파내고, 왕궁의 큰 주춧돌인 돌기둥을 세운다.
따라서 왕성이 있던 곳이라면 큰 돌기둥이 있던 주춧돌 흔적이 발견되기 마련이다. 그 수도에도 조선처럼 경복궁, 창덕궁, 창경궁, 덕수궁처럼 여러 별궁들이 존재한다. 하지만 현재 한성 백제라는 서울에서는 아무것도 발견되지 않는다. 그래서 우리는 늘 백제를 '미스터리한 나라'라 부르며, 그 위치를 찾기 위해 세금을 쏟아부었지만, 지금껏 헛수고만 해 왔다.

왜? 중국 땅 동부에 백제가 존재하고 있으니까~~ 못 찾지.

6. 온하(溫河). 백두산 북쪽

북쪽 바이칼호에서 말을 타고 달리던 부리야트 민족(부여족)이 푸른 들판에서 말을 타고 내려오는 곳이 '산서성', '태행산맥'이다.
강과 호수가 많은 지역! 비류와 온조가 건넜다는, 그들의 고향이라는 온하(溫河).

태행산맥을 따라 태백산, 백산, 백토산, 백두산 등의 이름을 가진 산들이 쭉 연결되어 있다. 서안(西安) 아래 태백산부터 시작해서 산줄기를 따라올라 북경 아래 태백산, 북경 위쪽 백토산, '난하'와 '요하' 사이 또 백토산, 그리고 우리가 아는 백두산에 이른다.

온하가 중국 땅에 유일하게 존재하는 곳이 있다.
산서성 태행산맥의 그 위치!
역사 기록에 비류와 온조가 건넜다는 '온하(溫河)',
그들이 건넜다는 패수와 대수 위치와 부산과 아산, 또한 수많은 <삼국사기> 고구리본기, 백제본기, 신라본기에 기록된 지역들이 21세기 현재에도 그대로 그곳에 존재하고 있다.
한반도에서는 죄다 추정하고 비정할 뿐이다.
최소한의 지명도 없는 한반도에서 삼국시대와 고리를 쑤셔 넣으려고 억지 해석하는 코미디는 이제 그만할 때도 되었다.

7. 대방군.공(帶方郡公)

북제, 수나라, 당나라가 백제의 왕을 '대방군.공(帶方郡公)'이라 불렀다. 요동태수 '대방왕'과 사돈 관계여서 그렇게 불렀다.
훗날 백제는 '대방왕'이라 불리기도 한다.

남쪽의 마한(馬韓)을 병합한 백제는
고구리와 형제국(이자 제후국)으로서, 대방과는 사돈을 맺었다.
488년 북위(북쪽 위나라) 기마병 수십만 명이 말을 타고 백제를 공격해 들어왔다. 북위는 태행산맥 북쪽이므로, 산맥 아래 바로 붙어있는 대방과 대방군.공 백제를 공격하러 내려가는 게 자연스럽다. 기마병을 끌고 먼 한반도로? 웃기는 블랙 저질 개 코미디!

선조들의 역사, 그들이 활동했던 무대의 중심지.
요동 태수 대방왕과 사돈 관계를 맺었던 백제.
전쟁을 즐겨하던 나라이자 해양 제국 백제.
22개 넓은 지역에 담로를 설치해서 통치했던 대백제.
모든 백제의 미스터리가 풀린다.

[53] 요동(遼東)이란 어디인가?

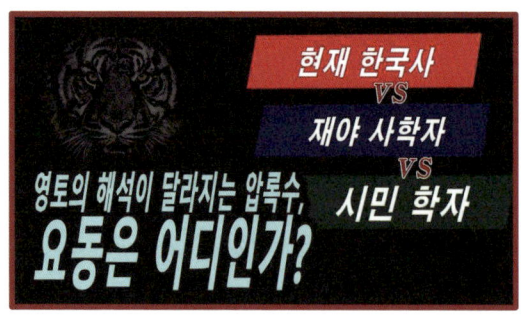 

1. 옛날부터 국경의 끝을 뜻하던 말, '멀다 요(遼)'

고구리는 늘 요동(遼東)의 지배자였고 요서까지 넓혀가곤 했다.
약 천 년 전 비석 지도에 새겨진 요(遼)의 위치는 바로 태행산맥!

2. 고구리 기준 : 요(遼), 장안성, 동황성, 신성

고구리는 총 9번의 수도 이름을 역사책에 남기고 있다.
'평평한 땅'을 일컫는 '평양'을 포함하여, 동황성, 장안성이 있다.

고구리 군사 진영이었던 '고리영'은 지금도 여전히 북경에 있고 구글맵으로도 위치가 바로 확인된다.
고구리 수도를 이어받았던 왕건 고리 북경의 진영!
물론
고구리의 수도였던 장안성, 동황성, 신성도 이름 그대로 존재한다.

현재 한국 역사학계에서는 기록의 지역들을 '모르겠다(비정)'며 넘어간다. 그러나 태행산맥(요遼)을 기준으로 고구리 역사의 지역이 넘치도록 많이 발견된다. 수많은 역사서 연계 지명들을 찾아 보고도 못 본 척하는 사람 누구?

이제 눈가리개를 걷어내고 '진짜 한국사'를 찾아보아야 한다.
동황성, 장안성, 신성, 국내성(북경), 그리고 수백 개의 역사서 연계 지역명이 모두 태행산맥을 고구리 영토로 얘기하고 있다.

3. 요동성(遼東)＝요주(遼州)

<신당서>, <구당서>, <삼국사> 모두에 "당나라가 요동성을 차지하고 요주(遼州)로 불렀다."라고 적혀있다.
요동성이 요주가 있는 곳이다.

옛 지도[천하고금대총편람도], [대청광여도]부터 최근 지도[대만 군사지도 1963년]에까지 '요주(遼州)'가 표시되어 있다.
요주(遼州)가 표기된 그곳이 옛 요동성(遼東)!

우리 선조들은 대륙 동부를 말을 타고 호령했다.
1차 사료, 고지도, 유적을 통해 입증된다.

4. 요주(遼州)＝좌권(左權)

1964년 [대만군사지도]에 '요주(遼州)'가 딱 한 군데 표시된다.
현재의 '좌권(左權)'. 옛 요동성 자리로 유명한 곳이다.

고구리 기록에 자주 나오는 '서안평'이 '안평(安平)의 서쪽'이란 뜻인 것처럼 '좌권(左權)'은 '왼쪽의 권세'라는 뜻이다.

'좌권(左權)'을 보면 산세로 둘러싸여 있고 강이 흐른다. 전형적 요새의 지형이다. 배산임수로 강이 흐르고 치수가 좋으므로, 군사를 양성할 수 있고, 훈련을 할 수 있다. 지금도 '요양(遼陽)' 이름 흔적이 곳곳에 남아있다. 요양경찰서, 요양진영 지명 등.

고구리 때 요동성이었고, '요주(遼州)'로 이름을 바꾸었으며, 20세기 최근 지도에까지 '요주(遼州)'로 표기했다. 지금은 좌권(左權) 현으로 불리지만, 요양, 요주 이름들이 모두 남아있다.

1,400년 전 우리 선조들의 흔적들이 아직 남아있다. 산서성은 석탄이 많이 생산되는 지역이고, 개발이 많이 안 된 지역이다. 일부 고구리 성터들도 아직 해체되지 않아, 그대로 찾아볼 수 있다. 고구리 성터는 동족인 거란인 요(遼)나라가 사용했고, 신라를 이은 금(金)나라가 이어받아 사용했다.

5. 넋 나간 자칭 민족 재야사학자(?) 코스프레 놈들

1차 역사 기록, 지도(옛날 지도+최근 지도), 유물, 유적.
모두가 고구리, 백제, 신라의 본토를 중국 동부로 가리키고 있다.

고구리 말 연개소문(淵蓋蘇文)이 당태종 이세민을 죽이러 쫓아갔던 고구리 유적, 유물은 아직도 대륙 강소성에 그대로 남아있다. 몽롱보탑(朦朧寶塔)! 일제총독부 역사 해석을 맹신하는 전공자 역사꾼들이여, 안 보이는가, 못 보는가? 해석이 안 되니 무시하는가?

윤내현, 이덕일, 심백강, 복기대 등등 한국사를 전공으로 졸업한 대다수 전공자도 마찬가지다. 삼국시대와 고리를 엿같이 해석해서 늘 만주와 한반도만이 우리 역사의 본토라고 수십 년째 주장하며 우리 역사를 축소하고 있다. 수십 년째 지도도 공부 안 하며 대중을 우롱하는 중이다. 시민들이 가르쳐 줘도 아직도 중국 동부 관련 지역 이름을 모르고, 분석도 안 한다. 이미 30년 전에 일식 과학 검증으로 신라 본토의 중심지가 양자강임을 보여줬다. 정통 역사 기록에도 천여 개가 넘게, 또 삼국, 고리의 흔적이 중국 땅에 쏟아져 나와도 입을 다물고 있다. 고리영(高麗營), 몽롱보탑(朦朧寶塔) 등 수많은 유적, 유물까지 나와서 우리 역사의 중심지가 중국 동부 땅이라는 것이 보여주고 알려준 게 언젠데, 아직도 역사 복원을 바라는 많은 시민들 후원금은 줄곧 타 먹으면서도, 시민들이 가르쳐 주는 역사 정보는 늘 외면하고 엉터리 역사 해석을 고수하고 전파하는 건지??
진지하게 당신들 스스로들에게 물어보기를 바란다.
너희들이 진짜 원하는 게 뭐냐? 역사 복원이냐? 인정 욕구냐?

어쨌든 1할의 재야사학자(?)들과 9할 한국사 강사, 교수들은 결과적으로는 별반 다를 바 없이 고리까지 한반도가 본토라는 해석에 갇힌 채, 중국 동북공정과 일본 임나일본부에 이론으로 맞서지 못하고, 오히려 더 조력하고 확립시켜주는 해석을 퍼뜨리고 있다.

재야사학자들은 결코 고구리 최대영토를 북경으로 그리지 않는다. 언급도 거의 없다. 그들에게 그곳은 요서이기 때문이고, 백제 초기 땅이기 때문이다.
백제의 수도는 늘 서울, 충청, 전라도이고, 신라의 본토는 무조건 경상도 경주에 있다고 한다. 우산국은 울릉도며, 고리 강화도는 인천 강화도라 주장한다. 기록상 신라와 왜, 백제가 중국 땅에 부분적으로 있었을 수도 있다는 식으로 해석에 양다리를 걸치며 두리뭉실~ 넘어간다. 벌써 수십 년째 해 먹고 있는 짓이다. 지겹다.

북경의 고리영(高麗營), 장안성(長安城), 동황성(東黃城), 안동(安東)도호부 신성(新城), 요의 기준 요주는 물론이요, [책보고 왜곡된 한국사 복원지도]의 천 개 이상 역사 지명들도 다 개무시한다. 고구리-백제-신라 본토가 대륙 동부임은 30년 전 벌써 확립되었는데, 이 재야사학자라는 자들, 이제껏 뭐 하고 있었던 거야? 그간 대중의 역사 수준이 낮으니, 전공자라는 학위를 앞세운 채 식민사관과 유사한 해석으로 중국과 일본만 비난하면서, 엉터리 역사를 대중에게 설파했다. 실제론 중국과 일본의 역사 공정에 조력하고 있었다. 역사를 생업으로 하는 자들이 몰랐다면 무능을 떠나 저능한 것이고, 알려줘도 침묵하고 외면했다면 민족 앞에 비겁한 자들일 것이다.
<삼국사기>, <고리사> 해석도 못 하고, 이해도 못 하면서 무슨 낯짝으로 매번 논문 타령하며 시민후원금을 달라고 통장을 들이미는 걸까? 새로운 연구는 하고 싶은 걸까?
본인이 배운 것만 옳다고 다른 해석은 거들떠보지도 않는 자들.
자료를 떠먹어주고, 자료를 줘도 거부하고 조롱하는 자들.

누구나 역사 기록을 인터넷으로 쉽게 찾아볼 수 있고, 인터넷 위성지도인 구글맵으로 실시간 교차검증 확인할 수 있는 시대이다. 역사 해석의 툴과 판도가 바뀌었다. 버릴 자들은 버리고 나아가자.

[54] 고려 낙타의 비밀

1. <고리사(高麗史)> 낙타 기록 무려 38건

고리(高麗) 땅에 흔하던 짐 싣는 낙타들, 무역의 국가 고리!

2. <고리사> 기록의 영원성(寧遠城)과 안문관(鴈門關)

고구리-고리(高麗) 때 우리의 수도 북경!

3. <고리사> 기록의 황제국 고리(高麗) 크기와 영향력

"36개 나라가 와서 고리에 조공을 바칠 것이다." <고리사>
"고리의 동북 국경은 고구리를 강역을 넘어섰다." <고리사>
"고리는 만리의 영토를 가진 광활한 나라다." <고리사>

4. 전 세계에 무역 강국으로 이름을 떨친 고리(高麗, Coree)

그러나 홍건적 명나라의 제후국을 자청한 조선의 건국으로
스스로 역사를 줄이고, 역사 인식 등신 나라로 전락,
그리고 이것은 아직도 진행형!

5. <고리사> 기록. 일본 류쿠국, 큐슈도 고리에게 조공을 바쳤다.

[55] 고려에게 조공을 한 일본

1. 농사짓기 좋은 신라, 고리의 우산국, 과연 울릉도냐?

신라와 고리(高麗) 우산국(于山國)은 동해의 울릉도가 아니다.
국보 <삼국사기>, 보물 <고리사>를 보면 땅이 넓고 토지가 비옥하고 사람이 많을 때 불리는 '주' 또는 '현'이라는 명칭을 붙였다. 먼 바다의 섬 울릉도는 전혀 그 조건에 부합하지 않는다.

여진족이 들끓고 노략질하던 곳이 우산국(于山國)이다.
여진족이 목숨 걸고 나무로 만든 무동력선을 타고 망망 대해 동해,태평양으로 연결된 바다의 척박한 섬으로 농업 장비를 훔치러 간다는 건.. 푸흡! 빵 터지는 개그 소재. 호미, 곡괭이 탈취 작전!

고구리-백제-신라 영토를 그대로 이어받은 고리(高麗).
현재도 중국 산동성 '우산(于山)'이라 불리는 곳이 신라의 우산국이다.

2. 고리(高麗)는 동이(東夷)의 나라

대륙 동부에 살고 있는 민족을 가리키는 말이 '동이(東夷)'다.
한자에는 '훈(訓)'이란 게 없으므로 '오랑캐'라는 뜻 자체가 없다. 오랑캐 '이(夷)'라 하는 건 후대 자국 폄하 교육이다.
<설문해자>라는 오래된 자전에 보면 '이(夷)'에 대해 "큰 활을 가진 사람, 인자한 사람, 용맹한 사람, 군자의 나라"라 기록했다.
'동이(東夷)'는 '동쪽의 강한 민족'이라는 뜻!

3. 일본 <소우기(小右記)> 고리 동이(高麗 東夷) = 도이(刀伊)

고리(高麗)가 대마도를 침략했다는 기록이 있다.
도이(刀伊=동이) 사람이 배 50척을 끌고 와 대마도를 침략했다는 내용도 나온다. 일제총독부 역사 해석으로 국사편찬위원회는 본문과 상관없이 '도이(刀伊=동이)'를 '동여진'으로 해석해 버린다.

'이(伊)'에 대해 비밀을 알려줄 섬이 오키나와 이강섬(伊江)!
예전에는 무동력선 타고 중간중간 섬을 공유해서 목적지까지 이동했었다. 망망대해 태평양을 무동력선 타고 간다는 건 목숨을 건 자살이나 마찬가지였다.
중국 양자강에서 일본에 오갈 때는 대만부터 오키나와에서 동북쪽으로 일본 큐슈까지 쭉 걸쳐있는 수많은 섬을 타고 이동한다.

4. 고리(高麗)의 지배력이 미친 유구국(琉球國 오키나와)

오키나와에서 고리(高麗) 기와 유물이 발굴되었다. '고려 기왓장'이라 적혀있었다. 오키나와 우라소에성에서는 진도 용장산성에서 발견된 것과 똑같은 유물도 나왔다.
우라소에성은 고리(高麗)의 성 축조방식 그대로 쌓은 성이었다.
양자강에서 여러 섬을 걸치며 바닷길을 타고 무동력선으로 쭉 이동했던 그곳, 고리(高麗)의 지배력이 닿았던 곳이다.

5. 큐슈 이여시(伊予市), 이기(伊岐)

① 이여(伊予)=이(伊)민족이 준 동네.
※ 予=주다 여(予)

② 대마도 옆 이기(伊岐) [곤여만국전도](1602년)
※ 伊岐=이(伊)민족, 동이(東夷)가 살았을 산골짜기 동네

6. 유구국(琉球國 오키나와) 그리고 큐슈. 고리에 조공하다.

① <고리사> "유구국(琉球國) 중산 왕이 고리의 신하라고 말하며 조공을 했다."

② <고리사> "큐슈 절도사 원요준이 고리에 조공을 했다."

'원요준'이라는 이름도 일본 이름이 아니다. 세 글자로 우리 민족의 이름으로 보인다. 현재도 제주도와 가까운 큐슈에는 우리의 역사적 지역명들과 유적, 유물이 많이 남아있다.
고리 시절 오키나와, 큐슈까지 영향력 아래에 두고 있었다.
<고리사>를 보면, 중국 동남부 지역 등에서 여러 번 고리가 조공을 받는다. 서여진, 동여진, 아라비아 상인들로부터도 조공을 받는다. 우리가 안 읽는 정통 역사서 <고리사(高麗史)>의 기록이다.

7. 대마도(對馬島). 마한(馬韓)을 마주 보는 섬

1800년대 조선 제작 지도 [여지도(조선8도 대총도)], [여지여람] 등 수많은 지도를 보면 조선 후기까지 대마도는 조선 땅으로 표기된다. 조선의 마지막 등신 왕 이형(李㷩 조선 고종) 때 뺏겼다.

목판 인쇄본 김정호의 [대동여지도]는 일제강점기 때 본격적으로 홍보한 지도이고, 수많은 현존하는 대부분의 조선지도에는 대마도가 조선의 영토로 빠지지 않고 그려져 있다.
독도만 찾아보지 말자. 대마도를 잘 보자.

8. 사라진 우리 고리(高麗)의 역사

<삼국사기> 해석을 한반도 안에만 구겨 집어넣으려고 억지 추정으로 비정해 댔지만, 고구리-백제-신라를 통일한 <고리사>에 기록된 지역들은 추정, 비정 해석 자체를 안 해놓았다. 한반도 안에서 수많은 고리의 지역명을 꿰맞추면 해석 자체가 안 되기 때문이다. 이를테면 <고리사>의 '제양현(濟陽縣)'은 백제 산동성에 그 이름 그대로 존재한다. 이러한 고리 지역명들, 국사편찬위에서는 추정 자체를 안 하고, 못 하고 있다. 할 수가 없겠지.

<고리사> 위치 연구가 아예 안 되어 있다.
할 생각도 없다.

국민들이 역사에 관심이 없고 매번 속아주니, 그냥 편하게 월급을 받고 일 키우지 않고 지내고 싶은 거다. "<고리사> 연구는 이미 끝났으니 물어보지 마!"라고 매번 대국민 사기를 치고 있다.

끝내기는 개뿔. 시작도 안 했으면서.

[56] <신당서>,<고려사>에 기록된 백제, 고려의 본토

우리나라는 고분고분하게 일제강점기 때 일본학자들 즉, 쓰다소키치(津田左右吉), 이케우치히로시(池內宏), 이마니시류(今西龍), 이나바이와키치(稻葉岩吉), 스에마츠야스카즈(末松保和) 같은 일제 기관의 역사 사기꾼들이 만들어놓은 한반도 내에서의 영토 역사를 그대로 답습하며 배우고 있다.

한국, 중국, 일본 기록, 유물과 과학 검증으로 해석하여
진실을 보여줘도 모두
'유사 사학(혹은 환빠)'이라 부르며 비아냥대기 바쁘다.
매번 지들끼리 서로 논문을 통과시키고, 새로운 해석은 애초에 차단한다. 공고한 카르텔이다.

1. 영(瀛), 빈(濱), 해(海)

<신당서(新唐書),당나라기록>
"부여의 후손인 백제는 당나라 수도 장안의 동쪽 6천 리에 있으며 영, 빈, 해의 땅에 자리 잡고 있다. 서쪽으로 월주, 남쪽으로는 왜국, 북쪽엔 고구리에 맞닿아 있다."

백제 땅 영주(瀛州), 빈주(濱州), 해주(海州)는
천년 전 비석 지도인 [우적도]에도 표시되며, 웬만한 지도에는 다 표시되어 있다. 중국 하북성과 산동성에 존재한다.

2. 월주(越州)

<삼국사기>를 포함해 여러 사서에서 '유·연·제·노·오·월'을 고구리, 백제의 땅으로 기록했다. <신당서>에서 백제 땅이라고 교차 검증해주는 '월주' 지역, 홍콩 좌측에는 지금도 '백제향(百濟鄕)' 등 백제 지역과 마을이 그대로 남아있다.

3. [양직공도]

"백제는 옛 래이(萊夷)다."라 적고 있다. 신라 김춘추가 '우이도(嵎夷道) 총사령관', 우이도(嵎夷道)에 가서 백제를 격파하는 역할을 담은 이름이다. [천하고금대총편람도]를 보면 중국 땅 산동성 '우이(嵎夷)가 또렷이 기록되어 있다. <신당서>에서 백제 땅으로 기록한 '영(瀛), 빈(濱)' 위치와 백제의 중심지는 정확히 일치한다.
이처럼 <신당서>, <삼국사기>, [양직공도] 기록, 그리고 수많은 위치 기록을 찾아보면 고구리-백제-신라 본토가 어디인지는 쉽게 증명된다. 북경-산동성-양자강 유역!
유물-유적을 통해도 삼국시대의 본토임은 당연.

4. 백제 땅 영(瀛)·빈(濱)·해(海)에서 6천 리, 당나라 수도는 어디?

'장안'은 '수도'를 가리키는 일반 명사다. '서울'이 지금 '수도'를 가리키는 일반 명사인 것과 마찬가지다. '당나라 장안'이라 함은 '당나라 수도'로 읽어야 한다. 현재 시안(西安, 장안)과 헷갈리면 안 된다. 현재 시안(서쪽의 안=서안)은 고구리 서쪽 수도였다.

백제 땅이 영(瀛·)빈(濱)·해(海) 위치로 기록되므로 서쪽 6천 리 떨어진 당나라를 쉽게 찾을 수 있다. 지금의 청해(靑海, 칭하이호수), 즉 황하의 발원지 부근이다. 신라가 선비족 당나라와 연합한 이유는 고구리 서쪽을 공격하라며 양동작전을 벌이기 위함이었다.

사막 멀리 실크로드에서 수많은 낙타와 말을 타고 떠돌아다녔던 유목민족 당나라. 그 당나라 수도는 현재 역사계가 비정한 것보다 훨씬 서쪽 내륙 깊숙한 곳임을 알 수 있다.

5. <고리사> "고리는 신라(新羅)를 항복시키고,
         후백제(後百濟)를 멸망시켜
           3한(三韓, 마한·변한·진한)을 통일하였다."

왕건의 고리는 고구리 수도를 이어받고 대륙 동쪽과 한반도 포함 마한, 진한, 변한 3한을 통일했다는 기록이다.

고대로부터 국력의 요소는 '인구, 교통, 생산성'이다.
인구, 교통, 생산성이 뒷받침되는 장소가 바로
황하와 양자강 주변으로 고구리-백제-신라 본토가 있던 곳이다.

6. 영(瀛)·빈(濱)·해(海)

<고리사>에 '영(瀛)'과 '빈(濱)'은 총 403건 기록될 정도로 자주 언급된 주요 지역명이다.

① 영(瀛) 마을, 영주(瀛州)
"영주는 백제시대 고사부리군이다."라는 기록에서 보듯,
고리 영주는 백제 영주를 그대로 이어받은 곳이다.
고사부리(백제)→고부(신라)→영주(고리)

② 빈 마을(濱, 빈주濱州)
<고리사> "황하 근처 빈주(濱州)은 신라시대 다사지현이다."
'영(瀛)·빈(濱)'에서 보듯, 신라 영토를 고리가 그대로 이어받았음을 알 수 있다. <고리사> 모든 지역명이 북경 중심으로 산동과 중국 동남부에 퍼져있는데, 이 기록들이 정확하게 일치한다.
고리 영토는 고구리에 비해 서쪽 영토는 다소 줄었으나,
동북으로는 동북 9성 등으로 고구리보다 더 넓었다고 기록된다.
고리 우산국과 서여진, 동여진도 쉽게 그 위치가 이해된다.

③ 위성지도, 구글맵 검색.
영주(瀛州), 빈주(濱州), 해주(海州)는 구글맵을 보면 그 이름 그대로 그 위치에 나온다. 지난날에도 요충지였고, 현재도 요충지일 수밖에 없는 주요 장소에 자리 잡고 있다.

7. 14세기 고리말

몽고리(원나라)가 온 누리에 힘을 떨치며 최강제국을 이룬 뒤, 대륙의 패권국 고리와 혼맹을 맺었다.
고리 출신 양자강 도적 떼가 세운 명나라가 몽고리를 북쪽으로 쫓아내면서 고리 서경(현 북경)과 개경이 위태롭게 된다.

그 후 고리를 멸망시키고 건국한 조선.
조선은 성종 때까지 모든 고리 관련 역사를 불태웠다. 현재까지 우리나라에 남아있는 고리시대의 전체 지도는 단! 한 장도 없다. 고리 본진에 눌러앉은 명나라 눈치를 보고 심기를 거슬리지 않고 싶었기 때문이며, 고리를 부정해야 조선 건국의 정당성을 인정받을 수 있기 때문이었다.
조선은 이렇게 고리를 멸망시키고, 명나라를 주인으로 섬기며 민중의 눈과 귀를 가린 채 농업국가로 전락해 버렸다. 이로써 조선왕조 5백 년간 수많은 전란에 휩싸였으며, 마침내 조선왕조는 전쟁 한번 안 해보고 일본에 나라를 홀랑~ 갖다 바쳤다.

8. 역사 왜곡, 지명 복사와 이식

우리의 삼국과 고리를 왜곡한 조선. 조선 건국 이성계는 '음양산정도감'이란 기관을 만들어 대륙의 지역과 한반도의 지역을 일치시켰다.
그리고 1914년 '전국 행정구역 개편 지명 한자화' 포함, 일제 36년간 일제는 더욱 한반도의 지명을 세밀하게 조작했다. 해방 후 전에 없던 새로운 역사 지명들이 하나둘씩 만들어지고 있다. 1980년 강원도 '동해', 1989년 경기도 '하남' 등은 그 예이다.
지자체 홍보를 위해 또는 신도시 개발할 때 역사 지명 차용을 하며, 후대들에게 역사적 혼돈을 줄 수 있는 일이 진행되고 있다.

9. 상식의 승리

일제강점기 조선총독부가 식민지 백성들을 세뇌시킬 목적으로 왜곡, 조작, 추정 주입해놓은 터무니없는 가짜 한국 역사!
한반도 안에서만 해석하는 현재 역사 때문에 중공-일본은
"고대부터 한반도에서만 한국인은 살았다! 또한 중공-일본은 한반도를 늘 점령했었다."라는 말도 안 되는 논리로 한국인들에게 팽

창적 야망을 품지 못하게 하며, 침략당하는 것은 당연하다는 의식을 심어주고 있다.

중공은 동북공정으로, 일본은 임나일본부설을 주장하면서 한국인의 역사 정신을 혼미하게 속이고 미래의 재산과 영토, 그리고 생명을 옥죄고 있다.

[57] 5백년 전 명나라 지도 [대명여지도]

1. 우리 고향은 한반도와 만주뿐인가?

우리는 현재 산악지형인 70% 이상인 한반도에서 다닥다닥 붙어 살고 있다. 그런데 우리의 아주 먼 할아버지 할머니 때도 줄곧 이곳에서만 살았을까?
여러분 할아버지 할머니, 조부, 고조부가 계속 같은 동네에서 쭉 사셨나 한번 자문해 보시라. 만약 외국에 사셨다면 당신 조상인가 아닌가? 외국에 사셨다면 우리 조상이 아니라고 부정해야 하나?

중국 땅, 대륙 동부, 강들과 평지가 많은 땅은 우리 동이 민족의 역사의 터전이며 본토로, 역사적 명소들이 가득 있는 곳이다.
우리가 반드시 알고 있어야 하는 곳이다.

2. [대명여지도] 1536년, 이묵(李默)

[대명여지도]를 포함해 중원에 자리를 잡았던 나라들의 전체 지도를 보면 하나같이 공통점이 있다. 대만이 없다.

<구당서>에는 동이민족 5개국을 적어놓았는데, '고구리-백제-신라-왜국-일본'이다. '왜국'과 '일본'을 별도로 나눠 기록했다. 고리(高麗)말에 고리 영토 동남부를 많이 침범했던 왜적.
'왜(倭國)'와 '일본(日本)'은 다른 나라다. 과학 일식 기록에도 왜(倭)는 대만-중국 동남부에 존재하고, 일본(日本)은 현재 일본열도에서 나타난다고 측정된다.

대만은 스스로 16세기 이전의 역사를 모르는 나라다. 그 땅이 '왜'의 땅이었음을 잊어버렸다. 지난날 역사를 잊어버린 국가다.

3. 주체(朱棣)=명나라 영락제(永樂帝). 주체할 수 없다.

명나라 주원장이 남경에서 건국하고 넷째아들인 주체(朱棣=永乐帝)는 11세 때 연왕(燕王), 즉 태원 땅을 다스리는 제후로 봉해졌다. 주원장 사망 후 쿠데타를 일으켜 궁궐(남경)을 불태우고 1402년 스스로 황제 자리에 올랐다. 평소 부러워했던(?) 정복 군주 광개토호태왕 연호를 똑같이 따라 하며 '영락제(永樂帝,永乐帝)'라 했다. 까불면서 북방을 정벌하러 갔다가 뒈진 건 다들 아실 거다.

1368년 건국한 명나라는 3대 왕 주체(영락제)가 죽기 3년 전인 1421년엔 수도를 남경에서 지금의 북경으로 옮겼다. 동이 민족의 오랜 수도였던 북경으로 나라 중심을 옮겨 한편으로는 몽고리의 잔당을 북쪽으로 내쫓으며, 다른 한편으로는 '자금성'을 다시 짓는다며 거대 공사를 일으켰다.

4. 의주(義州)와 금·복·개·해(金·復·盖·海)

"금주(金州)·복주(復州)·개주(盖州)·해주(海州)는 고리 땅이다."
<고리사>
"금·복·개·해(金·復·盖·海)는 원래 조선 땅이다."
<청일전쟁 후에 쓰인 합의 문서>

쭉 우리 땅으로 역사 기록에 수도 없이 나오는 만주의 금·복·개·해(金·復·盖·海)도 명나라 지도 [대명여지도]에 그려져 있다.
다른 나라는 기록에 없는 것도 자들 꺼라고 우기는데,
우린 기록에 버젓이 나와 있는 것도
"절대 우리 땅 아냐! 저거 우리 땅이라 하는 것들은 다 환빠야!"
이러고 자빠졌으니. 에라이, 등신 그 자체!

5. 건주 여진의 땅

북경 동북엔 <열하일기>로 유명한 청나라 황제의 별장터 '열하'가 있다. 그 동쪽으로 산악지대를 넘어 건주 여진의 땅이 펼쳐진다. 동이 후손으로 우리와 한뿌리인 이들을 막고자 명나라는 장성을 고쳐 쌓았으나 결국 통합된 건주여진 등에게 패망했다. 우리 건주여진(후금, 청나라)은 명나라를 무릎 꿇려 청나라를 세우고 300년간 대륙을 지배했다. 중국의 마지막 왕조다.

6. 고리(高麗) 서경＝현재 북경

북경은 예전 북평(北平)이라 불리었는데, 현재는 '북경'으로 불린다. 그 이전에는 '순천(順天, 순천부)'라 불리기도 했다. 하지만 고구리 시기 북평은 이곳이 아니라 산서성이다.

고리(高麗)의 서경(현 북경, 명나라 수도) 주위로 개주, 통주, 운주, 선주, 흥화진 등이 보인다. 그 아래 안(安)의 지역은 '평안호태왕(광개토태왕)'이란 이름에서 보듯 편하고 살기 좋은 곳이다.

저 위쪽의 '開平(개평)'은 고리와 거란이 싸운 곳으로, [대명여지도]를 포함한 대부분 지도에는 다 북경 북쪽에 존재한다. 후대에 발해만 하북성 탕산(唐山)으로 지명이 옮겨졌다.

맨 왼쪽 대동(大同, 대동강)이 보인다. 대동에서 시작된 물줄기는 현 북경 아래로 흘러간다. '상건하'라고 불린다.

7. 요(遼)가 태행산맥이므로, 요동(遼東)은 태행산맥 동쪽이다.

8. 산동성

백제 땅 래주(萊州), 등주(登州), 제녕(濟寧) 지명이 명나라 때까지도 남아 그대로 썼으며, 통일신라 때 문무대왕 대왕묘가 있는 '동해'도 그 지명 그대로 명나라 때는 물론 지금까지 현존한다.

청주(靑州)는 8C 이정기가 제나라를 세웠던 중심지이자 9C 장보고가 세운 글로벌 해상무역 도시 청해(靑海) 진영의 거점도시다.

9. [대명여지도] 양자강 유역

① 조조 위나라 수도 하남성 허창(許昌)
② 손권 오나라 수도 호북성 건강(建康)＝진·송·제·양·진(陳) 등 남조 수도가 모두 여기다. 주구라는 동네이자, 예전 후주 있던 곳.

③ 백제 사비성(泗沘城) 사수(泗水)를 끼고 위치함.
④ 신라 중심 회수(淮水)
⑤ 고리(高麗) 전투지 고우(高郵)
⑥ 양자강의 도시 양주(楊州), 남경(南京), 진주(진강 镇江)

10. [대명여지도] 신라 지역명들

① 노주=경주(慶州, 현재 합비)
② 안경(安慶, 편안한 경주)
③ 광주(光州, 그 옆 광산)
④ 무령(武寧, 무령왕)
⑤ 덕안(德安, 백제 덕안도독부 자리)
⑥ 나주성(羅州城, 견훤-왕건 수군 전투지)
⑦ 절강성 금화, 소흥, 영파(金华, 绍兴, 宁波 신라 지역명)
⑧ 영파 아래 태주, 온주, 천주(台州, 溫州, 泉州, 취안저우)
⑨ 구지(貴地 혹은 龜指, 가야 땅)
⑩ 한양(漢陽, 적벽 있는 곳)

지도에 하이난(海南)섬은 있는데, 왜 크고 가까운 대만은 지도에 안 그려 놓았냔 말이다. 자기네 나라가 아니었기 때문이다.

11. 왼쪽으로 쭉 가면 사천성

화하족이 전란 피해 도망가던 분지 지역. 당나라 왕, 장제스, 김구 등 모두 이리로 도망가 피해 있었다. 중경과 성도가 있다. '한중(汉中 한나라 중심지)'과 멀지 않아 여차하면 한중에서 사천 성도로 도망쳐 숨어들곤 했다.

원나라 쿠빌라이칸한테 쫓겨와 사천성보다 더 남쪽인 운남성 아래쪽에 숨어 살았던 나라가 (남)송나라! 운남성 임안(臨安)=남송의 수도. 명나라 때부터 송나라 수도 임안이나 동진 수도 건강(建康)을 다 양자강 끝 남경, 항저우로 주장하는데, 싹 다 속임수다!

12. 해(海)는 바다가 아니다.

역사서에 "해(海)를 건넜다."라고 하면 호수를 건너거나 물줄기를 건넜다는 뜻이다. 청해(靑海)도 황하의 시작점인 거대 호수다.

13. 진(秦)시황제의 진(秦)나라

황하 상류(고비사막 아래)에서 깔딱깔딱하던 나라.
지명 '진(秦)' 옆의 '임조(臨洮)'는 만리장성이 시작되는 곳.

14. 화령(和寧)

이성계가 "나라 이름을 '화령(和寧)', '조선(朝鮮)' 가운데 뭐로 할 깝쇼?" 명나라 주원장에게 물어본다. '화령(和寧)'은 이성계 고향이다. 중원에 존재하던 고조선의 '조선(朝鮮)'이란 나라 이름을 점지하였고, 이를 따르면서, 주원장-이성계(명나라-조선) 합작 중원의 '고리 역사 지우기'가 드디어 시작되었다.

15. 정화함대

15세기 사이코패스 연쇄살인범인 명나라 '주체(朱棣)=영락제(永樂帝)'는 운남성 아래 대륙 남쪽 지리에 밝았던 신하 '정화'에게 배 200척, 선원 2만 7천 명을 딸려 1405~1433년에 걸쳐 7차례 해외 원정을 보냈다. 길이 137m의 거대한 배도 62척이나 되었다. '정화'의 반란이 무서워서 해외로 보냈을 수도 있겠다. 배달-조선-고구리-고리(高麗) 5천 년 문화 대국 동이 땅을 꿀꺽 먹었으니 기술도 물자도 넘쳐났고, 이제 밖으로 눈을 돌려 무역도 개척하면 좋고 또한 명나라 초기로 남쪽 세력이 다른 목적으로 뭉치지 못하게 '정화'를 바다로 보내버렸으니 얼마나 좋은 방법인가?
100년이나 지나 대항해에 나선 콜럼버스와 비교해보면, 동이가 서역보다 얼마나 눈부신 항해술을 가졌었는지 가늠해 볼 수 있다.

베트남~인도네시아~아라비아~아프리카까지 돌며 30개 나라로부터 새롭게 조공을 받았다고 한다. 그들은 '고리(高麗), Coree'가 아니고, 새로운 국가 이름 '명(明)'이라고 말했지만, 세계는 여전히 동방 종주국 이름을 '고리, Coree로' 기억했지, 명나라 따위는 모른다. 지금까지 그러하다.

※ Coree가 Korea가 된 합리적 의심
알파벳 순으로 Japan(일본)이 J보다 뒤로 가라고 C를 K로 바꿨다. A=아메리카, B=영국 브리튼, Japan, 그다음 Korea.

[58] 울릉도에 쳐들어온 여진족 ?? 고리적 우산국

1. 고리(高麗)시대 우산국(于山國)

<고리사(高麗史)> 기록
1018년 동북 여진족의 공격을 받아 우산국이 농사일을 못 하다
1019년 여진족의 노략질로 우산국 사람이 고리로 도망쳐 오다
1022년 여진족에게 노략질당해 도망쳐 온 우산국 사람은 편입시켜라.

※ 우산국 지리 : 고구리 땅 우진야현으로.. 신라 우산국이다. 땅이 아주 넓고 비옥해 주(州)와 현(縣)을 두었다.

한국 역사학자 떼는 위의 '우산국(于山國)' 위치를 글을 읽고 어디로 해석해야 하는지 답하라. '상식'에 기반하여 위치를 해석하라.

현재 중국 산동반도 독산(獨山) 호수 주변이 우산(于山)이다.

2. 무동력선 타고 망망대해로? 뭐 하러?

현재도 날씨가 흐리면 망망대해 동해에 배를 띄울 수 없어 울릉도 행 큰 선박이 날씨에 따라 수시로 결항하곤 한다.
당신이 여진족이라면 농기구 노략질하러 망망대해에 무동력선 띄우고 목숨 걸고 울릉도로 갈래? 농기구 노략질하러?

3. 3개의 우산. 羽山, 于山, 牛山

역사서에 '우산'은 크게 3개의 한자로 기록된다.
于山, 羽山, 牛山 이며, 세 군데의 위치가 모두 다르다.

1) 羽山 (깃털, 새)

사마천 <사기>에 구리(九黎)국 백성, 즉 3곳의 묘족(苗, 백성)은 삼국시대의 조상으로 양자강, 회수, 형주에 살았다. 고구리 시조인 고양 전욱의 아들 '곤(鯀)'은 산동반도 우산(羽山)에 살았다.

2) 우산국 우산(于山) 옆에 사자산(獅子山) 존재

현재도 중국 지도에 모두 기록된 동해(東海) 마을.
현재 '동중국해'라 불리는 그곳이 고대엔 '동해(東海)'로 불리었다.
산동반도 아래 강소성 연운항에 동해 마을(東海縣)이 있다.
<삼국사기>, <삼국유사>의 엄청나게 많은 지역명이 이 동해마을 근처에 쏟아져 나온다.

신라가 정벌했다는 우산(于山), 특이한 어조사 '우(于)'를 사용하는 곳이 아직도 산동반도에 그 이름 그대로 존재한다.

512년 신라장군 이사부는 나무로 사자(獅子, Lion) 모형을 만들어 배에 싣고 우산(于山)으로 가서 공격했다.
그런데 생뚱맞게 웬 사자(獅子 Lion)가 나오냐?

어럽쇼? 산동반도 우산(于山) 옆을 살펴보니, 사자산(獅子山)들도 떡 하니 존재하네?

3) 牛山 (소들이 많이 살던 산)

<삼국사기> 497년 고구리 문자명태왕(491~519년)이 신라 소지왕(479~500년)의 우산성(牛山)을 공격해 함락했다. 음매~ 소다.

회수~양자강에서 건국한 신라. 신라 일식 기록은 내내
회수~양자강 사이 안휘성 부근에서 나타난다.
신라말 787년 이후에는 한반도까지 포함한 일식으로 나타난다.

540년 백제 성왕(523~554년)이 고구리 우산(牛山)을 공격해 왔는데, 고구리 안원태왕(531~545년)이 5천 기마군을 보내 내쫓았다. 고구리 평원(平原) 남쪽 소들이 사는 우산성(牛山)을 쉽게 찾을 수 있다.

백제는 어디에 있었나? 소국 양나라는 [양직공도]라는 백제 외교 사신 방문 그림을 통해 "백제는 옛 래이(萊夷)다."라 적어놓았다. 래이(萊夷) 위치는 현재 산동반도로 웅진 백제가 있었던 곳.

4. 땅이 넓고 비옥하며 인구가 많았던 우산국(于山)? 농사?

마한, 진한, 변한의 3한을 통일했다는 왕건의 고리(高麗)
고리는 조선처럼 '왕'이 아니라 '황제'로 많이 기록되어 전해진다.

고구리 마지막 '평양성'을 이어받아 북경을 수도로 삼은 고리!

조선시대 수많은 역사학자가 달라붙어서 고리적 기록을 편집해서 만든 <고리사(高麗史)>에는 "여진족이 우산국(于山)을 자주 침략했다."고 기록된다. 우산국(于山) 관련 기록이 많이 나온다. "땅이 넓고 비옥해서 사람이 많아 주와 현, 지금으로 말하면 시(市)와 구(區)로 부르고 있었다." 땅이 넓은 우산국, 어떻게 생각하나?

대륙을 명나라 '주원장-주체'에게 내주고 눈치 보며 사대하면서, 역사를 지우고 잊어야 했던 조선은 "대륙 동부가 고리(高麗)의 본토였다."고 주장하지 않는 꼴같잖은 나라였다.
이런 개쫄보 조선시대에 쓴 <고리사>에 옆에 각주로 "우산국(于山)은 현재 울릉도다."라 해석을 단 기록. 과연 믿을만한가?

산악지대인 현재 동해 바다 울릉도가 과연 땅이 넓고 토지가 비옥한가? 주와 현을 두고 다스릴 정도로 인구가 많았을까? 만주에 살던 여진족이 무동력선을 타고 망망 대해로 목숨을 걸고 수십일, 수개월을 향해서 도착해 농기구를 뺏고 돌아올 곳인가? 그리고 그 울릉도는 정말 땅이 풍요로운 땅인가? 울릉도 주민들에게 물어보자.

중국 땅과 비교하며,
한반도에 비정된 역사의 현장을 상식을 가지고 직접 방문해보라.

5. 동쪽으로 1만 보 가면 물줄기(海)

<고리사(高麗史)> 원문을 보면 "동쪽으로 보면 해(海)"라 나와 있다. 사마천 <사기(史記)>에서 "해일작하(海一作河), 즉 물줄기들이 모여 황하를 이루었다."라는 해(海)=황하(黃河) 해석에서 보듯, 한자 '해(海)'의 해석은 중세까지 바다가 아니다. '물줄기'이다.

산동반도, 고리적 '강화(江華)'로 불렸던 곳.
당시 물길로 인해 섬이었던 곳이다. 신라, 우산국(于山國)!

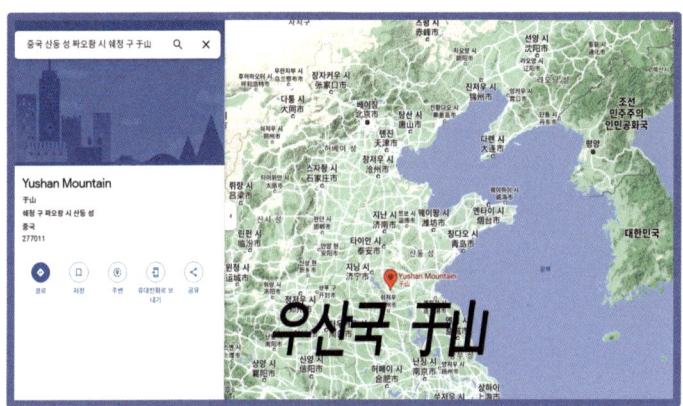

6. 고구리-백제-신라 본토? 대륙 동부!

우리의 국보 <삼국사기>에 "고구리-백제가 전성기에 강한 병사가 백만 명으로, 북쪽 유·연·제·노를 굴복시켰고, 남쪽 오·월 지역을 침략해 빼앗았다." 하고 있다.
이곳이 바로 고구리-백제-신라 본토의 위치다.

우리의 보물 <고리사(高麗史)>에
"우산국(于山)이 여진의 침략으로 농사일을 못 하게 되었다.
땅이 넓고 토지가 비옥하다.
동쪽으로 물줄기까지 1만 보 거리이며,
석불(돌로 만든 부처님), 철로 만든 종, 석탑(불교탑) 등이
잔뜩 있다!"고 기록된다.

[59] 북경 오리의 비밀, 압록강

압록강(鴨綠江＝鴨淥江＝鴨江) : 오리가 많은 푸른 강

역사 기록에는 압록강은 오리 머리색이 푸르기에 압록이라 부른다고 한다. 그러나 푸른 머리 오리만 있는 것이 아니다.
기본적으로 오리는 맑은 물에 산다.
압록은 고구리, 고리, 조선 우리 역사에 계속 등장하는 강이다.
현재 북한 압록강 외에도 압록강이라 표기되는 강이 중국 땅의 청하(清河, 맑은 물) 주변에 3개이다. 황하와 북경 사이에 물의 지류 중 맑은 강이 '압강'이라 불리고 있고, 청하의 위치 아래에 '압록강'이라 표기되고 있고, 또 현재 요하 상류도 '압록강'이라 불린다. 북경에서는 아직도 수많은 오리를 잡아 요리하는 '베이징덕'이 유명하다. '고구리, 고리의 압록강'과 '북경오리'.
오리가 많이 사는 푸른 물이 '압록(鴨淥)'이다.

오리 압 鴨
맑을 록 淥
푸를 록 綠

[60] 자주 묻는 20개 질문과 시원한 답변

중국 동쪽, 베이징, 상하이가 중세 삼국, 고리시대 주 무대였다.

일제강점기 해석에 길들여진 이들은 "우리 과거 영토가 그렇게 컸을 리 없어." 하면서 무논리 반박을 한다. 반박과 재반박이 거듭되는 토론은 꼭 필요하다. 하지만 이미 학습되어 확증 편향으로 자리 잡은 몰상식은 유물, 유적 증거, 기록, 일식 등 과학기록, 위성지도들의 교차검증 등 상식과 이성에 의한 재정립 과정을 통해 반드시, 정상적으로 다시 자리를 잡아야 놔야 한다.

질문 1) 한국인의 조상은 중국인이란 말인가?

역사상 '중국(中國)'이라는 이름의 나라는 존재하지 않았다.
1912년 중화민국(현재 대만), 1949년 중화인민공화국(중공) 이전에는 굉장히 역사가 짧은 중원 나라들만 있었다.
중국공산당 직전 마지막 왕조 역시 우리와 한뿌리 민족인 여진족, 즉 청나라(후금)로 김(金)씨 왕조였다.

질문과 반대로, 현 중국 동부에 사는 민중 대부분은 우리처럼 한국인의 뿌리다. 먼 친척이다. 중세 우리 선조들의 땅이었으니까.

현재 중국에는 56개 민족이 엉켜서 살고 있다. 큰 나라들은 언제나 대부분 다민족 공동체였다. 누가 가계도에서 서열이 높고, 큰아들인지를 생각해 보자. 동아시아에서는 우리다.

질문 2) 한자는 중국 것?

동이 민족 은(殷)나라 때 갑골문이 처음 만들어졌다 한다. 우리의 은자(殷字)는 모양이 변화, 진화하다가 한(漢)나라때 한자(漢字)로 불리었다.

한자는 현재 영어 알파벳 A, B, C 처럼 동아시아의 여러 나라가 소통을 위해 각자 만들어 사용하던 공용 그림 문자다.
필요에 따라 이곳저곳에서 스스로 창조하고 공용해서 쓴 바,
서로 읽는 소리가 다르고, 세부 뜻도 여러 가지다.
그림이기 때문이다. 한 문자에 뜻, 소리가 10개가 넘는 것도 있다.

한자는 불과 수십 년 전 최근까지도 동네에서 누구나 조합해서 만들 수 있는 상형문자였다. 현재 유럽이 서로 다르게 읽는 알파벳과 비슷하다. 중공이 현재 쓰는 글자는 1960년대부터 개발한 간자체(간략한 글자체)로 우리가 쓰는 한자랑 다르다.
중공인도 현재 우리가 쓰는 한자인 번자체를 제대로 못 읽는다.

질문 3) 동이(東夷)는 동쪽 오랑캐라는 뜻?

No, no!!!
적대국 입장에서 '동쪽 이민족'으로서 '이(夷)'라 했다. 그러나 '동이(東夷)'는 고대 문자 사전인 <설문해자>에서 "큰 활, 평등한 민족, 자비로운 민족, 군자의 나라"로 해석이 적혀있다.

중국 최초 정통 기록으로 인정하는 사마천의 <사기>에 최초 우리 민족은 '구리국(九黎)'으로 기록되어 있다.
고구리(高句麗-高麗), 고리, 코리아(Coree)로 이어져 왔다.

중공이 쓰는 한자에는 '훈(訓)'이 없다.
'하늘'천, '땅'지 에서의 '하늘과 땅' 이란 뜻이 없다.
즉 '오랑캐 이(夷)'라는 표현도 잘못된 표현이다. 그런 건 없다.
존재하지도 않는 '훈(訓)'을 우리말로 오랑캐라고 붙여다 놓고 외우는 것은 굉장히 잘못된 것으로, 원래는 동이 민족 '이(夷)'다.

질문 4) 고리 시대까지의 대륙 땅을 어떻게 잃어버렸나?

고리(高麗) 때까지 대륙 동부는 우리 선조들의 땅이었다.
한반도와 양자강을 통한 무역강국 Coree.

조선시대 판옥선을 보아도, 명나라, 일본이 따라올 수 없는 기술력을 가졌다. 이는 고리(高麗)에게 전승받은 함선 제작 기술이었다.

고리(高麗) 말기 고리 출신 주원장의 양자강 남경에서 건국한 명나라는 원나라를 북쪽으로 몰아 쫓아냈고, 쿠데타로 건국한 조선은 북경 우측 산해관을 중심으로 고리 땅을 서로 나눠 가졌다.

질문 5) 고리(高麗)의 영토가 역사서에 기록되어 있나?

500년 역사의 고리시대 영토 지도가 한 장도 없다.
고리시대 문서 역시 거의 없다. 조선 초 고리시대 책들을 불태운 기록이 존재한다. 현재의 북경과 대륙 동부를 자세하게 묘사한 기록들을 명나라와 합작하며 눈치를 보며 지운 것!!

모든 문서가 조선시대에 재편찬된다. 완질 <고리사>, <삼국사기>, <삼국유사> 역시 현재 조선시대 교정된 재인쇄 본이다. 호칭, 격은 손댔더라도 기록에 나오는 수많은 지역명은 소중한 역사 복원의 자료들이다. 땅의 역사 흔적인 지명들 기록을 통해서 대륙의 삼국(고구리, 백제, 신라)과 고리(高麗)를 찾을 수 있다.

질문 6) 중국 땅에 그럼 '한국 언어'가 남아있나? 유물은?

미국 인디언 말과 중남미 원주민의 말을 보라.
모두 영어와 스페인어다. 고작 몇백 년 만에 다 바뀌었다.
언어는 지배층에 의해 가장 빨리! 쉽게! 바뀐다는 것을 잊지 말자.
중국 땅에는 북경어 아닌 다양한 지방 언어가 있다.
우리와 한자 읽는 법이 비슷한 방언이 많다.

유물은 더욱더 쉽게 조작된다! 고구리 성곽이 한나라 만리장성으로 재복원되었다. 여러분 조상의 무덤 비석 내용처럼, 언제든 다시 만들어질 수 있다. 다시 새로 만들어지고, 이사 가면서 조작된다. 유물은 언제든 새로 만들어지고, 다르게 해석되기 십상이다.
잊지 말자. 망한 국가의 언어와 유물, 그리고 찬란한 역사는 가장 먼저 빨리 삭제된다.

질문 7) 한반도 땅에는 누가 살았나?

한반도 역시 쭉 우리 땅이었다.
고구리-백제-신라-가야-고리 우리 본토가 현재 대륙 동쪽 북경과 상하이 쪽을 본토로 이어져 있다. 모든 국가의 수도는 물과 해로가 풍부한 곳에서 발전한다. 북경과 한반도는 육로로 이어져 있다. 생각 외로 도보로 가깝다.

미쿡에게 하와이는 미쿡 땅이자 휴양지이듯, 고구리-백제-신라-고리에게 산악지형이 70% 이상인 한반도는 척박하지만 산 좋고 물 좋은 안전한 휴양지 같은 곳. 지형적으로 한반도는 일본열도로 넘어가기 위한 가장 중요한 교두보이다.

제발 좁은 안목의 영토 의식에서 벗어나기를 바란다.

질문 8) 우리는 땅 잃은 못난 민족인 건가?

역사를 잊은 민족에게 야망의 미래는 없다.
지금, 이 꼴로는
곧 옆 나라들에게 한반도를 빼앗길 것이다.
인구는 줄고, 중국인은 유입되고, 부동산도 뺏기고 있다.
실제 영토가 아니라도, 경제적으로 영원히 종속당할지도 모른다.

조선은 외부 세계와 교류를 끊고, 농업 위주 국가로 바뀌었다. 명나라 눈치를 보며 백성을 겁박, 억누르며 산 탓에 지난날 화려한 무역 강국, 삼국과 고리(高麗)의 기질은 단절되었다.

지난날 '역사(역사기록)'는 미래 발전을 위한 위대한 학습 도구다.

'역사'란 승자의 기록이며, 인간 욕망의 왜곡된 기록이다.'

이웃국인 중공과 일본은 현재 한반도 대한민국 사람들의 역사의식을 조종하면서, "돈이 최고다."라는 노예의식(소국의식)에 찌들어 살도록 만들고 있다. 정신 차리자. 미래의 우리 공동체가 문제다.

질문 9) 중국 땅 동부가 우리 땅인 증거는?

너무 많다.

역사는 기본적으로 역사책과 지역명의 검증이 기본이 되어야 한다. 부수적으로 다양한 유적, 유물, 과학 등의 교차도 필요하다.

정통 역사 기록 <중국 25사>, <삼국사기>, <삼국유사>, <고리사>의 올바른 해석을 통해 중국 땅 동부가 우리 역사의 무대임이 아주 쉽게 증명된다.

일제강점기 쓰다소키치(津田左右吉)의 후예들, 즉 한국에서 석사, 박사 학위 딴 소위 역사 전문가들이란 자들이 목숨 걸고 거부할 뿐이지.

'한반도 역사 해석'을 유일 정통사학으로 여기는 한국사 전공자들. 우리가 강제로 배우는 교과서가 아닌, 한·중 정통사서(원문). 20세기 중국 옛날 지도, 대만 지도 그리고 위성지도를 통한 땅의 흔적들로 그간 역사 해석의 의문들은 깔끔하게 모두 풀린다. 스스로 자기방어로 안 풀려고, 쳐다보지도 않고 발악하니 문제지.

질문 10) 그러면 왜 안 바꾸나? 교수들, 전문가들이 바보냐?

교수들도 힘이 없다. 대학교의 일개 직원이다.
파리 목숨이다. 언제든 짤릴 수 있다.
은퇴 후 거기서 연금을 받아야 한다. 바른말을 한다면 돈은?
회사나 조직은 사장의 방향대로 직원들이 무조건 따라야 한다.

한국사도 현재 구조로는 절대 바뀔 수가 없다.

어느 곳이든 기득권과 정치인이 나라의 방향을 결정한다.
우리 같은 일반인은 결정권이 없다. 민중이 깨어나서 큰 소리를 내어야 한다. 지역 대표를 뽑고 그들은 듣고 움직여야 한다.

질문 11) 꼭 역사를 알아야 하나? 돈 잘 벌고, 잘 살면 그만이지?

축하하오! 쾌락만 좇는 개돼지와 생각 수준이 같구려.

역사 인식과 정치는 미래의 우리 재산, 생명과 직결되어 있다.

공동체 의식이 없다면, 나 혼자(혹은 제 가족만) 잘 살기 위해 돈 앞에 혹은 자신을 인정해 주는 옆 나라에 너도나도 자기 민족과 이웃의 재산을(혹은 생명도) 팔아넘긴다. 이민도 잦아진다.

현재 중국과 일본에 개인들이 돈 받고 넘겨주는 반도체, 해양 조선 기술, 국방정보, 역사 정보가 얼마나 많은지 알고 있는가? 왜 한국은 경제적으로 점점 어려워질까? 당신은 왜 돈을 많이 못 벌고 있을까?
뚜렷한 민족 자긍심이 없으면, 결국 그 나라 경제도 망한다.

역사는 나라를 번영시키기 위한 자의적 해석이 필요한 미래 명분이며 전략 무기다.

뒤틀린 한국사 인식에서 벗어나, 이웃 국가들 사이에서 당당하게 행동하기 위해선, 실제로 찬란하고 화려했던 우리 역사를 제대로 배워야 한다.

질문 12) 한반도에 남아있는 백제, 신라 유물은 뭔가?

한반도 역시 고구리-백제-신라의 외곽 땅이다.
백제 7백 년, 신라 천 년 역사다. 불타 버려도 남아있어야 당연한 왕성의 주춧돌과 왕 무덤뿐 아니라. 수십 명 왕비 무덤, 친척들의 무덤, 그걸 증명하는 수천 개 묘비명과 묘지석들, 1천 개가 넘어야 할 돌로 만든 성곽들, 쏟아지는 철갑, 무기류 이 모든 것들이 아이러니하게도 우리가 사는 한반도에는 거의 없다. 없어.
무령왕릉도 한번 도굴된 공동묘지이며, 신라에서 별을 관측했다는 산 정상에 존재해야 할 첨성대 역시 경주 땅바닥의 돌탑에다 그냥 추정한 것이며, 한반도의 모든 무덤들에서 삼국, 고리 왕들의 묘지석은 전~혀 출토되지 않는다.

한반도는 백제와 신라의 본토가 있었던 곳이 아니다. 외곽이다!

[61] 고구려 장안성(長安城), 베이징 주변 발견!

1. 일제와 중공의 역사 왜곡 조작

일제가 1900년 '반도(半島)'라는 단어를 만든 뒤 이전 조선 '만선사관(滿鮮史觀)'보다도 후퇴한 '반도 역사관(半島史觀)'을 창작하여 온 민중을 등신 떼로 만들었다. 해방 뒤 80년간 쓰다소키치(津田左右吉)의 창작 영토해석 '한반도 내의 역사 해석'은 해체되기는 커녕 더 굳건해져 온 민중 멍청이 시대에 살고 있다.

중공의 동북공정?
우리가 떼로 이렇게 멍청한데, 과연 누굴 탓하랴?

중공도 일본도 제 유리한 대로 역사를 왜곡하고 조작하는데, 개네들 입장을 봐주며 우리 역사를 해석하는 것이 옳은가?
아니면 피해자와 가해자 서로의 상황이 아닌, 객관적으로 지역 위치를 놓고 동서남북 방위각을 맞춰보아 어떤 현장에서 어느 역사의 사건이 벌어졌는지 추론하는 것이 기본 잣대로 옳은가?

지역 이름(地名)은 과거 역사의 강력한 흔적이며, 여러 개 똑같은 지역명이 서로 다른 곳에 함께 존재한다는 것은 후대에 계획적으로 그 지역들이 옮겨졌음을 뜻한다.

2. 현재 존재하는 3곳의 '장안(長安)'

장안이 시안(西安), 석가장(石家庄), 양자강 아래, 이렇게 세 곳이나 있다는 말인즉슨, 지금 '서울'이라는 단어처럼, '장안(長安)'이라는 단어도 '수도'의 일반 명사로 쓰였다는 것을 뜻한다.

3. 고구리의 장안(長安) 어딜까?

822년 웅천주를 다스리던 신라 '헌창'이 신라에 반역하여 국호를 '장안(長安)'이라 했다. 완산, 청주, 우두주, 패강 등지에서 반란을 도모했는데, 모두 산동성에서 쉽게 찾을 수 있는 지역명이다.

4. 고구리의 수도 이동

추모(翱牟, 주몽)는 졸본에서 고구리를 세웠고, 2대 유리왕(瑠璃)은 국내성(현재 북경)으로 옮겼다. 유리왕의 사당도 북경 근처에서 발견된다.

'산의 꼭대기'에 있던 고구리 '산상(山上)왕'은 환도성으로 옮겼다. '동쪽 물가'로 밀려난 왕 '동천(東川)왕'은 고구리 제후국이던 선비족 위나라 무구검(毋丘儉, 관구검)한테 공격당해 동쪽으로 수도로 옮긴다. 그곳이 평양성!

고구리 고국원왕(故國原王)은 '예전 땅을 다시 찾은 왕'이다.
서안평, 환도성을 다시 찾아 수도를 그곳으로 옮겼으나, 잦은 공격 탓에 다시 동황성(東黃城, 현재 안평 지역)으로 옮긴다.
'어마어마하게 영토를 넓힌 왕' 광개토호태왕(廣開土好太王), 그의 아들(조카?) 장수왕(長壽王)은 남쪽 평양으로 옮겨서 이후 159년 간 도읍을 유지한다.

산동성 북쪽의 '평원(平原) 땅'도 다스린 고구리 '평원왕(平原王)'은 '장안성(長安城)'으로 수도를 옮긴다. 그리고 맨 마지막 고구리 보장왕 때 나라는 망한다.
안평(安平)의 동황성은 현재까지 북경 남쪽에 남아있고, 평원 근처 장안성은 1918년 지도, 1943년 지도에서도 찾아볼 수 있다.

※ 586년, 고구리가 '장안성'으로 도읍을 옮겼다. <삼국사기>권37

5. 국강상 광개토경 평안 호태왕, 광개토호태왕(廣開土好太王)

중공 땅의 '안(安)' 지역을 평정한 왕!
광개토태왕 비석의 위쪽 상단부는 어디서 끌고 온 것처럼 닳아있으며 하층부는 단이 날카롭게 잘린 채 서 있고, 엉뚱한 곳(북한 압록강 위쪽)에 세워져 있다. 이 비석을 통해 처음으로 광개토태왕의 연호가 '영락(永樂)'임이 밝혀졌다.
명나라 '영락제'와 같은 연호더라.. 서로 베이징을 중심으로 다스렸으니.. 조선 이성계 때 <삼국사기>를 교정, 재편집하며 없애 버렸던 오리지날 '영락제(永樂帝)'가 누군지 세상에 드러난 거다.

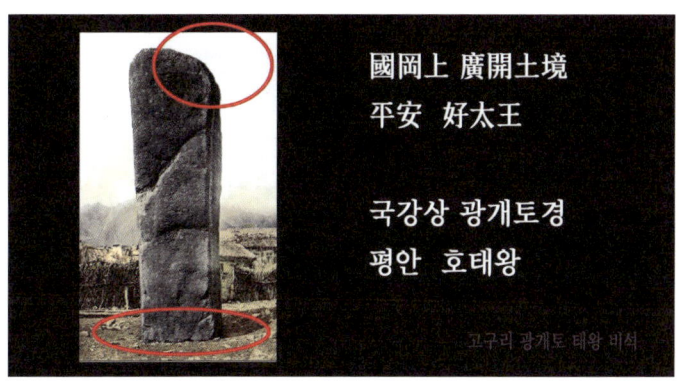
고구리 광개토 태왕 비석

6. 1918년 중화 지도

북경과 그 유명한 통주(通州)가 보인다. 그 남쪽에 '신성(新城)'이 있다. 고구리를 멸망시키고 '안동도호부'를 둔 곳이다.

신성(新城) 아래 보정(保定), 안신(安新), 안국(安國)은 '안시(安市)성'의 안(安)이 쓰이는 장소이고, 그 아래는 패수, 황하 지류가 많아 푹푹 빠지는 뻘밭 지역이다. 옆에 그 유명한 안평(安平)=동황성(東黃城) 있는 곳.

북경 아래쪽에 황하 물길의 중간에 있는 하간(河間). 그리고 그 오른쪽 산동 위쪽에 그 유명한 청주(靑州), 청도(靑島,칭다오), 청해(靑海)의 진영이 있는 그 '청(靑)'.
※ <삼국사기>에서는 대륙과 교차를 피하려고 청해(靑)가 아닌 청해(淸)로 표기해 놨다.

7. 장안성(長安城)

고구리 패망 뒤 '신성'에 안동도호부(安東都護府)를 두었다.
그 위치가 바로 옛 장안, 고안(固安) 부근. 국내성(북경) 즉 왕건의 고리 서경(북경)과 가까운 곳. 1918년 지도, 1943년 지도에도 같은 위치에 고안(固安), 장안성(長安城)이 또렷이 적혀있다.

8. 1943년 중화 지도

북경 아래 '대흥(大興)'을 포함한 지역은 흥(興)의 지역!
고리 시대 '서경 대흥부'가 있던 곳이다.
신성 남쪽에 안신(安新). 그 옆에 보정(保定).
더 남쪽으로 정주(定州). 정주 아래에 신낙(新樂)! 그리고 더 남쪽에 석가장(石家庄, 石門)=신성(新城)!

석문(石門 현 석가장)은 '신성'과 함께 적이 산맥을 넘어 고구리를 공격할 때 가장 먼저 맞닥뜨리는 치열한 싸움터다. 오른쪽으로 안평(安平)이 있다. 이곳에 또렷이 '동황성(東黃城)'이라 적혀 있다.

343년 고국원왕 때는 옛 환도성을 수복했다가, 다시 동쪽으로 수도를 옮긴다. 동황성(東黃城)으로.

9. 평원(平原)

산동 위 '평원 땅'을 차지한 왕이 고구리 '평원왕(平原王)'.
백제 충신 '흥수'가 감옥에서 의자왕(義慈王)에게 말한다. "평평한 곳에서는 절대 전쟁을 일으키지 마시고, 백강과 탄현에서 싸워야 합니다." 그 고구리 평원왕이 586년 천도한 장안성(長安城). 신성(新城, 옛 안동도호부) 근처 옛 안(安) 지역 성의 유일한 지역명 장안성(長安城)! ※ 1918년, 1943년 지도로 교차검증 완료!

10. 역사 밥도둑 떼

역사로 밥벌이한답시고 귀한 밥 축내면서 '장안(長安)'이 어딘지 답도 못하는 역사 교수와 강사 떼여. 그 잘난 한반도 역사해석(기껏해야 만주에서 해석)으로 '장안(長安)', '장안성(長安城)'이 어딨는지 알 수가 있겠는가? 스스로 찾지 못하고, 평생 남이 던져주는 것만 암기했으니 찾을 수가 없겠지.

1918년 지도, 1943년 지도 다 보여줬는데도, 보나, 마나 눈 감고 '모르쇠' 할 무뇌 헛똑똑 등신들이여,
우리가 모두 뒤에서 비웃을 테니 지금처럼 교과서 확정 편향(일종의 정신병) 해석만이 옳다고 하며 그대로 쭉 밀고 나가든가.

너희들이 '상식과 이성'의 정신줄을 잡으리라는 기대는 1도 없단다. 그저 너희 입에 들어가는 밥알이 아까울 뿐이다.

역사책들(한·중 정통사서)과 지역명들과 모든 다양한 증거들이 중국 동부 대륙이라고 우리에게 보여주고 있다. 바뀔 수 없는 역사해석의 기준점! 그 당시 도읍지가 쉽게 보이고, 전쟁터가 눈에 그려지는 그 위치들. 후대 유적과 유물, 역사책을 새로 만들어 이동시켰을지언정 원래 역사의 위치를 또렷이 알려주는 그 지역명들!

그런데, 아직도 눈뜬장님처럼 중국 동부 우리 선조들의 땅을 부정하며 피해의식과 자학 사관(스스로를 낮추는 해석)에 빠져
"그 땅은 우리 조상들과 아무 상관 없다."라는 무논리 저지능을 뽐내는 대다수의 우리 전공자 나으리들과 추종하는 개-돼지들.

땅의 이름들은 그 현장에서 일어났던 진실을 품고 있다.

[62] 발견된 고려 서경지도, 충격적 개경 위치

1. 동서로 긴 나라 고리(高麗)

고리 영토의 크기는 <고리사(高麗史)>, <송사(宋史),송나라기록>, 송나라 <고리도경> 등 각종 역사 기록 모두에서 동서 2천리, 남북 500리 등으로 가로영토가 더 긴 나라로 기록되어 있다.

<고리사> "고리가 남경(南京)으로 수도로 옮기면 36개 나라가 와서 조공을 바칠 것입니다."
고리는 조선보다 영토가 더 넓은 나라였다는 뜻.

2. 복건성 취안저우(泉州)에서 고리에 조공

취안저우(泉州)에서 고리에 조공한 기록이 나온다. 취안저우가 어디냐면 대만을 바라보는 중국 남동부의 해안 도시이다. 민월(閩越).

3. 서경(西京)은 고구리 평양!!

이건 <삼국사기(三國史)> 등 모든 기록에 나오는 공통된 내용이다. 문제는 그 '평양'이 어디냐는 건데.

4. [서경전도(西京全圖)]

고리 서경(西京) 지도가 있다. 이 지도로 지역을 교차검증해 보면 지금의 '북경' 지형과 형태가 모두 딱!! 이 지도에는 후에 덧칠한 그림 흔적도 보인다. 북한 평양에 꿰맞춰 주장하는 자들도 있다.

미술 정보 <u>조선시대 제작 추정</u>

서경전도 (西京全圖)
작가정보 작자 미상
기법   견본채색
크기   158.7 x 85.7cm

제작년도
소장기관 **고려대학교박물관**

5. 쿠데타 왕조는 이전 정권을 깎아내려 기록하기 마련

조선 초 100년간 이어진 고리(高麗) 역사 지우기.
쿠데타로 조선을 세우고 주원장이를 행님으로(황제국으로) 모셨으니, 이전 역사를 깔아뭉개고 지움으로써 새로운 명나라를 돋보이려 함이다.

이성계는 고리(高麗) 왕족의 대거 숙청을 주도했고, 친 고리(高麗) 일파들을 무참히 많이 죽였다. 언젠가 자신 목에 칼을 겨눌 소지가 다분한 사람들을 그냥 살려둘 수 없다. 대륙의 넓은 영토가 그에게 과연 무슨 의미가 있을까? 넓은 영토가 자신에겐 되레 독이 될 수도 있는데? 새로운 왕권의 보존, 유지를 위해 내가 다스릴 수 없다면, 그 골칫덩어리 북경을 다른 이에게 넘겨주고 자신은 자신들 정권의 안위만 보장받겠다는 심산에서 명나라에게 냅다 베이징이 있는 하북성의 주도권을 넘긴 것!

고리(高麗)는 무예(武)를 숭상하는 무반의 나라였고, 이성계는 고리의 동북 방향을 다스리던 대표했던 무장이었다. 그러나 이성계는 아이러니하게도 조선 건국 후 무반을 강등시키고, 명나라 따까리를 자처하며 학문(文)을 숭상하는 괴이한 꼴로 자신의 나라를 만들었다. 자신들도 언제나 지방의 반란, 쿠데타가 두려웠겠지.

6. 북경에 수없이 남아있는 고리 흔적

현재 북경에 사는 주민 인터뷰에서도
북경을 고리영(高麗營 군사진영)으로 부른다는 증언을 한다.

북경에서 하간(河間)에 걸쳐 고리성(高麗城), 고리장성(高麗長城), 고리장촌(高麗長村), 고리영(高麗營 군주둔지), 고리둔(高麗屯) 고리촌(高麗村), 고리산(高麗山), 고리수(高麗水), 고리정(高麗井), 고리문(高麗門), 고리동(高麗洞) 등등 수많은 고리 관련 지역명이 아직 그대로 남아있다. 이제는 누구나 인터넷으로 옛 역사서 원문을 볼 수 있는 시대이다. 한반도 고리 역사의 경우, 원서와 지명들이 일치하지 않는 상황.

7. 구글맵 + 현재 지역명 = 책보고의 [왜곡된 한국사 복원지도]

개경과 그 옆 흥국사, 송악, 서경에 있는 천수사, 구룡산, 만수산, 자비령, 벽파정, 보주-정주, 안문관(유일 지명), 내원성, 흥화-통주-구주-용주-철주-곽주 강동 6주 포함한 모든 고리 지역명이 몰려있다. 산해관 쪽으로 고리산(高麗山), 의주(義州)가 있고, 심양도 있다(심양왕).

산동반도에는 강화, 오련산, 견자산이 있다. 몽고리 침입 때 무신정권이 수도로 삼았던 곳은 인천 강화도가 아니라 산동성이었다.

고리 남경은 양주, 강도라 불렸고 양자강을 끼고 있는 도시이다. 고우, 양산, 화산, 고리 해인사. <고리사>에 나오는 지명들이다. 그리고 그렇게 조공해댔던 취안저우(泉州,천주)까지.

8. 중국 정사에서의 고리(高麗) 기록도 살펴보자

고리의 외교관이 송나라에 방문하면 명주(明州)와 월주(越州)에서는 사신을 접대하느라 비용이 많이 들어 굉장히 힘들다는 기록이 있다. 명주는 지금의 닝보(宁波)로 양자강 남쪽 항구도시다.

고리가 사신을 보낼 때는 등주(登州)와 래주(萊州)를 거치고, 절강성(浙江省)의 절수(浙江)도 건넌다.

고리는 동서 2천 리, 남북 500리로(동서 길이가 4배가 더 길며), 서북쪽엔 거란이 있고, 압록강을 국경으로 삼는데, 압록강의 너비가 3백 보다.(북한 압록강은 3백 보도 안 됨).

고리의 동남쪽엔 명주(明州, 닝보)가 바라보이는데, 고리의 왕은 개주(開州)에 살고 그 산의 이름은 숭산(嵩山)이라 한다. 현재 북경 우측에 숭산(嵩山)이라는 지역명이 그대로 있다.

고리의 평양을 '서경'이라 부르는데, 서경이 제일 번성하였다. 서경은 춥고 산이 많다. 고리 왕성에는 화인(화하족 사람)들이 많이 사는데, 장사 때문에 배를 타고 간 '민'지역 사람들(閩人) 고리는 그들에게 벼슬을 주어 강제로 머물게 한다.
※ 복건성에는 민월(閩越)이 많다

9. <고리도경> 송나라 사신이 고리 방문 후 그린 그림지도.

북쪽으로는 옛 거란과 접경하고, 동쪽으로는 금나라와 맞닿아 있다. 송나라 동북쪽에 개경이 위치하고, 산동반도 등주(登州), 래주

(萊州)에서 정확하게 마주 보는 위치에 있다.
명주(明州)의 푸른 물에서 북쪽으로 올라가면 개경이 있으며, 고리 영토는 동서 2천 리, 남북 1,500리(500로 혼기)로 가로영토가 더 길다.

옛날에는 거란과 경계했는데, 거란의 침입을 받게 되자 고리는 내원성(來遠城, 태행산맥)을 쌓아 방어했고, 압록강을 의지하여 요새로 삼았다.

흑수(태행산맥)에서 발원하는 압록강은 태행산맥, 요(遼)와는 5백 리가 떨어져 있는데, 국내성(북경)을 거치면서 서남쪽으로 안평(安平)성에 이르러 강이 합쳐져서 물(海)로 들어간다.

10. 역사의 진실을 밝힐 주체는 오직 민중 뿐!

<고리사>, <송사>, <고리도경> 한·중 역사서 모든 기록과 일치하는 개경과 서경, 그리고 <삼국사기>가 알려주는 고구리-백제-신라의 위치, 옛 마한-변한-진한의 무대를 통일한 고리(高麗) 왕건, 북경에 자리 잡았던 삼국과 고리를 증명해주는 <고리사>

눈 가리고, 귀 가리는 한반도와 만주 내의 고리(高麗) 해석.
역사의 권력을 쟁탈하기 수십 년 전부터 세력을 형성해온 재야라는 이름의 마이너 종교, 마이너 학교로부터 뭉친 몇몇 한국사 전공자들. 민족사학을 자청하는 이런 재야사학 역사꾼들의 되지도 않는 역사 해석에도 속으면 안 된다.
이런 놈들 말 그만 듣고, 위치를 스스로 찾고 비교하며 상식적인 역사에 눈을 떠야 한다. 모르니 매번 유사한 자들에게 속는다.

11. 맺으며

기록 원문과 유물과 지명, 하나도 맞아떨어지는 게 없는 교과서를 우리 아이들에게도 가르친다. 스스로 자학하고 축소하는 무의식을 심어준 일본의 만행.
대대로 대륙 동쪽과 한반도는 우리 선조들의 땅이었다.
기록과 유물과 현장 이름들이 모두 완벽하게 말해 주는데 뭘 망설이랴? 주변국들에 기죽지 말고 당차게 맞대응할 때이다.

[63] 부여(夫餘, 扶餘) 왕성 ? 러시아에서 발견

1. 7C 부리(夫餘·夫余) 왕성(Por-Bazhyn 2017년) 발견?

한반도보다 더 큰 호수 바이칼호 근처에서 거대 성곽이 최근 발견됐다. 해수면이 낮아지면서 고대 성곽 터가 모습을 드러낸 거다.

유물로 기왓장도 나오고, 제기(제사용 그릇이나 도구)도 나왔다. 고대 성곽은 예외 없이 사방을 둘러 방어용 해자(垓子)가 있는데, 해자를 동서남북으로 두른 그 모습 그대로 발굴된 거다.

고대에 모든 사람은 치수가 좋은 곳에 모였고, 모든 사람이 모이는 곳에 성을 쌓고 집권 세력이 바뀌면, 그 성을 또 증축해서 또 쓰곤 한다. 부리의 성이었다가, 위구르가 강성해지면 그들의 성이 되었다가 하는 거다.

2. 살기 좋은 바이칼 호수는 말을 타는 기마 민족들의 고향.

근처의 기마 민족 분포도에는
'투바', '부리야트', '에벤키', '코리야크' 등이 보인다.

바이칼호를 끼고 투바족과 부리야트족이 있다.
이번에 왕궁이 발견된 것은 투바족 지역이다.
① 부리=부여(夫餘·夫余)에서 북부리, 동부리-고구리-남부리(백제 마지막 국가 이름)로 쭉 이어지며, 지금도 부리야트족을 통해 명맥이 이어지고 있다.

② 예벤키족은 '예맥(濊貊)'을 떠올리게 한다.
③ 고리야크족도 '고리 민족'으로 고구리-고리(高句麗-高麗)가 어디까지 뻗어나갔는지 보여준다.

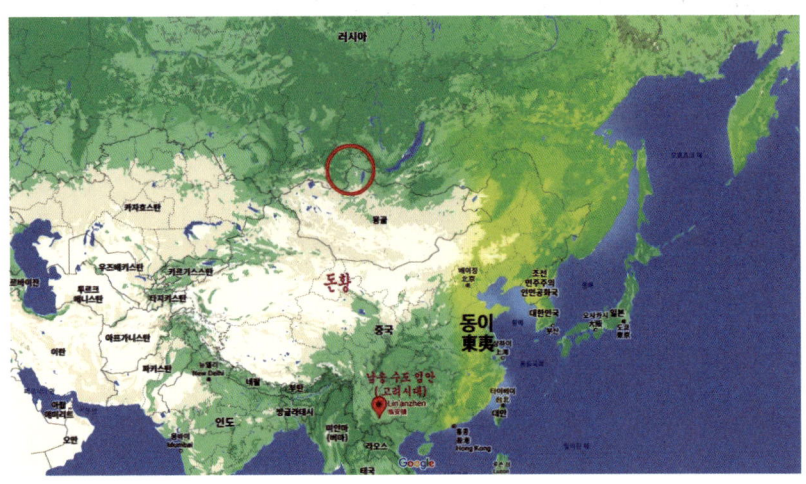

3. 허구의 나라 내륙소국 당나라

'위키피디아'에서는 8세기의 성(城)으로 당나라 건축양식을 보여준다고 설명한다. 과연 그럴까?

당나라는 그때 안록산(安祿山)의 난리(755~763년)로 당나라 현종이 사천성 성도(成都)로 내빼 숨어 들어갔을 때였다.
당나라는 호연(胡燕, 북방 민족)한테 깨지고, 이어 토번(티벳)에 의해 장안이 불바다가 되고, 곧이어 또 위구르에 박살났다.
※ 안(安)=태행산맥 우측 살기 편한 땅
　록(祿)=청하(綠 황하 지류)
　호(胡)=북방 민족
　연(燕)=태행산맥 좌측 산서성의 태원(太原) 쪽

위구르 민족은 당나라 장안, 낙양 등 거대도시를 공격하여 사람들을 살육했으며, 당태종 이세민의 후손과 황후로 칭해지는 자들을 모조리 초원으로 끌고 갔다. 하하.

기마 민족들의 이동 경로를 보면 '당나라'가 얼마나 허구의 나라인지 쉽게 알 수 있다. <삼국사기>에 보면 대부분 고구리-백제-신라 삼국이 대부분 서로 전투를 했고, 당나라의 전투 기록은 얼마 없다. 용병으로 일부 쓰임만 있을 뿐이다. 늘 안록, 토번, 위구르, 이정기, 황소에게 박살이 나던 나라였다. 당나라를 이은 송나라도 마찬가지로, 북송, 남송 모두 내내 침략만 받던 내륙소국이다.

신라-백제가 있었던 곳, 삼국과 고리가 태동한 곳,
모두 중국 땅의 동쪽. 이 지역이 우리 선조들의 고토다.
<중국백과사전>에도 산동과 강소성이 우리 동이(東夷) 민족의 땅이라 적고 있다. 이 위치를 악착같이 부정하는 사람들이 있다. 한반도에서만 동이를 찾는 사람들, 이제 와서는 우리 민족은 동이가 아니라고 한다. 너네는 사전도 안 찾아보니?

왜 2017년에 중국 공산당은 충청도, 전라도 백제를 중국 역사로 편입했다. 물론 그들의 사악함, 뻔뻔함을 욕할 수 있겠지만, 우리가 하도~~ 멍청하니까 그런 거다.

4. 모르면, 갖고 있는 것마저 뺏기는 법

중화인민공화국(중공)은 고구리를 자기네 지방정권이라 주장한 지 오래인데, 2017년 전라도-충청도 백제 역사마저 자기네 역사로 편입시켰다. 중공은 왜 이럴까? 또 왜 일본은 끊임없이 한반도 남부를 자기네 역사라 주장할까? 그리고 한국의 국립중앙박물관 등 한국 역사 기관과 학계는 왜 이런 주장에 침묵, 조력하고 있을까?

만약 현재 망해서 가족들 모두가 지하실에 살고 있는 것이 부끄러우니 옛날에 할아버지가 건물주고 부자였다는 사실을 숨기려고 "우리 집안은 대대로 지금처럼 지하실에서만 살았단다." 이렇게 자식들에게 가르친다면 그게 과연 옳은가? 야망의 미래가 펼쳐지나?

외부에서 들어온 중공이랑 일본이 "너희는 너희 집 역사를 모르니, 그 지하실마저 뺏겠다."라며 충청-전라-한반도 남부, 그리고 북쪽에는 북한 평양까지 만리장성을 쭈~욱 늘여 그려 넣어서 본인들의 역사책엔 자기들 땅이라고 다 정립을 시켜놓은 상태다.

영토 등기부 등본을 거짓으로 다 조작한 상태라고.. 알겠니?

그들은 우리더러 "너흰 이 건물과 아무 상관이 없다." 말하며 이제는 우리를 쫓아내기 일보 직전이다.
실제 우리 조상들은 중국 동부와 한반도까지 모두 다스렸던 동부 대륙의 지배자다. 과거 인식이 없기에 돈과 그 알량한 작은 권력에 눈이 멀어, 다툼 하나 없이 중국 공산당과 일본 극우에게 다 퍼다 주고 있다. 우리 민족은 이대로 가다간 몇백 년 후 소멸하고 지구상 존재하지 않았던 민족으로 기록될 것이다.

고구리-백제-신라-고리.
지금과 같은 역사 인식으로는 머지않은 미래에 한국은 사라진다.

정치에 관심을 갖고 행동하는 분들은 이제, 왜곡된 한국 고대, 중세사에도 눈을 돌려 바로잡는 운동에 동참해야 한다.

어제의 정치를 우리는 역사라 부른다. 오늘 벌어지는 정치 현상도 내일 어느 순간에는 '역사'로 다루어 지게 된다. 역사와 정치 모두 내일을 위해 반드시 제대로 알아야 하고, 참여해야 하는 법.

국민의 대표들인 정치인들이 올바른 민족적 역사의식을 가지고 행동할 때 대한민국은 비로소 바로 선다.

[64] 우리가 모르던 신라(新羅)

① 황금(黃金)의 나라 : 애완견 목걸이까지 황금이던 나라
② 비단(錦)의 나라
③ 자석(磁石)의 나라 : 신.라침반(羅針盤)을 만들어낸 나라,
　　　　　　　　　　당나라가 자석을 구걸 하던 나라
④ 나전칠기의 나라 : 강가의 조개, 소라 등 껍질이 넘친 나전칠기
⑤ 화산의 나라 : 동쪽 토함산 폭발한 나라
⑥ 구리가 넘치는 나라
⑦ 논밭이 매우 비옥한 나라 : 당나라 군대에 쌀을 지원한 나라
⑧ 면(綿:목화)의 나라 : 당나라 군대에 수년간 옷을 지원한 나라
⑨ 물소의 나라 : 물소 뿔로 만든 쇠뇌(弩), 각궁이 넘친 나라
⑩ 원숭이가 떼 지어 울던 나라 : 이차돈의 순교와 원숭이 성(城)
⑪ 노새는 없고 말이 풍부한 나라
⑫ 왕궁의 나라 : 금성(金城), 월성(月城), 만월성(滿月城), 명활성(明活城), 남산성(南山城) 등 왕궁이 많은 드넓은 나라.
56개 신라의 왕릉이 있어야 하고, 귀족 무덤들까지 넘쳐나는 곳
⑬ 낙타가 자라는 데 적합한 나라

　　　　　　<삼국사기>, <당서>, <왕국 도로의 총람>, <제번지>에
　　　　　　　　　　　　　　　　　　　　　　　기록된 신라

[65] <고려사> 원문 해석 강해

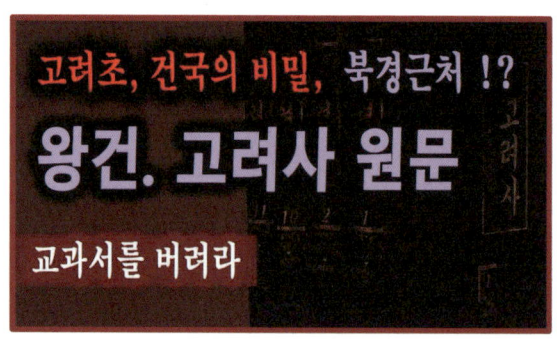

1. 역사계가 깔보는 <고리사(高麗史)>, <삼국사기(三國史)>

<고리사(高麗史)>는 조선시대에 쓰인 원본이 완질로 모두 남아 있는데도 2021년에 와서야 가까스로 보물 지정이 됐다.
'국보'도 아니고, 그 아래 등급인 '보물'로..
이는 한국 역사계가 우리 스스로의 역사를 얼마나 형편없게 다루는지 알 수 있는 대목이다.

고리 건국 전까지 천년의 역사가 담긴 전무후무한 우리의 역사서 <삼국사기>는 2018년에서야 가까스로 국보 지정됐다.

친일 역사를 답습하는 한국 역사계는 "<삼국사기(三國史)>의 기록은 믿기 어렵다. <고리사(高麗史)>는 연구할 가치도 없거니와, 어차피 연구도 이미 다 끝났다."라면서 거짓 호도한다.

<삼국사기> 수백 개의 역사 지역 이름들은 한국에서는 없지만 중국 땅 동부에서 찾을 수 있다. 한반도에서는 도저히 역사 해석이 성립이 안 되니, 그들은 <삼국사기> 초기 기록을 못 믿겠다느니 하는 '초기 불신론'을 들고나왔다. 중국 땅을 안 쳐다보니 해석이 될 리가 있나?

2. 사라진 고리 초기 기록

918년에 고리가 건국하지만, 일식 기록은 1015년부터 기록된다.

3. 해(海)를 건너 패강(浿江)

옛날에 조그마한 물도 '해(海)'라 했다.
지금의 '바다' 개념이 아니다.
'하(河)'라 하면 대개 황하(黃河)를 일컫는다.
'강(江)'이라 하면 대개 양자강(楊, 揚子江=장강)을 일컫는다.
河(황하)로 흘러들어오는 물길과 여러 물을 '해(海)'로 기록했다.

<고리사> "당나라 숙종이 즉위 전, 천하 산천을 유랑하다가, 해(海)를 건너서 패강 서쪽 나루터에 다다랐다."라는 글이 있다.

패강(패수), 황하, 하북성 지류 중 동쪽으로 흐르는 조개가 많은 지류를 '패강(패수)'라 했다.

4. 작제건(作帝建, 당나라 숙종의 아들?), 용건, 왕건.

당나라 숙종은 '보육'이라는 사람 집에 머무르다가 한 달 만에 보육의 딸과 결혼해서 아이를 얻는다. 아이 이름이 '작제건'이다. 한 노인이 "제건씨, 서쪽 당나라로 가서 아빠인 천자(황제)를 만나실래? 아님 동쪽으로 가서 엄마를 모실래?" 물었더니 "나의 꿈은 동방의 왕이 되는 거요." 라고 답했다. 노인은 "그러려면 '건(建)'자 붙은 이름으로 자손까지 3대를 거치면 그때 되리다."고 말해줬다.
작제건(作帝建) 이름의 뜻은 황제를 만드는 건(建)이다.
작제건은 물(海)을 타고 동쪽(산동성 등주) 방향으로 가서 해안에 다다랐다. 백주정조 류상희(白州正朝, 劉相晞) 등이 이 소식을 듣고 강화(江華), 교동(喬洞), 하음(河陰) 3개 현 사람들을 데리고 와서 그를 위해 영안성(永安城)을 쌓아주었다.

작제건 아들 용건(龍建)=왕건의 아빠. 송악산 옛집에 살다가 그 남쪽에 새집을 지었는데, 연경궁 터이다. "백두산 줄기로부터 내려온 명당이니 내년에 슬기로운 아들을 얻을 것이며, 이름을 '왕건'이라 하라."는 '도선' 스님의 말을 듣고 그대로 따랐다. 도선은 송악(소나무마을) 남쪽 집을 보고 "기장을 심을 밭에 삼을 심었다."라 했다. '기장'과 '왕'이 조선말로 비슷하기에 '왕' 씨를 성으로 삼았다. 왕건의 아빠와 아들 왕건은 궁예를 섬겼다. 887년 용건이 금성에서 죽으니, 영안성 강변 석굴에 장사지냈다.

5. 고리(高麗) 황주량의 '7대 실록'

태조 왕건부터 7대까지 7명의 고리 황제 100년 기록 '7대 실록'을 고리 현종 때 역사학자 황주량이 다시 썼다. 조선시대에 <고리사>를 쓴 학자들은 초기 100년은 황주량의 '7대 실록'을 보고 썼는데, 그 이후의 내용과는 확연하게 차이가 난다. 앞에서는 '청주(青州)'라는 지역명이 엄청 많이 나오는데, 물수, 삼수변(氵) 없는 '청(青)' 사용하는 지역명은 오직 딱 한군데 존재한다. 산동성 '청주(青州)'다. 한국 충청도의 '청주'는 물(氵)이 붙은 '清'으로 다르다. 산동성이 신라와 발해, 고리의 땅이었다는 증거다.

6. 나주(羅州), 해군 대장군 왕건

왕건(王建)은 해군, 수군을 거느리고 서쪽 물(서해)로부터 광주(光州)까지 와서 금성(錦城)을 함락시킨 다음 나주(羅州)로 이름을 고치고 군사를 두었다. 광주, 금성, 나주가 있고, 양주(楊州)가 있다. 왕건이 변방을 안정시키고 국경을 개척하니, 궁예가 '알찬(아찬)' 벼슬을 주었다.

궁예는 왕건에게 명령해 상주를 공격케 하니, 왕건은 상주에서 후백제 견훤과 여러 번 싸워서 이겼다. 영토가 넓어지자 궁예는 왕건에게 나주로 가서 지키라 명령하며 '해군 대장군'으로 임명했다. 왕건의 해군은 오월국으로 외교 사신을 보내는 견훤의 배를 광주(光州) 부근에서 포획했다. 당시는 무동력선으로 바람에 돛을 조종했는데, 현재 서해에서 포획했을 리는 만무하다. 전투에서 패배한 견훤은 작은 배를 타고 도망갔다. 한반도의 나주에 후백제가 불 화살을 날리며 해군으로 전투하며 자리를 잡았다면 말이 될까? 궁예는 신라(통일신라=남북국시대) 영토의 절반 이상을 차지하게 됐다. 왕건은 다시 전함을 수리하고 군량을 준비해서 나주에 주둔했다. '청주(青州)'로 가서 전함 70척을 수리했다. 이후 100여 척을 건조하였는데, 그중 큰 배 10여 척은 사방이 16보이고 배 위에 다락을 세웠고 갑판에서는 말들이 달릴 수 있을 정도로 배가 컸다. 군사 3천 명을 태워 나주로 이동하여 전투한다.

7. 왕건 vs 후백제 견훤

918년 당나라 상인 '왕창근'이 왕건을 보고 "왕이 될 기상이 있네

요. 계림을 점령하고 압록(오리가 많이 사는 곳)까지 차지할 것입니다." 라고 예언했다.

919년 오월국 문사들이 고리(高麗) 왕건에게 귀순했다. 오월국이 어디길래 귀순을 하나? 망망대해인 서해를 무동력선을 타고 건너와서 귀순하리?? 흑수말갈 추장들도 연이어 귀순했다. 말갈이 어딘데 귀순을 하겠나?? 말을 타는 자들이?? 925년 발해 장군과 관료들도 줄지어 귀순한다. 왕건은 3백 년 전 663년 백제 부흥군 중심지였던 임존성(임성)을 함락한다. 임성은 현재 산동성에 있다.

후백제 견훤은 신라에 쳐들어가 55대 신라 경애왕을 죽이고, 이어진 공산(公山, 팔공산) 전투에서 왕건 군을 대패시킨다.
929년 후백제 견훤이 신라의 가은현을 포위한다.
930년 후백제 견훤은 고창군 병산(瓶山)에, 왕건은 석산(石山)에 진영을 꾸려 5백 보를 사이에 두고 주둔한 뒤, 드디어 제대로 붙었다. 이 전투에서 견훤은 대패했다. 이후 모두가 왕건에게 복속해 온다. 왕건은 청주(靑州, 산동성)를 찾아갔고, 우릉도(芋陵島)에서도 토산물을 보내며 항복해 왔다.
932년에 후백제 견훤은 절치부심하여 다시 수군을 거느리고 예성강으로 침략해 왔다. 계속 수군으로 공격한다. 한반도라면 수군으로 싸울 필요가 없다. 말을 타고 도보로 움직이겠지.
양자강 북쪽의 '회수(淮水)'마저 기록에 나타난다.
935년 금산사에 견훤은 갇히게 된다. 왕건이 양주(楊州)를 식읍으로 주었다. 태조 왕건은 서경으로 가서 황주와 해주를 두루 순찰하였다.

8. '신라'를 편입하고, '경주(慶州)' 지명 탄생

'신라'라는 나라는 없애고 마지막 신라왕 김부(경순왕)에게 땅을 떼어주어 '경주(慶州)'라 부르며 식읍으로 던져 주었다.

왕건의 고리(高麗)군이 후백제를 추격해서 황산 근처에 이르렀다.
신검은 청주(산동성), 광주 관료들을 데리고 와서 항복했다.
견훤은 아들들이 반란을 저지른 데 대해 화병이 나서 황산(黃山) 절간에서 죽었다.

9. 고리(高麗)의 땅

<고리사>에 "왕건이 마한, 진한, 변한의 3한을 다 평정했다."고 기록하고 있다. 옛 고구리 땅까지 평정했다는 뜻. 그렇기에 고구리의 후예 자리를 놓고 '거란 vs 고리'는 건국부터 전투를 벌여댔다.

주변국이 고리(高麗)에게 조공을 바쳤다는 <고리사> 기록.
서여진, 동여진, 우산국, 송나라가 조공을 한다.
취안저우(泉州, 대만 앞 중국동남부)가 조공을 한다.
오월국도 그렇게 조서를 많이 보낸다. 오(吳)나라, 월(越)나라가 아닌, 합쳐진 나라다. 오월국(吳越國)!
오월국은 현재 양자강 무한(武漢) 좌측의 작은 나라.

10. 태행산맥의 관문, 안문관(鴈門關)까지가 고리 땅

요나라(거란) 소손녕-고리 서희 담판 때,
서희가 "여진족의 침입을 막아야 한다. 여기서 요나라-고리 경계를 딱 나누고, 각자 성들을 쌓도록 하자."며 고리 '하공진'을 압록(하북성)구당사로 삼아 안문관(태행산맥)에 파견하여 성들을 쌓는 것을 낮에는 감시하고, 밤에는 성안에 들어가 자면서 그곳을 지켰다. 거기까지 요나라와 고리가 합의한 고리 서북쪽 땅, 안문관!

14. 개경(開京)·서경(西京)·남경(南京)의 3개의 수도

고리는 왕성이 3개로, 개경에 황제가 있고, 서경과 남경을 두었다.

<고리사> "송악을 중간 수도(開京 개경)로, 남경(南京)을 두고 옛날 고구리의 평양(현재 북경)은 서쪽 수도(西京)로 하여, 4개월은 개경(開京)에서 지내고, 4개월은 남경(南京)에서 지내고, 4개월은 서경(西京)에서 지낸다면 주변 36개 나라에서 방문하며 조공할 것이니, 남경(南京)으로 수도를 옮겨주시옵소서. 폐하~~"

하지만 우리 역사 교과서에서는 고리 남경(南京)은 '서울'로,
서경(西京)은 북한 '평양'으로,
개경(開京)은 '개성'으로 해석한다.

방위도 안 맞는 삽질 코미디 그만! 웃을 뻔했잖아.

[66] 견훤의 후백제(後百濟 892~936년)

1. 상주(尙州) 가은현 사람. 견훤(甄萱 867~936년)

<삼국사기(三國史)> 견훤은 상주(尙州) 가은현(加恩縣) 사람으로, 경문왕 7년에 태어났다. 본래의 성은 이(李)씨였는데 뒤에 견(甄)으로 성(氏)을 삼았다. 아버지 아자개(阿慈个)는 농사지어 생활했는데 정강왕(886~887년) 연간에 사불성(沙弗城) 지금의 상주(尙州)에 웅거하여 스스로 장군이라고 일컬었다. 아들이 4명이었는데 모두 세상에 이름이 알려졌다. 그중에 견훤은 남보다 뛰어나고 지략이 많았다.
상주 가은현(加恩縣)은 구글맵으로 중국 땅에서 실시간으로 찾을 수 있다. 한국 사학계는 '어딘지 모르겠다.'라고 한 곳이다. 엉뚱하게 아무것도 없는 한반도에서만 찾으니, 모르는 지역이 천지다.

2. 견훤이 후백제를 세우다 (892년)

신라의 정치(政事)가 쇠퇴하여 도적 떼가 여기저기 일어났다.
견훤이 반란을 일으켜 892년(진성여왕 6년) 완산(完山)을 중심으로 후백제(後百濟)를 세우니, 무주(武州) 동남쪽의 군현들이 그에 투항하여 복속하였다. 궁예(弓裔)는 898년(신라 효공왕 2년), 송악군(松岳郡)에 도읍하고 901년(효공왕 5년) 나라 이름을 고리(高麗)라 하였다.
※ 백제에 '후(後)'를 붙여 후백제, 후고구리라 부른 것은 후대에 후손들이 구별하기 위해 편의상 붙인 것이다.

3. 견훤의 금성 남쪽 마을 약탈 (901년 8월)

901년(효공왕 5년) 후백제 견훤이 신라 대야성(大耶城)을 공격하였으나 함락시키지 못하자, 군사를 금성(錦城, 나주) 남쪽으로 옮겨 그 주변 마을을 약탈하고 돌아갔다.

4. 궁예의 금성(錦城, 나주) 함락

903년 궁예는 해군, 수군을 거느리고 서해(西海)부터 광주(光州) 경계까지 금성군(錦城郡, 나주)을 공격하여 함락시키고 10여 군현(郡縣)을 공격하여 차지하였다. 금성(錦城)을 고쳐 나주(羅州)라 하고 군사를 나누어서 지키게 한 뒤 돌아왔다. 이 해에 왕건이 변방을 안정시키고 경계를 넓힐 전략을 보고하자, 궁예가 이를 기특하게 여겨 품계를 올려 알찬(閼粲=아칸=알칸)으로 삼았다. 905년, 철원(鐵圓)으로 환도했다.

5. 왕건, 후백제의 견훤 수군 물리침

906년 궁예가 왕건에게 3천 명의 군사를 주며 상주(尙州)의 사화진(沙火鎭)을 공격하게 하니, 왕건은 견훤과 여러 번 싸워 이겼다. 궁예는 땅이 더욱 넓어지고 군대가 점차 강해지자 신라를 삼키려는 뜻을 가지게 되어, 신라를 멸도(滅都, 없애버려야 할 도시)라 부르면서 신라에서 망명해 온 자들은 모두 베어 죽였다.

6. 왕건, 해군, 수군을 지휘해 진도(珍島) 함락

909년 궁예가 날로 교만하고 포악해졌다. 나주(羅州)의 상황을 근심하여 드디어 왕건에게 가서 지키도록 명령하고, 품계를 올려 한찬 해군대장군(韓粲 海軍大將軍)으로 삼았다. 왕건 해군대장군!

왕건이 수군을 거느리고 광주(光州)의 염해현(鹽海縣)에 머물다가 후백제 견훤이 몰래 오월(吳越)에 외교 사신을 보내는 배를 사로잡아서 돌아오니, 궁예는 매우 기뻐하여 후하게 포상하였다.

궁예는 왕건에게 정주(貞州)에서 전함을 수리하고 알찬(閼粲) '종희(宗希)'와 '김언(金言)' 등을 지휘하여 군사 2,500명을 이끌고 광주(光州)의 진도군(珍島郡)을 공격하게 하였다. 진도를 함락하고 나아가서 고이도(皐夷島)에 머무니, 성 사람들이 왕건 군대의 위용을 보고 싸우지 않고 항복하였다.

7. 왕건, 나주에서 후백제 견훤 수군 격파

왕건이 나주(羅州)의 입구에 이르니, 후백제 견훤은 직접 군사를 거느리고 전함을 배치하였는데, 목포(木浦)부터 덕진포(德眞浦)까지 머리와 꼬리가 서로 잇닿았고 수륙 종횡으로 얽혀 있어서 그 군대의 위세가 대단하였다. 여러 장수가 근심하자 왕건이 말하기를, "걱정하지 말라. 군대가 이기는 것은 단결에 있지, 수가 많은 데 있지 않다."라고 하였다. 이에 진군하여 빠르게 공격하자 후백제의 함선이 조금 물러났다. 바람을 이용하여 불을 지르니, 불에 타고 물에 빠져 죽은 자가 절반이 넘었으며 500여 명의 머리를 베고 죽이자, 후백제 견훤은 잽싸게 작은 배를 타고 나주에서 도망갔다.

왕건이 나주(羅州)를 처음 손에 넣었을 때는 나주의 여러 마을이 거리가 먼 곳에 있던 지역 세력이라 왕건에게 지원해주지 않으리라 의심과 걱정을 했으나, 이때 후백제 견훤의 정예군이 패배하여 도망가자 사람들의 마음은 왕건 쪽으로 기울여졌다. 이에 따라 궁예(弓裔)는 삼한(三韓)의 땅을 절반 넘게 차지하였다.

왕건이 다시 수군 전함을 수리하고 군량을 준비하여 나주에 주둔하며 수비를 하려 했다. '김언(金言)' 등이 전투의 공적이 큰데 정부의 포상 없음에 불만을 늘어놓자, 왕건은 "지금 궁예는 포학하여 죄 없는 사람을 많이 죽이고, 참소와 아첨을 일삼는 무리가 주변에 많아 물들고 있다. 이 때문에 중앙 부처와 연관이 되면 위험하다. 이렇게 변방에서 후백제 정벌에 참여하여 힘을 다해 국가를 위하는 것이 좋다. 이렇게 몸을 사리자."라며 타일렀다.

8. 후백제 견훤이 나주성(羅州城)에서 후퇴 (910년)

후백제 견훤이 몸소 보병과 기마병 3,000명으로 나주성(羅州城)을 에워싸고 열흘이 지나도록 포위를 풀지 않았다. 궁예는 해군 지원병을 보내어 이를 습격하니, 후백제 견훤은 군사를 데리고 후퇴했다.

9. 궁예를 쫓아내고 황제가 된 왕건

918년 기마 장수 '홍유(洪儒), 배현경(裵玄慶), 신숭겸(申崇謙), 복지겸(卜智謙)' 등은 몰래 왕건의 집으로 찾아가 새로운 왕으로 왕건을 추대할 뜻을 밝혔다. 주저하는 왕건에게 부인 유씨(夫人柳氏)가 직접 갑옷을 들고 와서 입혀주었다. "이제는 의로운 깃발을 들었다!"라고 말하니, 이 소식에 왕건에게 달려와 붙는 자가 셀 수 없을 정도로 많았고, 미리 궁궐 문에서 소리 지르며 기다리는 자도 10,000명이 넘었다. 궁예는 수수한 옷으로 갈아입고 북쪽 문으로 빠져나와 도망쳤는데, 산골짜기에 숨어 이틀 밤을 묵다가 배가 고프다고 보리 이삭을 몰래 잘라 먹었다가, 부양(斧壤)의 백성에게 화를 입었다.

※ 훗날 왕건은 부인 유씨(夫人柳氏)를 하동(河東)군 부인으로 책봉한다. 황하(黃河)의 동쪽(東)을 '하동(河東)'이라 한다.
현재의 한국사로는 해석할 수 없다.

10. 후백제 견훤이 신라 경애왕을 죽이고, 경순왕을 세우다

925년(경애왕 2년), 후백제 견훤이 조카 '진호(眞虎)'를 고리에 인질로 보냈는데, 신라 경애왕이 "후백제 견훤은 언행을 이랬다저랬다 매번 바꾸며 거짓말을 많이 하니 가깝게 지내면 안 되오."라 말하니 왕건이 그러하겠다고 결심했다.

927년(경애왕 4년), 가을 9월 후백제 견훤이 고울부(高鬱府)의 신라군을 습격하였다. 신라 경애왕이 왕건에게 구원을 요청했다. 하지만 구원병이 닿기 전인 겨울 11월 후백제 견훤이 급작스레 신라 수도에 침입하였다. 신라 경애왕은 비빈, 종실 친척들과 포석정(鮑石亭)에서 잔치하느라 후백제의 적군이 도착하는 것도 몰랐다. 어찌해야 할 바를 몰라 왕과 왕비는 달아나 뒤쪽 궁궐로 들어가고, 종실 친척, 공경대부와 부인들은 사방으로 흩어져 달아나 숨었다. 적에게 사로잡힌 자들은 누구나 모두 놀라고 두려워하며 땅을 기면서 노예가 되기를 구걸하였으나 죽음을 면하지 못하였다. 신라 경애왕의 친척 동생을 권지국사(權知國事)로 내세우니, 그가 신라 마지막 경순왕(敬順王)이다.

11. 왕건이 고창(高昌)에서 견훤을 크게 이기다 (930년 1월)

930년(신라 경순왕 4년) 왕건은 후백제 견훤과 고창군(古昌郡) 병산(甁山) 밑에서 싸웠는데, 크게 이겼다. 죽이고 포로로 잡은 자가 매우 많았다. 영안(永安), 하곡(河曲), 직명(直明), 송생(松生) 등 30여 마을이 왕건에게 차례로 항복했다. 왕건은 청주(靑州, 산동성)를 찾아갔고, 우릉도에서는 토산물을 보내며 항복해 왔다.

12. 견훤이 고리에 망명하다 (935년 6월)

견훤의 첫째 아들 '신검'의 쿠데타로 견훤은 금산사(金山寺)에 갇혔다. 갇힌 지 3달 만에 금성(錦城, 나주)으로 달아나 왕건을 만나기 요청하였다. 왕건은 양주(楊州) 땅을 주며 식읍(食邑)으로 삼도록 하고 아울러 금과 비단, 병풍과 금침, 노비 각각 40명, 말 10필을 주었다. 견훤은 이후 화병으로 등창이 나서 수일 만에 황산(黃山)의 절에서 죽었다.
후백제는 892년에 나라를 일으켜 45년 만에 멸망하였다.

※ <고리사(高麗史)>의 왕건과 견훤의 해군 전투 기록을 보았다. 서로 100척 넘는 배들을 띄우고 치열한 해상전을 벌인 곳은
과연 한반도 전라도 나주 영산강인가?
아니면 중국 해상 교통의 중심지, 양자강의 나주인가?
그대의 상식과 이성은 어느 쪽을 바라보는가?

[67] 천산(泉山), 대택(大澤), 천성(泉城). 어디 ?

1. 천산(泉山)

<삼국사기(三國史)> 602년(백제 무왕 3년) 백제군이 신라의 아막산성을 둘러쌓자, 신라 진평왕이 정예 기마병 수천 명을 보내 백제를 막았다. 이어 신라가 소타, 와석, 천산(泉山), 옹잠 등 4개의 성을 쌓았고, 백제 무왕이 좌평 '해수'에게 4만 군사를 거느리고 4개 성을 공격하게 했다.
신라장군 '건품'과 '무은'이 막아 싸우며, 백제 '해수'는 전세가 불리해지자 군사를 이끌고 천산(泉山) 서쪽 대택(大野澤,대야택) 가운데로 물러나 군사를 숨겨놓고 기다렸다. 신라가 기세를 타고 군사 1천 명을 거느리고 대택(大澤)에 도착했을 때 백제 매복군은 공격을 퍼부었다. '무은'은 말에서 떨어지고 군사들은 놀라 어찌할 바를 몰랐다. 무은의 아들 '귀산'이 "싸움터에서는 물러남이 없어야 한다고 배웠습니다."며 소장 '추항'과 함께 창을 휘두르며 힘껏 백제와 싸우다가 죽었다. 이를 본 나머지 군사들이 힘내 싸우니 백제군은 완패했고, 백제 '해수'는 겨우 죽음을 면하며 말 한 마리만 끌고 돌아왔다.

더 자세한 기록을 보면 백제가 불리하여지자 천산(泉山) 서쪽 대택(大澤)으로 물러가 군대를 숨기고 신라군을 기다렸다. 군대 제일 뒤에 있던 신라 지휘관 '무은'이 갑자기 튀어나온 백제군 복병의 갈고리에 걸려 말에서 떨어졌다. 이때 아들 '귀산'이 임전무퇴를 외치며 '추항'과 함께 창을 휘두르며 적진에 뛰어들었다. '귀산'의 용기에 신라군은 사기가 올라 크게 이겼다. 백제군 시체가 들판에 가득했고, 한 필의 말, 한 대의 수레도 돌아간 것이 없었다.

용감히 싸웠던 신라 '귀산'은 온몸에 칼을 맞고 죽었다.
※ 국사편찬위원회 설명에는 "천산(泉山)이 어딘지 모른다."라고 적어놨다.

※ 한반도를 백제의 본토로, 홍산문화 근처만 우리 역사로 해석하는 역사꾼들아. 무식한 헛똑똑이 역사 교수, 학자, 강사들아.
정확한 장소를 모른다고만 하지 말고 구글맵 좀 찾아보고 그래라. 구글맵 나온 지가 20년이 넘었는데, 어쩜 그리 게으르고 뻔뻔하냐? 천산(泉山)과 그 서쪽 대택(大野澤), 쉽게 모두 찾아지잖아!

2. 천성(泉城)

<삼국사기> 668년 고구리 패망 후, 대제국 신라는 항복한 고구리 왕족 '안승'과 함께 신라-고구리 연합군을 이루어 용병국인 내륙소국 당나라와 전쟁을 벌인다. 신-당 전쟁(나당전쟁)이다.
675년 당나라 '설인귀'가 천성(泉城)을 공격해 왔다. 신라 장군 '문훈'이 맞서 싸워 이겼는데, 당나라 군사 1,400명의 목을 베고, 당나라 배 40척을 빼앗았다. 당나라 '설인귀'가 신라의 포위망을 뚫고 도망갔고, 전투 말 1,000필을 얻었다.

천성(泉城)은 안북하(安北河)에 있다고 하는데, '안(安)'은 '황하 위쪽'을 뜻하며, 구글맵으로 황하 유역에서 삼국시대 지명 그대로 지금도 확인할 수 있다.

239

[68] <부도지> 요약

신라의 충신으로
나물 이사금(356~402년) 때부터 눌지 마립간(402~417년) 까지
활동한 박제상(朴提上 363~419년)이 기록한 <부도지(符都誌)>
하늘의 뜻(天符)을 받드는 도읍(都)에 관한 기록(誌)이라는 뜻.

1. '부도(휴도)'는 어디?

김씨의 시조 김일제(金日磾). 흉노의 '휴도왕(休屠王)' 혹은 '휴저왕'의 아들이 김일제다. 그가 다스리던 땅을 '부도'로 보는 게 타당하다. 시안(西安) 서북쪽 무위(武威)시 부근.

2. 3,100년 전 부도(휴도)에서 서화로 온 기자(箕子)

기자는 기원전 12세기 은나라 제후국 기국(箕國) 사람이다.
고구리 왕이 사냥한 기산(箕山)도 현재 태행산맥에 존재한다.

우리가 단군조선 시대(연방제국)일 때,
은나라의 망명자 기자(箕子)가 패배한 군사들과 난민을 이끌고 부도(휴도)의 서쪽에서 이동해 왔다. 기자가 산 곳은 서화(西華)!

기자(箕子)는 '서화(西華)'에서 살았고 '몽성(蒙城)'에서 죽었다. 그렇다면 단군 고조선의 영토가 어느 정도 광활한지 가늠할 수 있다. 자신의 생각이 만주, 홍산 근처 땅에만 갇혀 있으면, 이런 상식적인 뇌의 작동이 안 될 수도 있다.

2. 동해 서라벌에 6촌 설치

은나라의 군사가 부도, 시안(西安) 왼쪽 함양(咸阳) 부근 민중을 억압하므로, '동해(대륙 동쪽 바닷가)'의 물가로 피신했다. 옛 사례벌(세레스·서라·사라·석라·서라벌)의 빈터였다. '사례벌(서라벌)'은 강력했던 신라의 모체가 된 작은 한(칸)국들의 별칭.

이들은 6촌을 설치하고, 각 나라는 '작은 칸국'으로서 우두머리를 '한, 칸(汗)'이라 했다. 일본이 한국을 '칸.고쿠'라 부르는 것도 '한(칸)'에서 유래한다. '카라.쿠니'라 부르기도 한다. '카라'가 '한. 칸'이고 '한국'이란 뜻이다. '가야(칸)'는 한국 남부만이 아니라, 중국 동남부, 인도까지 발견되며, 지배자 '칸(汗)'을 칭하는 말이다.

3. 북쪽 마한(馬韓)과 남쪽 변한, 동쪽 진한

치우의 구리국(九黎), 단군 고조선을 이어온 묘민(苗民)들이 고구리-백제-신라의 선조다. 말을 타고 다니는 고구리 마한(馬韓), 황하의 남쪽(하남)에 자리 잡은 백제 변한(弁韓), 동해에 자리 잡은 진한(辰韓). 북쪽 마한(馬韓)과 남쪽 변한(弁韓), 동쪽 진한(辰韓)이 고구리, 백제, 신라로 이어졌다.

신라 선조는 진한(辰韓)에서 내려왔는데, 회수-양자강-형주를 기반으로 했다. 소요와 쟁탈이 심해져 방비가 어려우니 6촌(6개의 마을)이 모여 막아내기로 하고, 경계를 정하고 요새를 세우며 박혁거세를 추대하여 다스리는 일을 맡겼다. 황하 북쪽의 고구리, 황하 남쪽(하남)의 백제가 있기에 수령을 추대해 방비했다.

고구리는 막강한 군사력으로 옛 땅을 되찾겠다고 해서 서쪽에서 침략해 온 무리들(화하족)을 쫓아버리고 그 지역을 완전하게 회복하였다. 베이징을 수도로 하는 고구리가 3대 대무신왕(테무진) 때 요(遼,태행산맥 서쪽)까지 다 회복(다물)하였다.

4. 박혁거세 (朴赫居世) 커서간(居西干=큰 칸)

양자강에 살던 신라 6촌의 촌장들이 '선도산'의 성모가 알을 낳았다는 말을 듣고 여럿이 몰려가서 보았다. 신라, 진한(辰韓)의 후예는 '신선도(하늘-땅-사람 3神)'를 믿었다. 동쪽 우물을 천으로 덮어 가리고 껍질을 벗겨서 사내 아이를 얻었다. 몸에서 빛이 나고 귀가 부채만큼 컸다.

"박(朴)은 단(檀)의 어음 '박달, 배달(倍達)'에서 취하여 성을 삼았으며, 혁(赫)은 '빛'이니 즉 광명으로써 암흑 세상에 사는 사람들을 구원한다."는 뜻이다. '거세(커서)'는 관직 이름이다. 자라면서 신령스러운 기운이 높고, 밝고 큰 인물이 될 것 같으니 13살에 사람들이 추천하여 '거서간(커서칸)'으로 삼았다.
※ 칸, 간(汗)=한(韓)=국가의 왕

왕비 '알영(閼英)'을 맞이했다. 사람들은 부부를 2명의 성인이라 했다. 박혁 커서칸-알영 부부는 단군조선의 도(하늘-땅-사람 3신)를 행하며, 남쪽 태백산에 천부소도를 건설했다. 태백산(太白山)은 양자강 아래에 존재한다. 구글맵 검색 시작!

5. 태백산, 곰·호랑이 마을, 대인국

① <삼국유사> "환웅이 삼위,태백에서 내려왔다."

삼위산(三危山)은 돈황(실크로드)에 있으며 월지족이 있는 곳으로 우리 선조가 자리 잡았던 곳이다. 태백산은 시안(西安)근처에 있다. 위성지도에서 '곰·호랑이 마을'을 찾을 수 있다.

② 취안저우(泉州) 근처 섬나라 대인국(大人國)

박혁 커서칸은 또한 '대인국' 사람들로 하여금 '금척(金尺)'의 이치에 따라 천지 시원의 바탕을 펴 보이며, '옥관'의 소리를 내어 다스렸다. '대인국'이 어디냐? 옛 지도에도 나타나는데, 대만 옆의 취안저우(泉州) 부근이다. 여기까지 고조선 진한 및 신라의 영향이 미쳤음을 알 수 있다.

6. 거서간-차차웅-이사금-마립간-왕

박(朴)씨가 혁거세-남해-유리로 이어 다스리다가 4대 때 '왕국 수립'을 주장하던 석(昔)씨 석탈해가 이어받았다. 석(昔)씨는 동쪽 작은 성에 유배됐던 사람들의 후손으로, 옛날부터 바닷가에서 살며 철을 다루던 종족이었다.

석탈해는 '서라국'이라 이름하고, 방패와 창을 사용해 경내를 평정했으나, 용병을 과도하게 이용하여 결국 배척당했다. 여론이 다시 박씨에게 돌아와서 박씨가 다시 대표를 계승했다. 파사-지마-일성-아달라 이렇게 4대를 지난 후 다시 석(昔)씨에게 대표가 돌아갔다. 벌휴-내해-조분에 이은 석씨 4대 첨해 이사금 때에 이웃과 전쟁을 하니, 여론이 다시 김(金)씨에게 돌아왔다.

김(金)씨는 원래 부도(휴도)가 근거지인 김일제, 김알지의 후손이었다. 이들이 동쪽으로 옮겨와 살며, 존경을 받았다. 결국 김알지 7세손인 미추가 김(金)씨 최초로서 13대 이사금에 오른다.
262~284년 재위 기간에 서북쪽에서 백제, 고구리가 계속 침략하니, 여론이 다시 쇠를 다루었던 석(昔)씨에게로 옮겨가서, 유례, 기림, 흘해 이사금이 이어간다. 하지만 잦은 전쟁으로 생명과 물자를 탕진하고 민생이 망가지므로 배척을 받고 이후 356년 17대 나물 이사금 때부터는 쭈욱 김(金)씨가 왕이 된다.
신라 박제상이 쓴 <부도지> 기록은 <삼국사기>, <삼국유사> 기록과 정확하게 내용이 일치한다. 세대 수까지 같다.

7. 일본(日本)과 왜국(倭國)은 전혀 다른 나라다

<삼국사기> 기록처럼 일본은 670년 '일본국' 호칭을 가진 이후부터 열도에서 일식이 기록된다. 그 전 '왜국(倭國)'의 일식 기록이 나타난 곳, 신라와 전쟁을 벌인 곳은 중국 남부와 대만과 취안저우(泉州) 일대다. 이 대륙 남부에 가야(加耶)가 있었다. 이 위치를 받아들이면 한반도 남부나 일본 대마도에서 찾고 있는 '임나일본부설'이 얼마나 허무맹랑한 것임을 알게 된다. 한반도 남부에 가야가 있으며 임나를 일본부가 다스렸다는 주장. 10년에 한 번씩 때가 되면 일본이 주장하고, 민족사학자 코스프레 하는 자들이 '일본팔이'하며 반론한다고 들고나오는 이 한반도와 일본 열도 중심의 해석들은 가볍게~ "양쪽 다 미친놈의 소리를 하는구나."라고 알게 될 것이다. 가야(加耶)는 한반도에 없었다고~!
6개 가야국의 이름이 모두 양자강 이남에 현재도 존재한다고!

8. 신라 박제상은 영해(寧海) 박씨의 시조

신라 충신 박제상은 왜국(倭國)에 잡혀가서 목도(木島)에서 목숨을 잃는다. '영해 박씨'의 시조로 신라에서 봉해줬는데, 영해는 중국 동남부 무역의 중심지 영파(寧波,닝보) 바로 아래에 있다.
신라 박제상이 징강(澄江)을 보며 징심헌(澄心軒)에 앉아서 쓴 시(詩)가 실려있다.

"멀리 아지랑이 지는 걸 바라보니
나그네의 마음도 가을처럼 지는구나.
세상의 궤변도, 걱정도.
징강(澄江)에 앉아 잊는다."

징심헌(澄心軒)은 어디? 징심헌 앞을 흐르는 징강은 어디?

징심헌이 경상도 양산 아닐까 하면서 상북면 효충 역사공원에는 '징심헌'을 만들어 의식까지 했다. 희대의 코미디가 아닐 수 없다.

한국 경상도가 신라의 본토라면 위 <부도지(符都誌)>는 해석이 1도 되지 않는다. 대륙 양자강 유역이 신라의 본토라면 위 기록, 과학 일식, 위성지도 등의 현재 지명들이 모두 교차 검증된다. 양자강이 흐르는 곳에 징심 사당과 사찰, 강의 이름, 즉 징심당(澄心堂), 징심사(澄心寺), 징강(澄江)이 현재 모두 존재하는 것은 과연 우연일까? 신라 박제상의 후손들이여, 답하라!

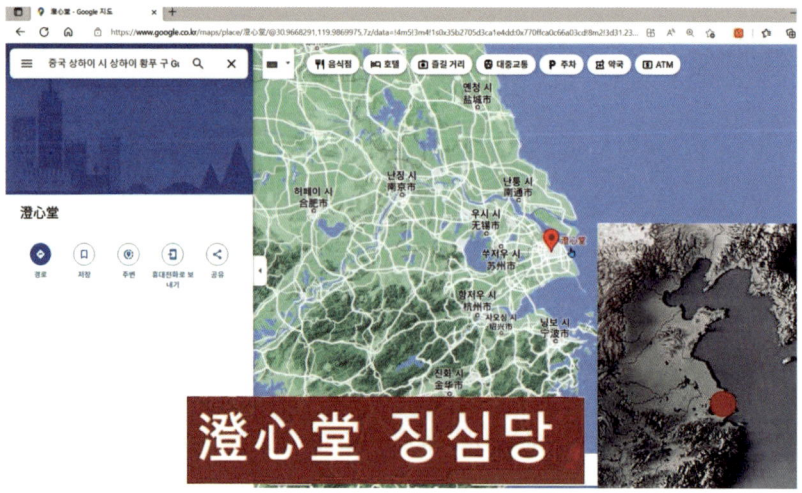

[69] 신라 문무 대왕릉과 감은사

1. 백제가 망한 뒤에 그 땅을 신라와 발해가 나눠 가졌다.

<구당서(舊唐書),당나라기록>에도,
<삼국사기(三國史)>에도 똑같은 내용이 있다.
신라와 발해가 사이좋게 백제 땅을 나눠 가졌단다.

현재 우리가 배우는 한국사 해석으로는 어떻게 발해가 백제의 땅을 어떻게 차지할 수가 있단 말인가? 발해가 서울, 충청, 전라도의 땅을 언제 점유했나? 그런 지도는 본 적이 없다.

발해 위치 또한, 실제 북경 주변을 수도 삼아 자리 잡았던 역사적 사실과 동떨어지게 가르치고 있다. 일제강점기에 완성된 한국사! 언제까지 그렇게 검증 없이 위에서 던져주는 대로만 외우고 살래?

산골 구석 장안(長安)에 자리하고 있던 당나라. 과연 잡국 당나라는 무동력선으로 매번 거친 황해 바다를 건너, 수십 년간 한반도에서 전쟁을 벌였을까? 시안(西安)에서 한반도까지 수만 리 길을 배에 말을 잔뜩 태우고 끌고 와서 보급하며 전쟁을 벌였을까?

2. 산동반도 웅진(熊津)

백제가 웅진(熊津)으로 수도를 옮겼을 때 양나라에 방문했고, 이를 [양직공도]로 남겼다. "백제는 옛 래이(萊夷)다."라 기록했다.
산동반도에 백제 웅진(熊津)이 존재했다는 말이다.

3. 우산국(于山國) 정벌

과연 우산국이 전략적으로 얼마나 이득이 되길래, 신라는 목숨 걸고 무동력선을 타고 동해바다 울릉도까지 가서 점령해야 했을까?

신라 장군 이사부는 지형이 험한 것을 믿고 버티던 우산국(于山)을 침략해 들어가 항복을 받아냈다. 어떤 지리적, 경제적 이점이 있었던 걸까?

우산(于山)은 고구리 때 '우곡현(羽谷縣)' 또는 '우계현(羽谿縣)'이라고도 불렸다. 현재 울릉도(鬱陵島)와는 전혀 다른 한자다!
<삼국사기>, <고리사> 기록의 한자인 우산(于山)은 현재 산동반도에 존재한다. 구글맵을 검색하면 확인할 수 있다.

산동반도의 동평 호수와 황하 지류, 뒤로는 산이 받쳐주는 지세의 험한 것을 믿고 신라에 굴복하지 않았던 우산(于山).
512년 신라 지증왕 때 신라 장군 이사부가 점령하여 신라 영토를 북쪽으로 넓히게 되었고, 웅진을 수도로 하는 백제를 턱밑까지 위협하게 된다.

고대부터 지금까지 화하족은 동쪽 바다를 동해(東海)로 부르고 있다. 산동반도 아래 동해현, 동해마을(東海縣)은 지금 구글맵으로도 금방 찾아진다.

4. 신라 문무대왕

신라 문무대왕은 백제의 성 63개를 빼앗았다.
충청, 전라도에서 백제의 돌성 흔적 63곳을 찾을 수 있는 분~~?
또한 백제 왕성의 주춧돌조차 발견되지 않고 있다. 예전부터 돌로 만든 성들은 기중기나 포크레인으로 긁어서 강제로 철거, 없애지 않는 이상, 성벽 돌이 많아 그 흔적이 반드시 남아있기 마련이다.
현재 산동반도에는 돌성들이 많이 존재한다. 어느 나라 것일까?

675, 676년 신-당 전쟁은 신라가 승리하면서 끝이 났다. 사실상 내륙소국 당나라에서 동원할 병력이 바닥났다고 봐야 한다.
백제, 고구리를 멸망시킨 전쟁 때, 신라는 당나라 거렁뱅이들을 용병으로 데려다 쓰면서 신라 땅에서 난 쌀로 밥해 먹이고, 신라 땅에서 만든 옷감으로 겨울옷 다 해 입혀줬음에도, 기어이 당나라는 대국 신라를 치받으며 백제 땅을 더 달라고 7년간 덤벼댔다. 그 결과 당나라 군대는 병력에 동원할 남성을 못 구할 정도로 폭망.

681년 신라 문무대왕은 숨이 다하면서, 이런 말을 남겼다.
"나는 전쟁의 시대를 만나, 서쪽을 정벌하고(당나라), 북쪽을 토벌하였으며(고구리)... 배반하는 자는 정벌했고(백제의 잔당), 협조하는 무리와는 손을 잡아(고구리의 잔당)... 모두를 평정하였다."

문무(文武)라 부르고 동해(중국 강소성)의 큰 바위에 장사지냈다.

5. 문무대왕, 강소성 대왕묘

신라왕 중 가장 영웅 대접받는 문무대왕의 시체를 과연 바닷속에 고기밥으로 던져 넣었을까? 풍수지리에서 금기하는 수(水)장을 했을까? 정기적으로 제사는 어떻게 지내고? 옛날부터 물이 흐르는 곳에 절대 절대 장사를 지내지 않는다.

중국 동부 산동반도 바로 아래 강소성엔 동해현(東海縣)이 있고 그곳에 큰 바위산, 규산(奎山)이 있다. 규는 '문(文)'을 뜻한다.
<고리사(高麗史)>에서 문무왕(文武王)의 무(武)자를 써서 '무릉(武陵)'으로도 부른다고 하였다.

동해마을과 가까운 강소성 대왕묘 마을
규산(奎山=文山)을 따라 대왕묘(大王墓),
우왕묘(牛王墓=牛山·羽陵·武陵)가 현재 존재한다.

규(奎)는 문(文)과 한자의 그 뜻이 같다. 규산(奎山)=문산(文山) 이곳에 우왕묘(牛王墓=牛山)라고도 불리는 무릉(武陵=羽陵)이 존재한다. 문(文)과 무(武)의 조합.
신라 문무(文武)왕이 묻힌 곳이라는 합리적 해석.

신라 역사상 가장 훌륭했던 삼국통일의 주인공 대왕의 묘,
신라 황제의 묘! 제사를 지내기 쉬운 큰 바위와 뒷산,
그리고 앞으로는 동해 바다가 펼쳐진 곳,
풍수지리학적으로 완벽한 중국 동해에 존재하는 신라 문무대왕릉!

6. 감은사(感恩寺)

신라 신문왕(김정명)이 아버지 문무대왕을 위해 강소성 동해현에 감은사(感恩寺)를 세웠다. 신라 문무왕은 '왜의 침입'도 우려해 죽어 바다의 용이 되었다고 한다. 감은사와 문무대왕릉, 현재 동해현에 모두 있다. 심지어 용(龍)에 관련된 지역도 너무 많다.
그 감은사가 현재 사당이든, 교회든 중요치 않다. 도대체 왜 그 이름으로 아직도 그 위치에 현존하느냐가 중요하다.

7. 신라 말기 청해진과 적산법화원

기록상 한군데밖에 존재하지 않는 신라 청해진(淸海鎭)에 존재하는 사찰, '적산법화원'.
삼국의 고증될 유물, 유적은 다 없애거나 자기 걸로 둔갑시켜버리는 중국 공산당이지만, 이들도 재물 즉 돈에는 환장했기에 재물의 신(神)인 신라 장보고를 안 없애고 모시며, 크게 관광 장소로 만들어 공개하고 있다.

알려줘도 못 알아먹고, 거저 줘도 못 먹는 좀비화된 한국인들(+역사꾼들)은 청해진이 전라도 '완도'란다. 조수간만 차가 큰 뻘의 작은 섬 완도? 지금도 인구 5만이 안 되는 섬인데, 신라 말기에 군사 1만 명, 가족까지 4~5만 명을 그곳으로 보냈다?
그곳이 아랍, 페르시아, 인도인까지 모여드는 물길의 요충지다?
정신병도 이 정도 중증이면 병원에서도 입원 거부한다. 약도 없다.

8. 역사, 이제 상식의 틀로 봐야 할 때

신라를 둘러싸고 있는 나라들, 발해(북경), 안록산(호연), 토번(티벳), 그리고 이들에게 늘 공격당하는 내륙소국 당나라 군대.

일제강점기에 일본 놈들을 통해 완성된 우리가 배우는 현재 한국사의 영토. 한반도에서부터 북경, 상해, 중국 땅 동부를 모두 지배했던 일본제국, 그들은 이미 알고 있었다. 현재 중국 공산당도 모든 지역명(삼국-고리 지역명)의 위치를 이미 알고 있다.

고향을 모르는 건 우리 민족뿐이다.

[70] 진짜 신라와 동해. 대인국(大人國) 위치

1. 한국 역사학계가 꺼리는 정통 기록서 <삼국사기(三國史)>

<삼국사기>는 해방 후 70년도 더 지난 2018년에야 국보로 지정된다. 일제총독부 '한반도 역사관'과 '사대'에 갇혀 있는 탓에, 한국 초기 역사가 일본보다 오래된 게 너무~ 이해가 안 되거든.

2. <삼국사기>에서 말하는 신라

신라는 진한(辰韓 Chin an)이며 백제의 동남쪽에 있고, 동쪽에는 큰 바다(동해)가 있다. 동해 외딴섬 대인국 사람들의 공격에 대비해 신라는 쇠뇌(소뿔활)을 지닌 군사 수천 명을 늘 주둔시켰다.

3. 신라의 일식 관측. 안후이성(양자강, 장강 중류)

4. 양자강 아래 김일제(金日磾 BC134~BC86년)
                 89세손이 사는 김씨 집성촌

5. 지도상 낙랑 위치

즐거울 낙(樂), 물결 랑(浪) 낙랑은 반드시 '물길'이 있는 곳에 있어야 한다. 옛 낙랑군(옛 조선)에 있던 진한의 유민들은 회수, 양자강을 타고 뿔뿔이 남부로 흩어졌다.

6. 신라 말기 장보고(청해, 적산법화원)

장보고의 땅 적산법화원과 안후이성 구화산(九華山)의 지장보살 신라 김교각(金喬覺 697~794년), 강소성 양주의 신라 최치원(崔致遠) 사당, 그리고 신라 김일제(金日磾) 후손 등등
너무나 많은 신라의 흔적이 중국 땅 동부에서 남아있다.

7. 쇠뇌(弩)

신라 땅에 흔했던 물소. 그래서 쇠뇌를 만들어 사용했던 신라.
전쟁물자인 물소 떼는 양자강 남쪽에 산다. 이성계의 조선시대에는 물소를 키우는 데 실패해 쇠뇌를 못 만들어 징징댔던 기록이 <조선왕조실록>에 가득하다. 그러나 신라에는 쇠뇌가 넘쳐났다.

8. 동해바다(東海) = 동.중국해(東.中國海)

늘 동해라 기록되었던 그곳에 존재했던 신라의 본토.

9. 양자강 왼쪽으로 내뺀 약소국 당나라 군대 왕을 위로하러
신라는 외교 사신을 보냈다.

775년, 안록산의 난리로 당나라 현종은 사천성으로 내뺀다. 대제국 신라의 경덕왕은 내빼 숨어있는 약소국(당나라) 왕을 위로하러 외교관을 보낸다. (신라)절강성에서 양자강을 따라 상류로 거슬러 올라가 사천성. 당나라 현종이 숨어있는 성도(成都)에 도착했다.

한반도 역사 해석학에 갇혀 있는 한국 사학자들은 고의로 틀린 번역을 한다. 왜냐하면 그들의 대가리로는 경상도를 신라 본토로 믿기에 대륙 양자강엔 절대 신라가 존재할 수 없다고 여긴다. 한반도 경상도에서 배를 띄워서 위험하기 짝이 없는 넓은 황해 바다를 건넌 후, 양자강까지 거슬러 가서 당나라 군대 왕인 현종을 알현하러 갔을 거라는 상상? 망상? 몽상? 공상? 환타지?식 해석을 펼치는 거다.

무동력선을 타고 신라인들이 황해를 밥 먹듯이 건너가 중국 서쪽으로 잘도 갔겠다. 에라이~ 역사 소설 작가들아. 배는 타봤냐?

10. 천주(泉州, 취안저우)

복건성 천주(泉州,취안저우)가 신라 땅이라는 기록은 <제번지>, <박연암집>, <태백일사> 등 여러 기록에 적혀있다.
한국 사학계 공식입장은 "천주(泉州, 취안저우)가 당최 어딘지 모르겠는디?"이다.
국사편찬위원회에서 또 위치를 추측 비정하고 있다. 한반도에서 아무리 찾아봐라. 나오나.
지금도 유명하고, 예전에도 유명했던 항구도시, 천주(泉州)!
한국 사학계의 지속되는 닭대가리 짓, 아.. 닭을 모욕했나?

11. 왜국 vs 일본

<구당서(舊唐書, 당나라기록)>에 동이(東夷)는
고구리, 백제, 신라, 왜국(倭國), 일본(日本) 5개국이다.
즉 왜(倭)와 일본(日本)은 전혀 다른 국가다.

왜(倭)의 일식 기록 관측지는 대만-중국 동남부 등 중국 남부다.
663년 백제 멸망 백강(白江)전투 때 백제-왜(倭) 연합군이 대패한 뒤 백제-왜(倭) 유민은 일본열도로 건너가 일본(日本)을 열었다. 일본(日本)은 백제 패망 후 건국한 나라다.
그러므로 <신당서>부터 일본(日本)으로 홀로 기록되어 나온다.

신라의 천주(泉州,취안저우), 그리고 신라 혜초스님이 <왕오천축국전> 쓰려고 출발한 광주(廣州,광저우). 그곳 근처에는 30개 왜국(大和,타이와)이 존재했다. 왜의 패망 세력이 오키나와(유구국)를 걸쳐 도착한 곳이 현재 일본(日本) 오사카 옆의 '나라현'.

12. 신라 수도 금성(金城), 월성(月城)

박혁거세 때 왕성을 쌓아 금성(金城)이라 불렀다. 신라 파사왕 때 금성 동남쪽에 월성(月城)을 쌓았다. 신월성 북쪽에 만월성, 동쪽에 명월성이 있다. 명월성 남쪽엔 남산성이 있다.
왕들은 금성에 주로 머물렀는데, 후에 월성에 많이 거처하였다. 한반도에서만 신라를 찾는 학자들아, 이 많은 성들의 위치들 제대로 정확히 증명할 수 있니? 금성(金城), 금성 동남쪽 월성(月城) 찾을 수 있나? 성 주변의 방어 호수인 해자(垓子)는 무조건 있고?

13. 대인국(大人), 소인국(小人)

역사서 기록과 지도의 이름이 일치하는 그곳,
취안저우(泉州)-광저우(廣州) 중간 복건성, 광동, 광서성에서 대인포, 대인묘, 대인궁묘, 대인산, 대인마을 등 여러 대인 지명이 존재한다.
복건성, 광동성 일대에 소인마을, 소인바위, 소인입구 등 소인 관련 지명도 존재한다. 위성지도에서 얼릉 얼릉 찾아보시라.
신라가 쇠뇌(물소뿔 활) 군사를 두어 늘 지키던 그곳이다.

14. 과학 일식, 유적, 유물, 사서에 기록된 지명들과
일치하는 신라의 강역, 중국 동남부!

15. 황룡사 9층 목탑

<삼국유사>에 기록된 신라를 괴롭히던 주변 9개 나라들.
한반도에만 신라가 있었다면 성립하지 않는 그 적대국들.

신라의 영토를 이어받은 왕건의 고리. 그리고 고리의 영토를 나눠 가졌던 명나라와 조선. 그들은 고리를 한없이 깎아내리던 나라다.

16. 맺으며

국가가 패망하면 찬란했던 역사가, 적대국에 의해 가장 먼저 왜곡된다.

고리를 조공만 하던 우스운 국가로 기록한 조선과 명나라.
그 이후 완벽히 또 역사를 왜곡한 일본제국.
그리고 이제는 우리의 남은 한반도 영토마저 노리는 주변국들.

역사를 모르고 돈과 이익이라는 본능만 추구한다면?
뇌 없이 몸뚱이만 있어서, 늘 먹을 것만 또는 향락만을 위해 달려드는 개, 돼지 떼와 뭐가 다르랴?
어른의 뜻은 아느냐? 지성인이 뭘 해야 하는지는 알고?

[71] 자신 있다면 사서 검증으로 덤벼라!
책보고 배포자료 설명 영상

국보 <삼국사기(三國史)>로 본 삼국시대의 강역

1. <삼국사기(三國史)> 권46

① 東海之外有三國 其名馬韓卞韓辰韓
② 馬韓則高麗 卞韓則百濟 辰韓則新羅也
③ 高麗百濟 全盛之時 强兵百萬
④ 南侵吳越 北撓幽燕齊魯爲
⑤ 中國巨蠹
⑥ 隋皇失馭 由於征遼.

① 동쪽 물밖에 3개의 나라가 있는데 마한, 변한, 진한이다.
② 마한은 고구리, 변한은 백제, 진한은 신라다.
③ 고구리, 백제가 전성기에 강력한 군사가 100만 명이 있고,
④ 남쪽의 오·월을 뺏고, 북쪽의 유·연·제·노를 굴복시켰으니
⑤ 중원의 커다란 위협이었다.
⑥ 수나라의 멸망도 고구리 요동을 공격한 결과이다.

질문) 역사 전공자, 역사 교수, 역사 강사들은 위 문장을 읽고 다음 물음에 답하시오. (물론 보나, 마나 다 틀리겠지만.)

① 해(海)는 어디로 해석해야 하는가?
② 삼한은 어디에 있었는가?
③ 삼한이 발전한 고구리, 백제, 신라의 본토는 어딘가?

④ 현재 대한민국 국군은 몇만 명인가?
⑤ 오·월과 유·연·제·노의 위치는 어딘가?
⑥ 위 기록으로 고구리, 백제의 최대영토를 그려 보시오.

2. 김부식 <삼국사기>(1145년) vs 일연 <삼국유사>(1281년)

고리 때 서경 천도 반란군 묘청 군사를 제압한 명문가 김부식에게 역사서 편찬이라는 나라의 대사업이 맡겨졌다. <삼국사기>는 방대하고도 정확한 자료를 바탕으로 편찬한 것이다. 그 뒤 동아시아 대격변기가 찾아온다. 대제국 고리가 몽고리의 침략으로 힘에 밀려 수천 년 지배했던 대륙의 주도권을 뺏긴 채, 몽고리, 즉 원나라의 부마국이 되어버린 거다. 이 시기에 일연 스님은 <삼국유사>라는 역사책을 썼다.

김부식은 묘청에게 비교되면서 보수적, 사대적이라는 평가를 받는다. 그러나 그가 만약 극악한 사대주의자였다면 삼한과 삼국 위치(대륙)를 나타낸 "고구리, 백제가 유·연·제·노·오·월 땅을 다스렸다."라는 신라 최치원의 말을 그대로 옮기지는 못했을 것이다. 설사 그렇다손 치더라도, 기록이 있다면 진실인가 아닌가 살피는 것이 역사 연구다. 그런 노력을 전혀 하지 않은 채 일제총독부 때 완성한 한반도 역사 해석만 고수하는 한국 사학계는 새로운 역사 연구를 완전히 접고 죽은 학문만 달달 암기하고 전파하고 있다.

조선이 건국하면서 이성계의 자발적 역사 왜곡 탓에 산해관 너머는 명나라 형님(?)의 땅이기에 넘볼 수 없는 지경에 이르므로, 당대 대학자였던 성호 이익도, 다산 정약용도, 이 부분을 묵살하거나 외면하고 만다. 하지만 <삼국사기> 권46의 "고구리, 백제가 유·연·제·노·오·월 땅을 다스렸다."는 내용은 중국 역사서 <남제서>, <송서>, <양서>, <북사>, <남사>의 내용과도 부합한다.

3. 한국 역사학계(한반도 역사학)

한국 역사 영토는 일제 조선사 편수회, 즉 일제강점기에 만들어졌는데, 한국사 전공자들은 실제로 현재 중국 동부 땅을 찾아갈 생각도, 검증할 생각도 안 하고 그대로 믿음으로 맹목적으로 달달 외울 뿐이다. 현재 한국사에 추측 비정해 놓은 만주에는 안시, 서안평, 신성이라는 지역명 자체가 없고 성곽도 다 상상 비정이다.

현재 충청도, 전라도 백제도 마찬가지다. 당항성, 웅진, 사비, 황산 비정은 일제강점기 때 이루어졌는데, 조선시대 때도 당항성, 황산, 덕물도 등 이런 백제 지명은 없었다.

항성, 곰마을, 황산, 임존성, 백마강, 백마관 모두 구글맵으로 검색해 보면 중국에서 발견할 수 있다. 현재 한반도 남부에 가야, 신라 모두 근거 없는 위치로 비정해 놓고 닥치고 외우고 있는데, 막상 중국 중남부 지역에는 한자 이름 그대로 가야도 남아있다.

4. [대만군사지도](1963년). 석문(石門), 석성(石城), 신성(新城)

유물, 유적, 한·중 역사서, 일식, 중국 고지도 [대만군사지도]는 물론이요, 현재도 남아있는 지역명과 실시간 확인할 수 있는 구글맵으로도 교차 검증된바, 고구리(북경), 백제(산동), 신라(양자강)가 대륙의 지배자였음은 부정할 수 없다.

<삼국사기> 김유신전에 기록된 석문(石門), 대방(帶方)은 671년 신라와 당나라 전투지로 기록되며, 광개토 호태왕비(好太王碑)에도 나오는 석성(石城), 석성은 <삼국사기>, <삼국유사> 등에 전투 지역명으로 수없이 많이 나온다. 신성(新城) 역시 고구리의 굉장히 중요하게 자주 나오는 전투 지역명이다. 645년 고구리 전투 지역명으로 <삼국사기>, <신구당서>에도 나타난다.
그 많은 한국 역사 전공자들, 그 어느 누가 석문(石門), 석성(石城), 신성(新城) 위치를 제대로 주장할 수 있는가?
미몽에서 깨기를 바란다. 안 깨고 계속 자겠지만.

5. 요(遼)

요동, 요서가 여기니, 저기니 말들이 많은데, 중국 가장 오래된 지도인 돌에 새겨져 왜곡이 그나마 적은 송나라 비석 지도 [우적도](1136년)로 논란 끝! 태행산맥이 요(遼)동과 요서의 기준! 99% 역사학자와 대다수 국민이 한반도 역사관에 갇혀 있어 이 뻔한 진실을 외면한다.

'신채호, 박은식' 등 민족사학자들은 한반도에서 시야를 넓혀 만주까지 고구리 땅이었음을 알게 되었지만, 그들 역시 고구리, 백제, 신라 시작점, 즉 본토를 한반도에서만 찾으려 하였다. 지역들과 역사 현장 비료를 제대로 못 한 거다. 당시엔 지도가 없었으니.
그러나 지도가 넘쳐나고 실시간 확인할 수 있는 이 시점에 현재 재야사학자, 민족사학자 코스프레하는 역사꾼들은 가르쳐줘도 아직도 '고구리 수도 국내성이 베이징이었다.'라는 엄연한 사실조차 접근을 못 하고 있다. 머리를 열고 지도를 찾는 공부 먼저 하자~

매번 선배들 논문만 쳐 읽으면서 역사 공부를 하지 말고. 손꾸락으로 원서기록과 지도를 찾는 방법을 배워라. 그리고 중국 땅 도시 이름들 한 번만 읽어봐라. 아! 한자가 간자체(簡字體)라 못 읽겠구나. 아! 이놈들의 능력을 너무 고평가했다.

한국 역사학과 교수, 강사들. 공부도 안 하면서 선후배 밀어주고 끌어주면서 교수네, 강사네, 전문가네 하는 꼴 보면 참으로 같잖기 그지없다. 이렇게 수준 낮은 학과가 있었나? 새삼 놀랍다.

삼국시대 지역 비정 관련하여, 일제 조선총독부 사주 하에 일본놈들이 만들어준 추측성 위치들이다. 말도 안 되게 비정된 위치들은 어떤 근거로 지정됐고, 왜 그렇게 해석되는지 너희들이 학자로서, 또는 민중의 세금을 받아먹는 공무원, 관료로서 전 국민에게 역으로 해명해야 할 의무가 있다.

우리는 이 정도 민원을 제기했으면 다 했다.
대중에게 욕이나 하지 말고, 어서 연구해서 답변을 달라.

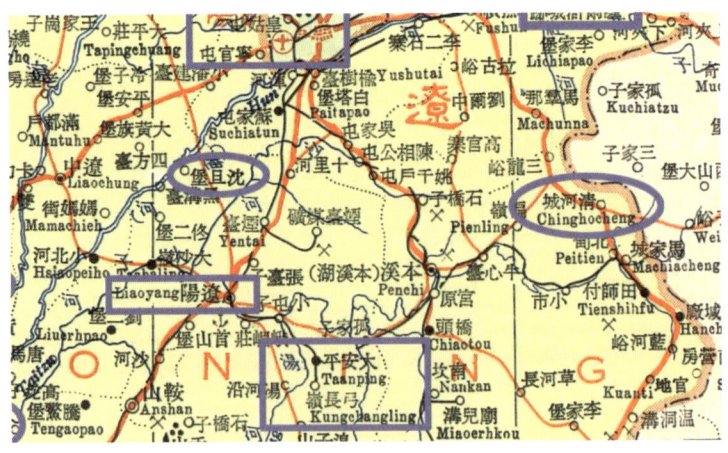

[72] 지형지도로 해석하는, 진짜 중세 한국사

한반도에 사는 한국인들아, 절대 중국 땅을 쳐다보지 마라!
중국 땅의 도시 이름을 알려고 하지 마라!
가지고 있는 한반도 땅마저 내놓아라!
― 동북공정

역사란 학문이 아니라 실제 현장에서 벌어졌던 사건이므로, 구글 지도에서 정확히 그 위치를 찍어 이야기 할 수 있어야 한다. 지형, 지리, 지역명과 함께 명쾌히 설명하지 못하면 모두 가짜다.

한국사엔 어떤 문제가 있으며 해석은 어떻게 잘못된 걸까?
우리의 어벙함에 대해 중국과 일본은 어떤 노림수를 두고 있을까?

1. 중앙아시아 기원

우리의 역사가 만주와 한반도에서 맨 처음 시작되었을 리가 없다. 산이 70% 이상이므로 늦은 선택지 땅이었을 것이 당연하다. 유라시아~대륙 중앙에서 시작되어 동북아 대륙 쪽으로 왔을 것이다.
※ 출처: 청나라 지도 [대청광여도]

2. 왜국(지금의 대만과 앞바다)

백제가 망한 다음 일본(日本)이란 국호가 만들어졌다. 왜(倭)라는 나라는 <삼국사기>, <일본서기> 일식을 과학 검증해 보면 중국 중남부 지역에서 측정된다. 당나라기록에는 동이란 고구리, 백제, 신라, 왜국, 일본, 이렇게 5개국을 말한다고 했다.
왜국(倭)과 일본(日本)은 명백히 다른 국가다.

3. 중국, 일본의 역사 왜곡을 통한 미래 침략야욕

① 일본의 역사 왜곡을 보자. 2차대전 후 미연합군 사령부는 대마도와 오키나와를 일본에게 이양했다.(독도와 제주도는 한국에)
일본은 대마도를 받고도 성에 안 차 줄곧 한반도 남부를 임나가라로 우기면서 생떼를 쓰고 있다. 왜? 우리가 관련 지식이 없으니까.

② 중국도 마찬가지다. 중국 역사책을 보면 동쪽 지역과 한반도 지역 이름이 일치한다. 한자와 방위각이 일치한다. 같은 민족권이라는 애기다. 중국은 고구리, 발해 모두 지방정부로 중국 역사라 우긴다. 동북공정이란 이름으로 20년 넘게 꾸준히 주장하고 있다. 북한도 고구리 역사를 가지고 있기에 추후 북한에 대한 영토 영유권을 중국이 행사하겠다는 심보다.
백제도 중국 지방정부로, 당나라가 5도독부 두고 다스렸다고 역사 기록에 적힌 것을 보여주면서, 이제 충청도, 전라도 땅까지 노리고 있다. 남한에 대한 점유권까지 가시화하고 있는 거다.
경상도 역시 당나라가 '계림도독부'를 두고 신라를 지배했다고 우기고 있기에, 중국은 결론적으로 한반도의 고구리, 백제, 신라까지 중국의 역사로 편입하려고 개수작을 부리고 있는것이다.
중국은 미래 영토에 대한 야욕! 점유에 대한 구실을 만들고 있다.

중국과 일본이 도대체 왜 이러느냐?
그것은 우리의 정통 사서 <삼국사기>, <삼국유사>, <고리사>를 우리가 제대로 해석하지 못하기 때문이다. 일제 36년간 일본인이 엉터리 해석으로 만들어준 역사를 스승-제자 즉 복종 관계, 역사의 권력 유착관계로 공고히 전승해 나가고 있기 때문이다.

물론 그 전에 조선의 문제도 있다. 조선과 명나라는 관복이 거의 동일한 군신의 나라였다. 그 이유는 넓디넓은 고리(高麗)의 영토를 둘이 양분해서 나눠 가졌기 때문이다. 고리의 역사를 완벽하게 지우고, 고리의 모신(母身)이었던 고구리, 백제, 신라 동이의 역사를 완벽하게 왜곡한 나라들이기 때문이다. 그렇게 왜곡한 역사를 일본 수뇌부는 이미 알고 있었다. 그래서 일제 36년간 역사 편집

기관인 조선사 편수회를 만들어 일제강점기 내내 식민지인들을 위한 역사책을 만들어줬다. "식민지 노예들은 이걸로 배워라!"라고.

모든 역사 위치를 한반도에 다 쑤셔 넣고 완벽하게 조작했다.
현재 우리가 의심 없이 배우고 외우는 한국사다.

4. 부여와 고구리가 탄생한 곳, 바이칼 호수.
   부리야트 민족(부리=부여=늑대)이 아직도 산다.

5. 요동과 요서의 기준은 태행산맥 요(遼)

<설문해자>에 동이(東夷)를 "너그러운 나라, 군자가 끊이지 않는 나라."라고 기록한다. '오랑캐 이'라는 표현은 1992년 중국 공산당과 수교를 맺은 뒤, 우리나라의 옥편이 전면 바뀌고서부터 본격적으로 뿌려진 역사 공작적 해석이다. 동북공정의 일환!

7. 패수(浿水)는 조개가 많아야 한다. 하북성

8. 진시황의 '진안(秦安)'

진시황이 자리 잡은 곳은 지금의 시안(西安) 옆 함양이 아니라, 그보다 훨씬 서쪽인 '진안(秦安)'으로 봐야 한다. 당시에 쌓은 것은 흙으로 만든 토성이다. 베이징의 벽돌 장성을 보며 진시황의 만리장성이라 말하는 것은 배꼽 빠질 코미디다. 명나라 장성이다. 2천 년 전에는 흙 성(토성)이다. 고구리와 고리의 장성에다가 명나라 때 벽돌로 덧대어 일부 보수한 것일 뿐이다.

9. 한(漢)나라의 중심지 '한중(漢中)'

산맥에 둘러싸여 굉장히 안전한 지역이다.
남쪽으로 사천성 방향 도망이 가능하다. 이곳이 한나라의 중심지.

10. 당나라의 사천성 성도(成都)! 당나라 현종이 도망간 곳

안록산의 난으로 도망간 곳이 안전지대 사천성이다. 피난 중심지.

11. 북경

베이징에 고구리 2대 왕 유리왕의 사당이 있다. 고구리의 각종 지역 이름이 있다. 북경의 동쪽 근교에 고리 장소이라는 의미의 고리장(高麗庄)이 있고 군대의 주둔지였던 고리진영(高麗營)이 있다. 마치 넝쿨에 매달린 열매처럼 고리 항구가 있던 고리포(高麗浦), 고리동(高麗洞), 고리정(高麗井) 등 '고리' 지역명이 있다.
북경 오른쪽에는 고리성(高麗城)이 있는데, 보존 안 하고 현재 다 부셨다. 현재 발견되는 고리성(高麗城) 중 북경에서 가장 남쪽에 있는 하간(河間)의 고리성도 거의 다 파괴했다. 문화대혁명을 거치면서, 중국 공산당은 명명백백한 고리 땅의 증거인 고리성(高麗城)은 물론, 큰 바위에 고리지경(高麗之境), 고리의 땅 경치! 라고 쓰여 있는 글씨도 모두 갈아서 흔적을 없앴다.

그런데 왜 우리는 베이징에 널려있는 지역명과 유물, 유적 흔적을 보고도 우리 땅임을 알지 못하는가? 명나라가 수도를 북경으로 이동한 뒤, 명나라와 조선은 군신 동맹 관계를 확인하며 이전 고리 역사를 왜곡하였다. 주원장 입장에서는 산해관만 틀어막으면 '만사 오케이'였다. 명나라가 벽돌 장성을 보수해서 쌓은 만리장성도 다 그 이유였다.

12. 소금호수

황하 중류의 꺾이는 곳엔 소금 호수가 있다.
광개토호태왕이 정벌한 곳. 청해(靑海湖)호수. 소금 생산 지역들.

13. 고구리와 백제 지역

고구리 : 대동강, 평양 그리고 패수, 압록수

백제 : 소금과 철이 많이 생산되는 산동반도 중심. 해양 대제국.
여러 기록에 "광녕, 의주, 금주, 복주, 영해가 다 백제의 땅"이라 했으니, 뱃길로 가까운 요녕 반도 너머도 역시 백제의 땅이다.
백제 5도독부 위치인 웅진(熊津)·마한(馬韓)·동명(東明)·금련(金漣)·덕안(德安), 그리고 황산(黃山), 사수(泗水), 임존성(任存城) 등 역사 속 지명을 구글 지도로 찾아보면 지금도 다 찾을 수 있다. 황하에서 양자강 위쪽까지가 모두 백제의 영토였음이 확인된다. 산동반도 끝 성산(城山) 관련해 <삼국사기>에 "당나라 소정방이 황하 물줄기를 타고 성산(城山)을 지나서 신라군을 만났다."고 기록되어 있다. 산동반도 끝에 해신(海神, 바다의 신)의 묘가 있고 장보고가 청해(靑海), 현재 정해(靖海)에 적산법화원을 만들었다. 그곳에서 거대한 신라 장보고의 동상을 만날 수 있다.

14. 신라의 지역

양자강의 양주(楊州)와 강도(江都), 산서성과 산동성에서 고구리 부흥을 운동한 이정기, 이사도의 제나라를 공격하러 신라군이 출병한 곳! 신라 최치원 사당의 소재지 양주(楊州), 양자강 부근의 금성(金城), 월성(月城), 6촌(六安), 토함산(含山), 팔공산(八公山), 선덕여왕이 묻혔다는 낭산(狼山) 등 수많은 교차 확인된 지명으로 신라 본토가 어디였는지를 쉽게 증명할 수 있다. 양주(楊州), 강도(江都)는 무역 강국 신라의 영토며 고리의 남경(南京).

신라는 일식 관측지인 안후이성을 중심으로 남경(南京)과 양주(楊州), 동정호수 남쪽으로 계림(桂林), 광주(廣州,광저우) 천주(泉州) 등을 포함한 국가였다. 천주(泉州) 앞 바다를 건너 타이와는 왜의 중심지다.
※ 베이징 주위에 발해 진영, 발해 장소, 발해 울타리 등 다수의 발해 지명이 존재한다. 발해의 중심지다.

15. 일제가 심어놓은 역사 해석

모든 역사가 왜곡되고, 우리는 눈이 가려진 채 살고 있다.

그 결과, 대한민국은 중국과 일본의 영토 야욕에 무방비로 노출되어 있다. 우리가 먼저 역사를 알아야 제대로 대응할 수 있다.

지역 이름이 서로 같다는 것은 같은 민족이 살았다는 확실한 증거로, 그곳에는 현재 우리 역사의 유적과 문화까지 존재한다.

우리가 모르니까 주변국이 역사적으로 우리를 더 얕보는 중이다. "글씨도 제대로 못 읽는 놈들. 해석도 못 하는 놈들"이라고.

[73] 당나라를 박살 낸 신라 (7년 전쟁의 비밀)

삼국통일의 주인공 신라 문무대왕(文武),김법민(法敏) 661~681년

1. 백제 멸망

660년 백제 의자왕이 신라에 잡혔다. 그러나 백제는 바로 멸망하지는 않았다. 백제 부흥 운동이 3년간 지속되었다. 그러나 백제는 '흑치상치, 복신, 부여풍' 등의 내분으로 자멸한다. 당나라의 사탕발림에 넘어간 의자왕 아들 '부여융'이 당나라의 장군이었으니 말 다 했지 뭐~

신라 문무왕은 백제의 잔당이 배반할까 걱정되어 백제 웅진도독부에 사신을 보내 화친하자 요청했으나 백제는 거절했다. 신라 문무왕은 병사를 끌고 백제를 다시 토벌하여 성 63개를 빼앗았다.
(지금 한강 이남 한반도 백제라는 곳에서 돌로 만든 성 63개의 돌무지 흔적이 발견되나? 성이 뭔지는 알지? 물로 만든 방어 해자가 있어야 해요. 자~ 63개의 성 흔적을 찾아내시라)
암튼 670년 백제의 성 63개를 빼앗은 후, 백제 사람들을 내륙으로 옮겨 살게 했다.

2. 고구리 멸망

668년 고구리도 연개소문 아들들의 내분으로 멸망! 동생들과 권력 다툼하다가 목숨의 위기를 느꼈을 때 들이댄 당나라의 회유책에 홀랑 넘어간 연개소문 큰아들 '연남생'이 당나라 장수가 되어

평양성 함락에 큰 공(?)을 세웠다. 야 이눔아~
669년 고구리 안동도호부를 신성(新城, 고구리 서쪽 변경 요충지)으로 옮겼다.

신라 문무왕은 또한 망한 고구리 유민 '안승'을 고구리 왕으로 책봉해 주고 서쪽 지방 금마저(金馬渚)에 살게 해 주었다.

3. 신·당 전쟁 7년

<삼국사기(三國史)> 기록

670년 신라는 석성(石城)에서 당나라와 싸워, 당나라 군대 5천 명을 베어 죽이고, 장군 6명을 포로로 잡았다.

671년 당나라 '고간' 등 4만 명의 당나라 군사들은 평양으로 이동하여 황하 물길을 따라 황하 위쪽 석문 근처(石門)와 대방을 침입했는데, 문무왕의 신라군은 당나라의 배 70척을 공격해서 이루 헤아릴 수 없을 만큼 당나라 군대를 많이 죽였다.

672년 신라-고구리 유민 연합군은 당나라 군대 수천 명의 목을 베었다. 당나라 '고간' 등이 도망가자 석문(石門, 석가장)까지 뒤쫓아가 후드려 팼는데 여기에서는 신라군이 패배했다. 교만했나.

673년 당나라 군대가 신라 북쪽 변경을 침범했는데, 9번 전투해서 9번 모두 신라가 이겼고, 수많은 당나라군을 강물에 수장시켰다.

675년 당나라 '설인귀'가 황하 물길을 따라 신라 천성(泉城)에 쳐들어왔다. 신라 '문훈'은 당나라 배 40척을 빼앗고, 살려달라는 당나라 군대 1,400명의 목을 댕강 베었다. 이놈들이 육로로 또 쳐들어왔는데, 또 승전하여 말 30,000필을 빼앗았다.
신라는 8번 당나라 군대와 싸워 모두 이겼다.

676년 당나라 군대가 신라 도림성을 뺏고, '설인귀'가 기벌포에서 잠시 이겼으나, 이후 신라군이 다시 진격하여 22번 전투를 벌여 모두 승리했다. 당나라 군대 4천 명을 베어 죽였다.

신라의 승리로 7년 전쟁 마무리. 교과서로 제대로 배운 적 있나?

4. 신라 문무 대왕묘

신라는 668년 이미 망한 고구리의 유민을 세워 제후국으로 삼았기에 '안승'은 신라왕의 사위가 된다. 이듬해 681년 신라 문무왕 사망. 산동반도 아래 동해마을(東海顯)에 지금도 대왕묘가 있다. 동해현도, 대왕묘도 기록상 그 이름 그대로 존재한다.

신라는 옛 고구리 땅을 발해와 나눠 가졌다. '니하'를 국경으로 삼았다. 안록산의 난으로 당나라는 거의 멸망하여 당나라 왕 현종은 사천성 성도(成都)로 들어가 숨었고, 안록산은 호연(胡燕)국 이란 국명으로 건국한다. 늘 '연(燕)' 나라의 중심지인 산서성에 자리를 잡는다. 그 후로 당나라는 멸망의 길을 걷는다.

신라는
황금의 나라, 비단의 나라, 나침반의 나라, 조개껍데기가 넘치던 곳, 구리그릇이 넘치던 나라, 동쪽 토함산이 불을 뿜던 곳, 논밭이 비옥해 군량미 쌀이 풍족했던 나라, 물소의 왕국, 물소의 뿔로 만든 쇠뇌, 각궁이 넘쳐나던 나라, 원숭이들이 떼 지어 우는 나라, 말이 풍부한 나라, 금성, 월성 등 왕궁이 많고 드넓은 나라, 56개 신라왕릉과 귀족들 무덤이 넘쳐난 나라, 낙타를 키우던 나라! 그것이 바로 우리가 모르던 신라다.

[74] 고구려 안시성(安市城)

대한민국 역사 전공자, 교수, 강사, 공무원들은
혈세 처받아 먹으면서 사실상 중국 동북공정을 도와주고 있다.
'지적 게으름' 탓에 본인들이 무식한 상태인지도 모른 채 조력하고
있다. 대중 역시 마찬가지로 "전문가들이 어련히 잘 연구했겠지."
라며 의심 없이 따른다. 정신 차리자.

1. 안시성 관련 기록

고구리 최후 평양은 현재 베이징으로 고구리 안(安)의 지역이다.
안시(安市)성이 있고, 그 바로 아래에 고구리 옛 수도 동황(東黃)
성과 전진 기지 건안(建安)성이 있었다.

2. 안평(安平)

고구리 옛 수도 동황(東黃)성, 안평(安平). 지금도 존재한다.
그 서북쪽에 을지문덕의 진영이 있던 문덕(文德)의 진영(鎭)과
문덕 고향(文德鄕)도 그 이름 그대로 존재한다.

3. 안시성(安市城), 안국시의 성(城)

문덕진(文德鎭)과 안평(安平) 사이에 안국 도시(安國市), 그리고
성(城)의 흔적이 존재한다. 이 성(城)을 뭐라 불렀을까?

4. 오랑캐 당나라 이세민(당태종) vs 안시성 성주 양만춘
고구리-신라 전쟁으로 자주 등장하는 신성(新城)과 석문(石門)

<삼국사기> 고구리본기에 645년 신성(新城), 건안(建安)에서 전투를 벌인 기록이 있다. 안동도호부를 신성(新城)으로 옮긴 기록이 있다.
<삼국사기> 신라본기에 672년 신라가 석문(石門)까지 뒤쫓아가 당나라와 전쟁을 벌였다는 기록이 있다.

<삼국사기>와 중국 사서에 기록된 지역명을 현재 구글 위성지도를 통해 누구나 쉽게 찾을 수 있다. 고구리 수도는 북경 국내성(평양)이고 태행산맥을 넘어 오랑캐 당나라가 깊숙이 침략해 오면, 신성(新城), 석문(石門,석가장)에서 맞이하며 격퇴했다.
오랑캐 당나라 수괴 당태종 이세민은 요동성(요주)을 함락시키고 북경(당시 고구리 평양)을 향해 진군했다. 안시성에서 오랑캐를 기다리는 건 고구리 양만춘 장군! 맹수 같은 고구리 군이 오랑캐를 몰살시키고, 당태종 세민이는 눈알에 화살이 박힌 채 내뺐다.
"다신 고구리를 공격하지 마라. 내 유언이다!"라는 말을 남기고 당태종은 꼴까닥 죽었다.

일제 해방 후 약 80년이 되도록 이 역사 기록을 모르는 체하는 한국의 모~든 학교 교사, 강사, 교수, 공무원들.
안시성의 '양만춘'이 기록서에 나오는데 실존 인물이냐 아니냐 따지는 자들은 <중국 25사>에 스쳐 지나가는 수많은 인물의 존재는 어떻게 믿고 자빠졌냐?

5. 바른 역사 회복은 1차 사서와 지역명의 치밀한 교차검증

중국으로 바로 쳐들어가서 땅을 뺏어야 한다는 주장이 아니다.
이성계 조선 건국 이래 야금야금 줄어든 우리 역사.
일제강점기 때 정립시킨 후 일본 놈 심부름꾼이던 이병도, 신석호와 그의 사랑을 받은 졸개들이 대학교를 차지하고 친일 후손들을 박물관장으로 임명하면서 한반도로 영토해석이 굳어진 지금의 한국사를 바로잡자는 거다.

일제가 심어놓은 한반도 역사해석에 딱! 갇혀서 한발도 못 나가는 돌대가리 헛똑똑 쫄보들의 모임, 한국사 전공자들. 관련 부처들.

에라이. 영향력이 제일 큰 한국사 강사들부터 옷 벗어라!
니들은 국민에게 내일을 위한 역사를 가르칠 자격이 없다.

[75] 을지문덕의 살수, 천년의 비밀을 찾다

<삼국사기(三國史)>에는
유명미상지분(有名.未詳地.分), 즉 이름은 존재하나 위치를 알 수 없는 지명들을 분류해서 따로 적어놓았다.
약 360개다. 지역명들을 하나씩 읽어보면 황당하다.

'강릉, 강남, 위례, 대구, 부산' 등의 위치를 모른다고 적어놨다.
또 을지문덕의 살수(薩水)도 위치를 모른다고 한다. 살수 대첩지 위치를 모른다는 것을 이해할 수 있는가? 과연 김부식의 기록일까? <삼국사기>를 뜯어고치고, 조선시대 왕에게 보고할 때 위치 질문 면피용으로 페이지를 추가해서 적어놓은 건 아닌가?

참고로 <삼국사기>는 고리시대 김부식의 원본이 전질로 존재하지 않는다. 조선시대 교정된 편집본뿐이다. 사대주의 조선에서 "위치를 모르겠다."라는 변명으로 수백 개를 따로 기록해 두었다.

살수(薩水)가 현대의 매국 역사 전공자들이 주장하는 대로 북한의 청천강이라면, <삼국사기>의 저자 11명, 즉 고리의 최고 엘리트들이 그 위치를 모를 리가 있겠는가? <삼국사기>의 미상지명을 [현대중국지도], [중국역사지도집], 각종 옛 지도 등을 놓고 찾아보면, 대부분 중국 땅에 존재하는 것을 확인할 수 있다.

1. 494년(고구리 문자왕 3년) 살수(薩水) 전쟁

신라는 살수(薩水) 벌판에서 고구리와 싸웠다.

살수의 '살'은 '보살 살(薩)'이다. 불교의 중심지인 산서성 태행산맥 오대산(五臺山)에서 강이 내려오기 때문이다. 살수(薩水)는 굉장히 길어서 하북성을 통해 천진(天津)으로 흘러간다.
고구리 문자왕은 강력했고, 신라는 당연히 패배했다.

2. 612년(고구리 영양왕 23년) 살수(薩水) 대첩

북방의 신생 기마 민족 수(隋)나라가 겁 없이 대륙의 지배자 고구리에 도전장을 내밀었다. 4차례 전쟁에서 철저히 깨지고, 불과 38년 만에 폭싹 망했수다.
처음엔 고구리가 요서(遼西)를 공격했는데, 수(隋)나라 장군 '위충'이 막았다. 여기에 수나라 '양광(수양제)'이 화를 냈다고 <삼국사기>는 기록한다. 수나라가 방어했는데 왜 화를 내지?? 칭찬해줘야지. 혹시 못 막은 거 아냐? 또 수양제는 돌궐에 동맹을 맺고자 직접 방문했는데, 돌궐에서 고구리 외교 사신단과 딱! 마주쳤다. 상식적으로 외교관이 아닌 수(隋)황제라 자칭하는 자가 직접 남의 나라 돌궐 왕성에 방문한다? 이게 상식적으로 이해되는가? 당시 수나라는 어떤 지위였을까? <삼국사기> 기록이다.

113만 수양제가 이끄는 수(隋)나라 군사가 중원을 노리며 고구리를 침공한다. 요수(遼水)를 건너려 교각을 만들었는데 교각이 살짝 짧아 동쪽 언덕에 닿지 못해 수나라 전사자가 많이 발생했다.

많은 전사자를 낸 뒤에야 교각을 걷어서 다시 서쪽으로 돌아갔다. 다시 더 긴 교각을 만드는 데 2일이 걸렸고, 동쪽 언덕에 닿게 하는데 성공해 고구리를 공격했다. 1만의 사상자를 냈다. 수나라 군사는 고구리 요동성을 포위했다.

수나라 장군 '래오하'가 패수를 따라 고구리로 진군하니, 고구리 평양과의 거리는 60리였다. '래오하'는 고구리 성 안으로 들어와 백성들을 죽이며 재물을 약탈하며 정신이 팔려있는데, 이를 노린 고구리 군대의 역습에 완패했다. 간신히 살아 도망쳐 갔지만, 이후에는 수나라 군량 보급이 차단되었다.

압록강 서쪽에 집결한 수나라 군사들은 100일 치 식량을 보급받았다. "무겁다고 길에다 버리는 놈은 목을 베겠다!"라는 수나라 '우문술' 장군의 경고를 받았다. 그러나 병사들은 갑옷과 창에 식량까지 들고 가기에 너무 무거웠고, 몰래몰래 식량을 버리며 이동했다.

고구리 영양왕은 을지문덕을 수나라에 보내 거짓 항복을 했다. 수나라 '우중문'은 제 발로 들어온 을지문덕을 기쁜 마음에 그냥 돌려보내 주었고, 뒤늦게야 이상한 감을 느껴 압록강을 건너 을지문덕을 추격했다. 을지문덕은 공격과 후퇴를 여러 번 반복했다. 여러 번 이긴 수나라는 자신감을 얻어 더 동쪽을 진군하여 살수(薩水)를 건넜다. 을지문덕은 다시 사람을 보내 또 거짓말을 했다. "수나라 장군이여, 지금이라도 공격 그만하고 돌아간다면 내가 곧 우리 고구리 왕을 모시고 당신 나라에 선물을 들고 찾아가겠소."

수나라 '우문술'이 군대를 이끌고 살수를 절반쯤 건넜을 때 별도의 고구리 군이 후방에서 수나라의 후속 부대를 공격했다. 수나라 부대들은 깜짝 놀라며 한꺼번에 무너져 걷잡을 수 없게 되었다. 수나라 군사들은 모두 미친 듯 도망가는데 하루 만에 압록강까지 450리를 행군해 튀었다. 수나라 '래오하'도 '우문술'의 패배 소식을 듣고는 힘차게 도망쳤다.

수나라 9개의 부대가 요동에 닿았을 때 처음 군사는 30만 5천 명이었는데, 돌아갈 때는 2,700명만 남았다.
진짜 100명 중 1명만 살아남았다. 수나라는 전멸이나 마찬가지.

3. 포기를 모르는 남자. 수나라 양광(수양제)

화가 난 수나라는 다시 요수(遼水)를 건너 고구리를 공격했다. '우문술'과 '양신'에게 고구리 평양을 공격하게 하고, '왕인궁'은 부여를 경유해 고구리 신성을 치게 했다. 밤낮으로 고구리 요동성을 공격했지만, 20여 일이 지나도 고구리 성을 뺏지 못했다.
수양제는 성보다 높은 바퀴 달린 구조물을 만들어 활로 내리쏘는 전술을 하려 했으나, 그때 수나라 본토에서 '양현감'이란 자가 내란을 일으켰다는 소식을 들었고, 왕 자리를 뺏길까 걱정되어 수양제는 야밤을 틈타 군대를 이끌고 본토로 귀국했다. 고구리 군사 수천 명이 신나서 이를 쫓아갔고 요수(遼水)에 이르러 공격해 수나라 군사 수천 명을 죽였다. 수나라 장군 '래오하'는 고구리 비사성을 점령 후 고구리 평양으로 진군하려 했다. 고구리 영양왕이 외교관을 보내 "이제 그만하지?" 문서를 보냈다. 이에 '래오하'는 물러났다. 화난 수양제는 또 고구리를 공격하려 했으나, 실행에 옮기지 못하고 됐졌다. <삼국사기> 기록 끝.

이후 왕건의 고리(高麗)시대에 살던 (북)송나라의 사마광은
<자치통감>을 쓰면서 "요동(태행산맥)으로는 가지 마라. 개죽음 당한다."라는 글을 적었다. 요동은 늘 고구리, 고리의 땅이었다.

역사책을 읽어서 이렇게 알고 계셨던 분? 손?

4. 살수대첩을 벌인 을지문덕 진영(文德鎭) 존재

살수(薩水)의 공격은 북한에 있는 청천강에서는 불가능하다. 살수대첩을 벌였던 을지문덕의 진영은 지금도 '문덕진'이라는 이름 그대로 남아있다. 지금 찾아보시라. 문덕(文德) 진영(鎭).

[76] 청나라 지도 [대청광여도] 해석

1. 천산(天山) : 우리 민족의 연원

2. 구리(九黎) = 숙신(肅慎)

리(黎,麗)는 우리 민족을 뜻한다. 사마천 <사기>에 9개 리(黎)라 하여 치우가 이끄는 나라를 구리(九黎, 9개 동이)라 불렀다. 지도에 (합)리수, (합)리산도 나온다. 천산에서 뻗어 나온 강줄기다.

3. 숙신(肅慎)

쥬신(朱申), 조선(朝鮮), 숙신(肅慎), 식신(息慎), 직신(稷慎) 모두 음차로 우리 민족을 뜻한다. 숙주, 감숙산 등 숙신의 나라임을 보여준다. 윗쪽 월(月)씨 땅은 신라 교류의 태생지. 옛날 월씨 땅, 월지(月支)는 신라의 모태가 된 곳이다. 달을 중요시하고 수도에는 월성(月城)을 세우며, 음력을 쇠는 나라이다.

4. 청해(靑海), 토욕(吐谷)

청해는 바다가 아니고 호수다. 청해에서 황하가 발원한다. '토욕(吐谷)=토곡=토번(吐蕃)'은 광개토태왕 비석에 적혀있는 나라로 지금의 티베트다. 당나라로 쳐들어가 지배하기도 했던 강력한 국가다.

5. 황하, 유목민 침입 경로

수양제가 세운 2개의 운하, '영제거(永濟渠), 통제거(通濟渠)'
유목민이 말을 달려 중원을 공격할 때 황하 남측 오르도스(鄂爾多斯)를 통과하거나, 혹은 대동(大同)을 지나야 한다. 오르도스로 향할 때는 황하 상류를 건넌다. 황하 북쪽인 이곳이 수양제가 중원에 가고자 '영제거, 통제거'란 2개의 쬐끄만 대운하(?)를 만든 곳. 38년간 존속하다 망한 기마 민족이 큰 운하를 만들 기술이 있나?

6. 요동과 요서의 기준은 요(遼), 태행산맥!

7. 요서의 진평(晉平) 2군

<양서(梁書),양나라기록>에 "진(晉)나라 시기에 백제가 요서의 진나라 땅을 뺏아 진평 2군을 점유했다."라고 적어놨다.
<송서(宋書),송나라기록>에도 "백제 진평성을 거발성이라 불렀다."고 적혀있다.
산서성 진(晉)나라 영토의 진성(晉城), 고평(高平)의 2개 군(진평 2군)을 점령한 것! 그 아래 제원(濟原)이란 도시에서 그곳이 백제 땅임을 재확인할 수 있다. 제(濟)의 한자는 중국의 제(齊)나라들과 다르게 오직 백제에서만 사용된다.

8. 한국, 중국의 같은 지역명

정복지에서 민족은 그대로 이전 살던 마을의 이름들, 그 방위각 그대로 사용하는 것이 일반적이다. 영국 요크(York)에 살던 사람이 아메리카 신대륙에 뉴-요크(New York)라 이름을 붙이는 것과 같다. 북한 평양의 대동강 역시 중국 땅에도 똑같이 대동과 평양이 존재한다. 패수(조개 강), 압록수(오리 강) 너무나 흔한 이름들이다. 같은 민족이 살았다는 강력한 증거다.

9. 북경 (장수왕 이후 고구리 수도=평양)

태행산맥 북쪽 대동(大同)을 지나서 내려오는 강이 북경 남단을 지나 텐진(天津)을 거쳐 동해바다(황해)로 흘러간다. 동이의 나라를 넘보며 태행산맥(요)을 넘어 쳐들어오는 화하족과 맞서 싸우는 치열한 전쟁터가 신성과 석문, 안평. 베이징의 고리 성은 최근까지도 5~6개가 남아있었다고 전해졌는데, 중국 공산당에 의해 가장 크고 높은 하북성의 하간(河間) 고리 성마저 해체되고 파괴되는 비운을 겪었다. 옛 주인인 고구리, 고리. 그 후손인 한국인들이 일제가 심어준 한반도 해석 역사관에서 헤어 나오지 못하는 사이에 우리 조상의 유물과 유적은 이렇게 모두 조용히 파괴되고 있다.

10. 백제

패수와 압록수 아래 산동성은 백제 땅. 태산 근처 임존성, 동명(백제 5도독부 중 하나)이 있고 태산 오른쪽으로 황산(黃山, 계백장군), 그리고 우산(牛山, 소가 있는 산)도 있다. 우산(牛山)은 고구리, 백제, 신라가 차지하려고 매번 전투한 흔한 곳으로 <삼국사기>에 자주 등장하는 지명이다.

현재 산동반도 끝엔 해신(海神, 바다의 신)의 묘가 있고 장보고가 청해(靑海), 현재 정해. 진영을 설치했다는 적산법화원이 있다. 이곳에서 신라의 멋진 장보고 동상을 만날 수 있다. 전라도 완도의 장보고 동상과 그 멋을 비교해보니…. 어이쿠 내 눈! 안 본 눈 삽니다.

3,100년 전에 기자(箕子)가 태어난 서화(西華)와 죽었다는 몽성(蒙城), 신라, 백제 전쟁의 치열한 전쟁터 탄현(炭峴)=침구(沈丘)

백제가 망한 후 세워졌다는 백제 5도독부 동명(東明)과 덕안(德安) 모두 다 중국 땅에 현존한다.

11. 신라 땅

양자강의 양주(楊州)와 강도(江都)

신라의 계림(桂林) 남쪽에 광주(廣州,광저우)가 존재하는데, <왕오천축국전>을 쓴 혜초스님이 배를 타고 인도로 떠난 곳이다. 신라의 신(新)자나, 라(羅)자, 혹은 김씨 신라의 김(金)자를 딴 마을이 광저우에는 많이 존재하며, 현재 양자강, 즉 장강 중앙에 나주(羅州)도 존재한다. 물론 김씨마을들과 함께.

12. 발해(渤海) 땅

베이징 주위 천진(天津)에 옛 발해의 흔적이 많이 남아있다. 발해를 고구리(고리)라고도 불렀다. 그 앞 바다를 발해만이라 부른다.

이 '발해(渤海)'라는 지명은 현재도 태행산맥, 하북성부터 만주까지 많이 발견된다. 고구려 땅을 이어받은 나라니까 당연하다.

13. 중국 화하족의 땅

동이의 땅 서안(西安), 백이, 숙제 묘, 집단 무덤인 북망산이 황하를 따라 보이고, 그 서쪽 산악지대 너머 진시황의 도시 진안(秦安), 그 아래 산에 둘러싸여 안전한 한나라의 도시 한중(漢中)이 보인다. 유비, 조조, 손권의 삼국지 땅 한중(漢中), 형주(荊州), 무창(武昌), 악주(鄂州), 양양(襄陽), 그 양자강 아래 엄청 큰 동정호수(洞庭湖)가 있고 그 위를 호북(湖北,호수의 북쪽)이라 하고, 그 아래를 호남(湖南,호수의 남쪽)이라 하며, 전주(全州)가 그곳에도 있다. 한반도 전주(全州)랑 세부 동네 이름들도 똑같고 문화도 유사하다. 오리지널 원조 전주(全州)가 여기 있다.

조선시대 초 음양산정도감(陰陽刪定都監)이라는 기관을 만들어 한반도에 똑같이 이식한 것이 지금 한반도 전라북도 전주(全州)! 전주 동네 이름들도 전주에 마구 비벼 넣어서 전주 비빔밥?

[77] 사라진 원본 <난중일기 을미년(乙未年)>
반도사관 완성을 위해 일제가 없앤 1권

이순신 장군이 쓴 <난중일기(亂中日記)>는 약 1년 단위 1책이며 총 8권으로 구성되어 있다.

<난중일기> 8권 중 <을미일기> 1권이 현재 분실된 상태다!

1592 임진년, 1593 계사년, 1594 갑오년, 1595 을미년, 1596 병신년, 1597 정유년Ⅰ, 1597 정유년Ⅱ, 1598 무술년은
모두 이순신 장군이 쓴 「친필본」이지만,
오직 1595 을미년 일기만 계속 분실된 상태다.
현재 우리가 보는 을미년 일기는 이씨 문중 가문에서 필사한 것을 해석한 것이다.
도대체 왜 <난중일기> 원본 1권은 사라져야만 했을까?

일제강점기 때 수탈되었다는 설이 가장 유력하다.
일제가 이씨 문중 가문을 협박해서 임대 수탈 혹은 50~70년대 도난, 문화재청 관리 소홀로 분실했다는 설도 있다.

1968년 <난중일기> 친필 원본을 일본 놈한테 1천만 원(현 시세 50억 원 이상)에 팔아넘기려던 국내 일당이 부산에서 밀반출 바로 직전에, 하늘의 도움으로 운 좋게 검거된 적도 있다.
당시 CCTV도 없던 시절이라 유물 보관 수준이 이 정도 수준이었다. 국내 역사 인식마저 참담했다. 현재도 돈 앞에는 매한가지.

<난중일기 을미년>의 내용을 보자.

임진왜란이 일어난 지 4년째의 기록이다.

"요동의 왕작덕(王爵德)은 (고리) 왕씨의 후손으로 군사를 일으키고자 한다. 매우 놀랄 일이다." - 1595년 5월 4일

"요동의 왕울덕(王鬱德)은 (고리) 왕씨의 후손으로 군사를 일으키고자 한다. 매우 놀랄 일이다. 현재 우리 조선 군사들이 지쳐 힘이 없는데 이를 어떻게 막나." - 1595년 11월 4일

고리(高麗) 왕건의 후손 왕작덕, 왕울덕이 요동(遼東,심양 근처)에서 군사 반란을 일으키려고 한다는 편지를 받고서 우리 조선군이 출동해야 한다며 걱정했다는 내용이다.
<난중일기, 을미일기> 원본이 사라져야만 했던 이유다.
향후 친필 원본이 없기에, 내용상 위작 논란이 반드시 일어난다.

그 당시 요동에 사는 왕씨 후손들이 고리(高麗) 복원을 노렸다는 것은 현재의 요하(遼河)로 불리는 그 만주 일대가 당시에도 조선의 일부 세력권이었다는 것을 의미하는 중요한 기록이다. 한반도 역사관으로 역사 왜곡을 유지하려는 세력의 입장에서는 절대 남겨둘 수 없었던 거다. 원본이 사라져야 훗날 "필사본의 내용은 거짓이 첨가되었다!"며 개소리를 시전하기 좋기 때문이다.

[78] 대학 교수들. 식민지 이론.
안 바꾸나, 못 바꾸나 (불편한 진실 1편)

한국 역사는 실용 검증과는 전~혀 관련이 없다. 종교와 같다.

지명도 안 봐, 지도도 안 봐, 원문을 분석하지도, 일식 과학 결과도 믿지 않는다. 그냥 물려준 대로 맹신하며 믿는다. 아멘~!

대학교, 대학원 등 10년간 석·박사까지 공부한 역사학도를 생각해 보자. 10년간 등록금을 바쳤는데 학점을 따고 졸업하려면 어떻게 해야겠나? 윗대의 스승과 선배가 가르쳐 주는 대로 토 달지 않고 외워야 점수도 따고, 학위도 받고, 강사나 교수 자리도 하나 덜컥 받을 수 있지 않은가? 서울대, 고대 등 모든 사학과와 교과부, 국립중앙박물관과 각 지방 역사박물관, 국사편찬위원회, 한국학중앙연구원, 동북아역사재단, 문화재청 등 모든 기관, 역사학에서 유일한 정통 역사 해석관은 일제강점기 총독부가 만들어준 해석뿐이다. 많은 등록금, 돈 내고 따지며 낙제할래? 순종하며 박사 딸래?

사학과에선 거의 7~80%는 조선시대 역사만 배운다.
고구리, 백제, 신라는 암기 수준으로 지나간다.
마구잡이로 외우느라, 원서 한자 보고 비교, 분석할 시간은 없다.

대학교란 관련 사회생활을 아직 하지 않은 미성숙한 이들에게 돈을 받고 교육을 시켜주는, 학위 자격증을 발부하는 이익집단이다.
교수는 기본 실력으로 학생 위에서 군림하는 조직원이다.
논문은 그들끼리의 평가와 행적이다.

역사 학계의 교수나 학위 소유자들을 실력이 대단한 줄 좋은 말만 해주면, 잘난 맛에 지들만 옳은 줄 안다. 우물안 개구리들.
일단 역사학과 교수, 강사의 권위를 개무시해야 한다.
돌대가리 앵무새이고, 머리가 꽉 막혀서 새로운 사실을 직접 교차 증명을 하지도, 받아들이지도 못하는 습성을 가진 애들이다.
지적 게으름 탓에 '교차'는 하지 못하고, 오직 '답습'만 한다.

사회 경험 하나도 없고, 본능과 인정받자는 '욕구'만 가득해서, 사회, 정치, 역사가 어찌 돌아가는지 현상에 대한 해석과 이해도도 현저히 떨어지는 애들이다. 나이를 먹어도 뇌의 경험치가 모자란 채 젊은 시절 암기한 것만 평생 읊조릴 뿐이다.

우리가 한껏 깔보고 혼내줘야 그들이 바뀐다. 적극적으로 방문하고, 행동 댓글을 달고, 직언을 하며, 끼리끼리의 논문 행위를 비웃어줘야 한다. 자기네 안에서 비슷한 논문 복사-붙이기를 해서 약간씩 첨삭해 만들어 돌려 읽어가며 논문 성과 운운하며 정부 연구비 등을 타 먹는 자들이다. 변화와 오류검증은 모른다.

지금 깨어있는 시민 연구가들의 성과가 담겨있는 책, 글, 영상이 지천에 널려있는데도, 아직도 논문 운운, 학위로 역사를 해석해야 정통이라고 운운하는 놈들은 정신 못 차린 거다.

강의실이 아닌 일반 대중 앞에서 너희들의 실력을 평가받아보라. 나와서 일반인들에게 강의해 보라! 현재 누가 너희들의 한국사 강의. 개소리를 들어주는지. 대중 앞에 인생은 실전이다.

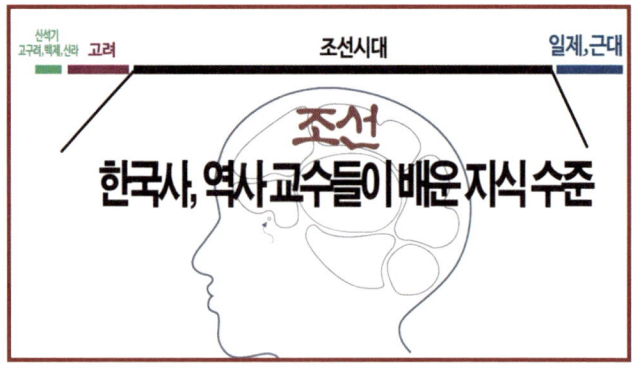

[79] 한국사 교수, 강사들이 옛 지도를 안 보는 이유
(불편한 진실 2편)

1. 조선의 영토 지도

조선 영토 지도에서는 거의 빠짐없이 대마도가 보인다.
당연히 조선의 영토였다. 일본에 대마도 달라고 찍소리도 못하는 한국사 교수 놈들, 반성해야 한다.

고리(高麗) '윤관'의 동북 9성을 한반도에서 찾으려 하니, 그게 찾아지냐? 고리 영토가 어디까지냐면 동북쪽으로는 지도 끝까지, 서쪽으로는 위로 감숙성, 아래로 운남성까지도 고리 지명이 나온다. 조선 영토보다 작은 고리? 눈을 좀 떠라. 뵈는 게 없다고?

양자강에 신라의 경주(慶州)가 있다. 우산국(于山國), 강화(江華), 월성(月城) 모두 존재한다. 일식 기록(과학 검증)과 기가 막히게 해석 위치가 일치한다.

고리 시절 송나라 때 [우적도]는 돌 비석에 새긴 것이라 믿을 만한 중세 지도 사료이다. 요동, 요서, 황하 다 나오지만, 한국의 역사 교수, 강사라는 놈들은 전혀 보지 않고, 알려고도 하지 않는다.

2. 한자를 간자체로 변경, 왜?

중국 공산당은 1949년 건국한다. 한국전쟁 1년 전에 건국했는데, 전쟁 때 북한을 도와준다. 정권을 잡고 보니까, 중국 동부에 고구리, 백제, 신라, 고리 지역명이 너무 많은 거다. 다 없애야겠다 마음먹고 문화대혁명이라고 부르며 10년간 파괴를 실행에 옮기며, 한자도 점차 간자체로 바꾼다. 일반인들이 옛 책들과 동네 이름들을 비교하며 읽을 수 없도록.

한번 읽어보라. 읽을 수 있겠나?
왜 한자를 바꿨을 것 같은가? 단지 쉽게 사용하려고??

역사서와 지역을 못 알게 글자를 바꿔라 _중국공산당 간자체의 비밀_

罗	신라 新羅
庆	경주 慶州
丽	고려 高麗
济	백제 百濟
东	동해 東海
乐	낙랑 樂浪

'동녘 동(東)'을 바꿨다. 나무 목(木)에 해 일(日).
이렇게 쉬운 한자가 어딨다고, 이걸 바꾸나?
'군대 군(軍)'자도 마찬가지다. 동이 민족 지역명의 흔적이 중국 동쪽에 다 있으니까, 무조건 연관 단어는 바꿨어야 했던 거다.

'동녘 동(東)', '군대 군(軍)' 외에도, '고구리 리(麗)', '신라 라(羅)', '경주 경(慶)', '백제 제(濟)',
즉 고구리, 백제, 신라의 중요한 글자 하나씩을 무조건 다 바꿨다.

우리 역사에 주로 등장하는 한자 문자를 거의 바꿨다. 혹여 역사 기록을 보더라도 찾지 못하게 할 목적이다. 고지도를 봐도 "여기가 아닌가벼~"하게 만들고, 한국인들이 위성 지도에서 중국 땅을 봐도 전혀~ 읽을 수 없게 하기 위함이다.

3. 고구리, 백제, 신라. 배달나라-고조선 후예들이 살던 땅

<사기>, <삼국사기> 첫 지역명들이 중국 동부 땅에 다 있다.
'고구리 평원', '고구리 동황성', '태행산맥 태원', '안평(서안평)', '유리왕 묘', '고리영(북경)', '광개토 영락궁', '요서 백제', '진평군', '백제 동명 도독부', '황산(벌)' 등.
한국과 중국의 정통 사서 지역명 그대로 현재도 중국 동부에서 다 발견되는데, 이걸 애써 부정하고 있다.

'서신라', '신라 동경' 표기가 된 유물이 있다. 고대는 땅 넓이만큼 국력이 비례하게 돼 있다. 농경, 목축 면적 등. 수많은 전쟁을 벌이며 천년의 문명을 이어간 신라가 경상도 코딱지만 한 땅이었겠다? 대륙에 터를 잡고 있다가 해류를 따라서 한반도로 이동하는 것이 기본상식 아니겠나?

역사 교수 놈들, 역사 강사 놈들아! 네놈들, 지도들 보기는 했어?
왜 알려고를 안 해? 왜 공부를 안 해?
왜 삼국, 후삼국, 고리 역사 본토를 한반도에서만 찾냐고?
남이 쓴 논문과 책들로 연구하지 말고, 직접 원문과 지도를 보며 확인을 하라고!! 이 게을러 썩어빠진 놈들아!

태행산맥을 기준으로 동쪽을 산동, 산의 서쪽을 산서라 했다.
황하를 기준으로 북쪽을 하북, 남쪽을 하남이라 했다.
태행산맥 동쪽이 다 우리 선조들이 살던 곳이다.
홍산 문명이라 해서 산해관 위쪽, 만주에서만 조상들이 살았겠냐고? 만주사랑 홍산과 적봉에 세뇌당해 푹~빠진 자들아.

페르시아, 로마까지 이름을 떨쳤던 신라,
로마 바티칸 기록에까지 나오는 고리(高麗).
이 세계적 신라와 고리가 남한 귀퉁이 경상도 코딱지만 한 나라였다고? 에라이~~ 외국 한번 안 나가 본 것 같은 모지리들아!

고대에는 도로가 미비했고 이미 뚫려있는 길로만 다녔다.
한반도는 산악지형이 70% 이상이다. 태행산맥 동쪽의 황하, 양자강, 만주, 한반도 모조리 다 우리 선조의 배달나라 1,500년, 고조선 2천 년, 고구리-백제-신라 1천 년, 고리 5백 년을 누비던 무대였다. 사람이 많은 살던 곳, 대륙이었음은 당연지사.

기록과 현장이 중국 땅에서 일치하는데 어떻게 부정을 해?
지도도 안 보고, 기록도 안 보고, 논문과 남이 쓴 책들만 보며 공부하는 놈들, 한반도에서만 역사를 찾아 헤매는 돌대가리 역사 교수 놈들, 강사 놈들, 다 그 입 닥치라. 우리 애들 오염된다!

4. 대만 국방연구원에서 발행한 60년 전 [군사지도]

산동반도에 우산국(于山國), 동해 앞바다. 내륙에 백제 백마강과 사수, 태산 다 존재한다. 완도 청해진도 대만 국방연구원에서 발행한 60년 전 지도에 그 지역명이 정확히 적시된다. 지금 장보고 적산법화원이 있는 곳으로 딱 일치한다. 대만은 현재 우리가 사용하고 있는 옛 한자를 사용하기 때문에 이 지도를 보며 쉽게 위치를 찾을 수 있다. 간자체 못 읽는 사람들에게 딱 좋은 기초 지도.

고리둔(高麗屯), 누구 땅이겠어? 둔(屯), 군대가 주둔했다잖아? 누구 땅이겠어? 이런 게 지도에 쏟아진다. 그런데 우리는 교과서에서 고리 영토는 조선 영토보다 작다고 배우잖나?
고리둔과 한국사의 고리, 고구리 최대영토를 비교 좀 해 보셔.

고구리, 백제, 신라가 그 좁은 한반도 땅덩어리 안에서 천년을 싸우며 이어갔다고? 그런 전쟁 역사는 전 세계 어디에도 없고, 미친 놈의 소리로 평가된다. 한반도 역시 우리 조상이 다스린 땅이고, 백제의 담로가 있고 신라의 물길이 이어지는 곳이었다. 그러나 황하-양자강-만주-한반도 전역은 배달나라-(고)조선-삼국-후삼국-고리까지 우리 땅이었다.

명나라 주원장이 남경(南京)을 수도로 삼았다. 고리 앞에서 빌빌대던 주원장이 원나라를 북쪽으로 밀어버리고 신흥 국가 넘버원이 됐는데, 고리를 멸망시키고도 주원장 눈치 보기 급급하던 조선의 이성계가 어떻게 기록물들에 "고리가 사실 강성했다."고 사실대로(?) 적어놓을 수 있겠나? 강성한 나라를 무너뜨리고 건국하나? 막장 국가를 뒤집고 새 나라를 건국해야 국민들이 참고 살지.

주변국들이 "너희 한국 민족은 못난 민족이다. 코딱지만 한 땅에 살면서, 옛적부터 맨날 처맞고만 살았다."며 해 온 거짓말 가스라이팅. 이제는 털어버릴 때다. 반격할 때다.

[80] 고려, 몽고항쟁, 강화도의 숨겨진 비밀

모든 것이 엉망인 한국사, 고리(高麗) 강화(江華)도

1. 몽고리와 종전 후에도 살기 좋아서 11년 더 체류한 강화도

고리(高麗) 최씨 무신정권이 30년 강화도에서 항전한다. 1259년 고리 원종은 몽고리에 항복을 한다. 몽고리의 침략이 끝났는데, 11년간 더 강화에 있었다. 그곳에 살던 많은 군인들과 백성들이 현재 인천 그 좁은 강화도에서 전쟁 종전 후, 11년을 더 머무르며 신나게 생활할 수 있었겠는지 상식적으로 생각해 보자.

[천하고금대총편람도](1666년)를 보면 거대 호수 동평 호수 물줄기가 쭉 이어져 마치 섬처럼 나뉜 산동반도 모습을 볼 수 있다. 우뚝 솟은 태산(太山)과 함께 그 주변을 황산(黃山)이라 부르며, 산동반도의 강화도는 그 자체로 천혜의 거대 요새라 할 만하다.

2. 고리시대 오련산(五蓮山), 견자산(見子山)

인천 강화도에 고리 오련산, 견자산이 있는데, 산동반도에도 있다.

3. 최씨 골짜기 진영(崔家峪鎭)

최씨 무신정권이 산골짜기에 세운 진영(鎭). 산동반도에는 왕씨들도 많은데, 최씨들도 많다. 최씨 집성촌이 많이 있다.

4. 명-조선, 왜 이렇게 역사 기록을 왜곡했나?

주원장이 어떤 자인지 알면 이해가 된다. 회수(淮水) 평민 출신으로 양자강에서 홍건적 도둑의 무리를 평정하고, 대제국이던 몽고리를 북쪽으로 밀어버리고, 고리(高麗)의 옛 땅을 차지한 지역의 왕이다. 박살난 몽고리는 위로 밀려나고, 고리도 밀려났다.

쿠데타범 고리 동북면 영토의 대장 이성계는 명나라에게 힘의 열세를 인정하고 이렇게 말했을 것이다.

"원장이 형!
이제 형님(황제)이라 부를게. 난 그냥 산해관 동쪽에서 제후(왕)의 나라로 만족할 테니, 서로 정권 영원히 보장해주며 도와주고 살자. 여진이랑 몽고리가 언제 함께 쳐들어올지 모르니, 우리 서로 믿고 기대며 동맹하자고.
나는 영원히 형님 편이다. 내 맘 알지? 약속한 거다?"

현재도 다르더냐? 공부할 때, 중국 놈들이 던져준 역사 정보를 곧이곧대로 믿고 '중국이 최고구나!' 맞장구치고 앉아 있으니.

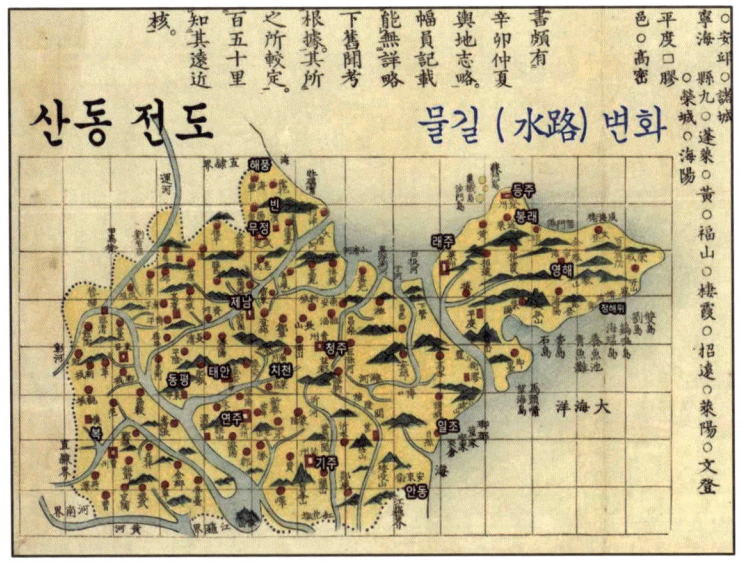

[81] 주원장과 이성계 고향의 비밀, 전주 이씨

1. 백제와 신라 경계

군사 진영을 나타낸, 진(鎭), 영(營), 위(衛)가
회수(淮水)를 따라서 엄청나게 많다. 양자강(長江), 회수(淮水) 위
쪽은 백제 땅, 회수(淮水) 아래쪽은 전통적인 신라 땅이다.
대륙 아래쪽 소주(쑤저우 苏州), 항주(항저우 杭州), 상해(상하이
上海), 남경(난징 南京)에서 구글맵을 쳐보면 고리(高麗) 이름이
엄청나게 쏟아진다.

2. 고리(高麗) 사람 주원장

<고리사(高麗史)>에 따르면 주원장은 회수에 살던 평민이다.
양자강을 건너 홍건적 오왕(오나라)=무한(武漢) 땅을 점령했으며,
남쪽으로는 민월(閩越 월나라)을 평정했다. 원나라 몽고리마저 북
쪽으로 내쫓았다. 그 뒤 고리 공민왕에게 건국했다고 편지를 써서
바쳤다. 그가 발 딛고 있는 양자강을 중심으로 한 영토가 옛 고리
땅이었기 때문이다. 행여나 "공격하러 오지 마세요."라는 뜻이다.

3. 전주(全州鎭)

중국 남부 홍콩 광저우(廣州)에서 뱃길 타고 올라오면 전주(全州)
가 있다. 대륙 남쪽과 대만은 '왜인'이 득실득실했던 곳이다.
양자강 남경(南京) 부근에도 전주(全州)의 진영(鎭)이 있다.

4. 고리 사람. 이성계의 고조 할아버지

이성계 고조할아버지(목조)는 전주 사람이다.

이성계 고조할아버지(목조)는 관기(관의 기생) 사건으로 싸움이 벌어지자, 양자강 무한(武漢) 근처 강릉으로 이동한다. 그 후 170 가정을 이끌고 배를 타고 바다로 나가 동북쪽 현재 대릉하, 요하가 흐르는 만주 땅인 의주(義州)로 건너갔다. 그곳에서 몽고리에게 항복해 그 밑으로 들어가 그 지역 몽고리 장수 생활을 한다.

5. 원장이와 성계

고리 역사를 산산조각 낸 주원장이,
주원장이한테 쫄아서, 알아서 위화도 회군한 이성계.
이들을 원망하기 전에, 꼭 명심하자.

역사에는 흥망성쇠가 있다.
역사가 어떻게 승자입장에서 왜곡되는지 이해하고 받아들이자.
망한 국가에서 가장 먼저 왜곡되는 건 찬란했던 역사다.

주원장이는 주변 고리 사람들을 정말 많이 죽였다.
이성계 역시 똑같이 고리(高麗) 사람들을 많이 죽였다.
모든 역사책이 명나라와 조선 때 모두 다시 교정되어 간행됐다.
고리, 명나라 이전에 쓰인 중국 역사 기록서 원본 전질은 없다.
원본이 없고, 원본 비스무리 낱권들이 남아있는데
모두 명나라 때 다시 교정, 수정, 재간행 된 거다.
주원장이도 어떻게든 고리를 하찮은 나라로 기록해야 건국의 정당성이 생기거든. 그래야 명분이 없기에 향후 국가전복 세력들도 나타나지 않을 거고. 정권을 보존, 유지하는 데 필수인 역사 왜곡.
"이전 왕조는 협소한 영토를 보유했고, 썩고 문드러져서 망할 만 했기에 우리가 쿠데타(반란 혁명)를 했다."라는 왜곡 기술.

명나라는 조선이 세워지기 20년 전에 건국했다.
몽고리(원나라)를 무너뜨린 주원장이를 보며, 쿠테타에 성공한 이성계는 쫄아서 알아서 기었다. 둘이 중원의 주인인 고구리, 고리(高麗)를 비루하게 거꾸로 왜곡한 역사책을 만들고, 우리 민족을 조공이나 하는 쫄보 나라의 보잘것없는 민중으로 세뇌시켰다.

[82] 대륙의 지배자, 대백제

1. 식민지 조선의 9번째 총독 아베노부유키(阿部信行)

"우리가 지역명을 다 섞어서 너희 한국사를 재창조했고, 한반도에 식민 역사해석을 심어놓았다. 위대했던 옛 조선 역사의 영광을 찾아내려면 백 년도 더 걸릴 것이다."

2. 일제가 심어놓은 역사관

한국사는 '단군 신화설+조작된 한나라 4군 위치'로 역사 기록을 시작함으로써 조선 역사를 확 줄여서 일본보다 짧은 역사로 만들고, 쓰다소키치(津田左右吉)의 고리 영토 축소 해석으로 고리 영토를 조선보다 작게 만들며, 조작된 임나일본부 한반도설로 '정한론'의 발판을 만든다. 조선 땅이었던 대마도를 잊게 할 목적으로, 독도를 자주 언급한다. 조선 땅인 만주와 간도 땅은 일단 청나라에 팔아먹음으로써, 만주를 조선으로부터 분리한다. 2단계로 어쩔 수 없는 충돌을 가장하여 무력을 통해 모두 일본 땅으로 만든다.

3. 일식 기록

김씨네와 이씨네가 땅을 가지고 서로 다른 주장을 펼친다 해도, 그날의 날씨와 지역을 거짓말해서 크게 득 볼 것은 없다.
김씨의 주장이든, 이씨의 주장이 어떻든 천문 기록, 위치 기록의 주장은 사실로 봐도 무방하다.
역사는 승자가 쓰기에 왜곡되고 오염되기 쉽다. 내용보다는 특히 지명과 장소, 사람, 날씨 이런 객관적 자료를 꼼꼼히 봐야 한다.

고구리의 모든 일식 기록을 합친 평균 일식 기록은 바이칼 호수 근처, 백제의 평균 일식 기록은 북경, 신라 평균 일식 기록은 양자강 중부에서 한반도까지 나타난다. 수도가 여러 개였던 국가들의 일식을 평균 낸 지역이다. 개별 일식 위치는 시기별로 다르다.

변함없는 것은 우리 역사의 일식 관측 위치 및 지명기록이 대륙에 있기에, 백제 마지막 수도 웅진, 사비는 모두 대륙이어야 한다. 일식 과학 검증은 완료됐다.

과학 검증마저 믿지 않겠다? 본인들 소설적 해석만 신봉한다? 그건 역사를 해석할 자질이 없는 자들의 소리다.

한반도에서만 역사를 파면 뭐가 나오니?
사는 데 많이 도움이 돼? 누가 돈을 줘? 아~! 주는구나?
그 역사 해석 때문에 있는 한반도마저 옆 나라에 뺏기게 생겼다.

4. 제(齊)나라 vs 백제(濟) 한자의 다름

춘추전국 제나라, 대륙의 모든 제(齊)나라,
이정기의 제나라도 백제의 '제(濟)'와 달리 물수변, 삼수변(氵)이 없다. 오직 물길을 다스린 백제만이 물수변(氵) 있는 '제(濟)' 자를 사용한다. 백제는 물이 많은 곳에 있었나 보다.

백제의 일식이 관측이 포함되는 산동반도의 제양(濟陽), 제남(濟南), 제녕(濟寧)은 모두 물수변(氵)을 사용한다. 백제 땅!

5. 백제 영토

① <삼국사기> 기록 : "고구리·백제가 유·연·제·노 땅을 굴복시켰고, 오·월 땅을 빼앗아 가졌다."

② 송나라 돌비석 지도 [우적도]에 표기된 요동의 기준, 요(遼)

중국의 그랜드캐년이라 불리는 태행산맥은 요(遼)! 역사 기록은 후대에 국익(?)을 위해 낱말을 수정, 가감하곤 한다. 그래서 송나라 때 돌로 만든 비석에 새겨진 지도 자료가 더욱 가치가 돋보인다. 분명히 태행산맥을 '요(遼)'라고 기록하고 있다.

③ 월(越) 자리에 중국 전주(全州)가 있고, 홍콩 근처에는 '백제향'라 불리는 백제 마을이 현재도 남아있다.

④ 백제는 래이(萊夷) 땅

[양직공도]는 양나라에 방문한 외교관들 지도이다.
6세기 초 약 50년 존속했던 약소국 양나라에서 백제 외교관에 대해 기록해 놓았다. "백제는 옛 래이(萊夷)로 마한의 무리다." 래이(萊夷)가 산동반도 지역임은 중공도 인정하고 있는 바이다. 기록과 [양직공도] 유물이 웅진 백제가 어디 존재했는지 증명해주고 있다.

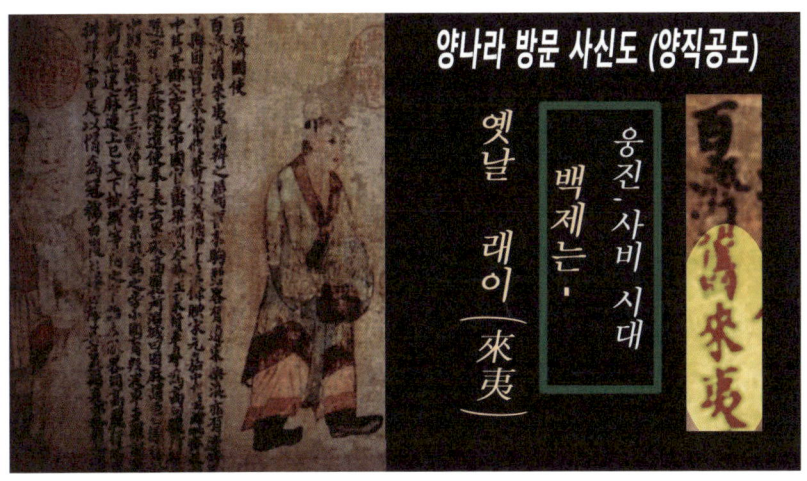

6. 백제 5개 도독부

신라-당나라 연합군에게 어이없게 백제가 망한 뒤 5도독부를 세웠다. 다섯 군데인 '웅진, 마한, 동명, 금련, 덕안'
어이없게도, "그게 어딘지 모른다."는 게 대한민국 역사학계 입장이다. 우습게도 그 다섯 지역이 그 한자대로 중국 지역명에 그대로 남아있다. 이들을 '눈뜬 장님'이라 해야 하나?
오픈 유어 아이즈!

① 웅진(熊津, 곰나루터 웅진) - 산동에 웅촌(熊村)이 존재한다. 큰 호수 나루터 옆에.

② 덕안(德安) - 양자강 남부에 도시가 존재한다. <일본서기>에 "백제 남쪽에 덕안이 있다."고 기록되어 있는데 정확한 위치다.

③ 동명(東明) - 산동반도 좌측에 존재하는 도시다.

④ 금련(金漣), 마한(馬韓) - 산동반도와 주변에 관련 지명 상점이 존재한다. 일반적으로 사용하기에는 독특한 이름들이다.

7. 우리 땅 vs 화하족 땅

① 집안(集安) : '우리 집안 사람'이라는 말에서 보듯 '집안'은 '가장 안전한 곳'을 뜻한다. 북한 압록강 위 고구리 무덤들이 떼로 모여있는 곳이다.

② 합비(현재 汉金城) : 흉노-신라 김일제 관련된 땅.
그 옆에 신라의 양주(양자강 따라 형성된 도시)가 있다.
양주는 揚州, 楊州 한자로 병행하며 사용된다. 기록상은 楊州다.

③ 태주(台州) : 무령왕릉 목관에 쓰인 소나무 '금송'의 원산지

화하족, 한족들은 낙양, 시안, 한중, 성도를 따라 늘 거주했다.
넓게 보면 무한 근처까지 차지하기도 했다. 삼국지의 중심지이다.
그 위쪽으로는 무시무시한 위구르, 돌궐, 왼쪽에는 티벳(토욕), 남쪽으로는 해적 떼.
중화 화하족은 이렇게 사방팔방 침략을 받았다. 기록으로라도 이겨야겠지. 기록 왜곡의 달인들.

8. 존재하는 웅진, 백마강

① 웅진(熊津)
백제의 상징은 용맹하면서도 머리가 좋고, 겨울엔 깊은 잠에 빠지는 '곰'! 산동반도의 '곰 마을' 호수 주변의 나루터가 중심지였다.
곰이 있고, 강이 있어 나루터가 있으면 웅진이다.

② 백마와 강들
백제의 고위층들이 타던 백마. 패망한 뒤에는 백마를 탈 일이 없으니 백마의 피를 뿌려 항복을 맹세한다. 백마강(白馬江)!

백제의 옆을 흐르는 강은 백강(百江, 白江),
제(齊)나라 옆을 흐르는 강은 제수(齊水),
한(汉)나라 옆을 흐르는 강은 한수(汉水).

③ 태산(太山)
태산(太山)은 웅진(熊津)의 동쪽이다. 옛날 화산 지역이라 자원이 풍부하다. "태산이 높다고 하되, 하늘 아래 뫼(산)이로다."라는 우리나라 속담으로 익숙한 바로 그 산이다.

④ 황산벌(黃山伐)

사마천은 <사기>에 "해(海)는 바다가 아닌, 황하로 부른다."고 적었다. 당나라는 바다를 건너지 않았다. 무동력선으로 망망대해를 지속적으로 오가는 건 미친 짓이다. 중국의 황산(黃山)은 산동반도 태산 옆에 있다. 당나라 소정방과 신라 김인문은 '해(海)', 물줄기)를 따라 황산(黃山) 근처의 기벌포에 들어왔으나 갯뻘에 빠져 고생 좀 했다. 백제 수도 '사비'를 공격하러 자원을 잔뜩 싣고서 바다가 아닌 폭풍에 안전한 강을 따라 배로 이동해 왔다.

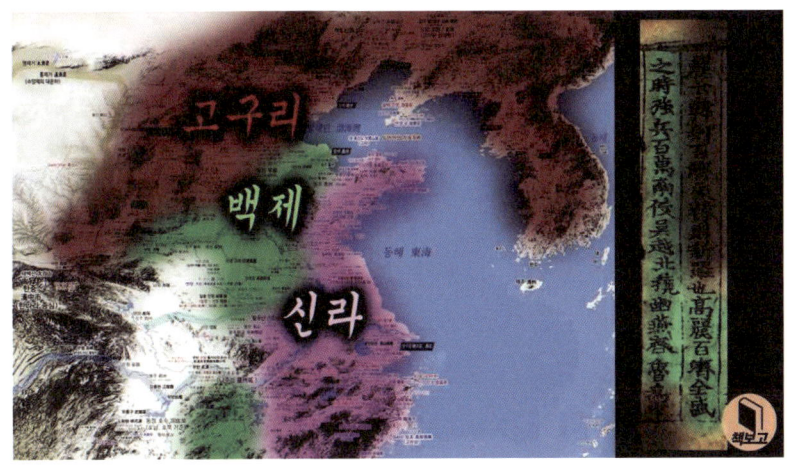

291

9. 대륙의 지배자 백제

중화민국 '장제쓰'는 중국 본토를 수복하고자 중국 지역명이 자세하게 적힌 군사 작전 지도를 만든다. [대만 군사지도].
30년 전 열혈 역사 청년이 이 비밀 지도를 대사관에 가서 일일이 복사해냈다. <삼국사기>, <중국25사>에 나오는 그 이름 그대로의 지역명이 가득하다. 읽기도 쉽다. 중국 공산당이 역사를 지워버리려고 한자도 간자체로 바꾸고, 많은 지역 이름도 바꿨는데, 이 대만의 지도에는 그 전의 한자로 정보가 표기된다. 당나라와 삼국시대 전투지역 이름들도 잔뜩 적혀있다.

2,000년이 되자 인터넷 구글 위성지도 검색이 활성화되면서 중국이 숨겨왔던 역사 지역들이 드러났다.
몇 년 전 대만에서 [대만 군사지도]를 힘껼게 구매, 입수하면서 그 지도를 토대로 '책보고'는 구글맵, 바이두 지도 등 간자체로 적혀있는 위성지도와 모든 옛 지도를 교차검증하여 역사를 재해석할 수 있었다. 역사 해석의 새로운 방법 및 그 토대가 되는 [왜곡된 한국사 복원 지도]를 만들어 놓았다. 이제 누구나 혼자서도 역사 기록을 찾아서 비교하고 그 현장을 확인할 수 있다.

백제의 마지막 전투가 벌어졌던 주류성(留城) 진영(鎭)을 구글맵으로 찾아 들어가 보고 있노라면, 대륙을 중심으로 한반도, 왜국, 일본, 동남아에 22담로를 거느린 호전적인 해양의 지배자 백제의 마지막이 그려져 눈시울이 뜨겁다.

"선조들은 여태껏 우리를 기다리고 있었다.
 어서 와라! 너희들의 조상 백제는 이곳에 잠들어 있다."

[83] 무령왕릉 목관, 소나무의 원산지가?

일본이 만든 <대한화사전(大漢和辭典)>에는 금송(金松)의 원산지를 스스로 밝혀놓았다. "상하이 남쪽 태주(台州)가 원산지", "일본 오사카 아래 고야산에도 있다."라고 기록해 놓았다.

일본인들은 한국인들에게 금송은 "일본 고야산에서만 생산된다."라고 가르쳐 줬고, 이른바 한국에서 역사 전문가라는 자들은 묻지도 따져보지도 않고 받아들였다.

무령왕릉 목관 원료로 쓰였던 금송의 원산지가 양자강 남쪽 태주(台州)인 것은 <삼국사기> 기록의 고구리, 백제가 유·연·제·노·오·월을 다스렸다던 내용과도 해석이 일치한다.

[84] 신라가 그려진 현존하는 가장 오래된 지도

1. Al Idrisi(알 이드리시) 지도, 이집트 박물관 소장

<삼국사기>의 일식 기록상 신라는 2개로 관측된다.
신라가 양자강과 한반도에 걸친 대제국이었으니 각종 부속 영토는 또 얼마나 많았겠나?

1154년, 시칠리 왕명을 받아 이전 교역 지도들을 모아 그때 당시로는 매우 정확한 세계지도인 [Al Idrisi(알 이드리시) 지도]를 만들었다. 아브라함의 도시 '하람'을 가장 중요하게 여겨 지도의 맨 중앙에 배치하고 성지 '메카'는 물론, 유라시아의 이탈리아, 시칠리, 영국, 아일랜드, 아제르바이젠, 러시아, 아프리카의 수단, 가나, 사하라, 동방의 인도, 티벳, 신라를 그려 놓았다. 주목할 점은 신라 지역명이 여럿으로 나뉘어 자세히 기록된 것에 비해, 당나라, 그 뒤 송나라는 지도상에 아예, 전혀! 표기가 없다는 점이다.
시안(西安) 어딘가의 산골짝 당나라는 아랍의 교역 대상조차 아니었던 거다.

지도상에 Sila, Sin, China로 다양하게 적혀있는데, China는 현재 중국이나 진(秦)시황제 나라가 아니고 신라, 진한의 호칭이다. 신라 사람들은 진한(辰韓)의 유민이고, 진한(辰韓)이라는 이름이 서방까지 알려진 것. 알다시피 진시황의 진(秦)나라는 고작 약 20년 만에 망했다. 이런 20년 잡국이 해외에 알려질 시간은 부족하다.

2. 나침반의 나라, 비단의 나라

신라에서 가져오는 물품을 명주, 비단, 녹향으로 소개하고 있다. 신라의 '라'는 '비단 라(羅)'이자 '나침반 라(羅)'이다. 나침반의 개발국으로서 항해술이 굉장히 발달한 나라이자, 비단 제조술의 1등 국가가 신라(新羅)다. 당시 아랍과도 교역을 활발히 했다고 볼 수 있다.

3. 광주(光州)

광산(光山), 빛나는 산 옆이라 광주(光州)라 하였다. 광주(光州)는 고구리 사신이 북위 사람에게 잡힌 곳으로 기술되고 있는데, 양자강과 회수가 흐르는 안후이성 좌측의 큰 도시이다. 본 영상에서는 홍콩의 광저우(廣州)로 해석되나 광주(光州)도 같이 알려본다.
광저우(廣州), 항저우(杭州)는 해상의 중심 도시들이다.
아랍인들은 비단과 유리 제품을 항저우(杭州), 광저우(廣州)에서 사들였다고 한다. 지금도 항저우는 비단의 생산지로 유명하다.
광저우에는 서역인들의 마을이 있다. 해상무역 거점들이다.

<삼국사기> 일식 기록은 전반기에 양자강 안후이성에서, 후반기에는 한반도에서 나타난다. 1,000년 전 [알이드리시 지도]를 통해 신라(Sila, Sin, China)가 거대 무역국으로 존재할 당시에 내륙소국 당나라는 이름조차 알려지지 않았음이 확실히 드러났다.

[85] 한반도로 줄어든, 우리 영토의 비밀

1. 한반도 역사 해석 (총독부 유일 역사 해석)

국경 개념이 희박하며, 말을 타고 초지를 찾아 힘껏 영향력을 뻗치던 중세. 그 시절 최대 강국이던 고구리, 백제, 신라를 어떻게든 한반도 안으로 꾸깃꾸깃 집어넣어 이걸 믿으라 강요한 지 어언 600여 년.

위성지도와 데이터 정보화 사회에 살고 있는 우리들은 이제 그만 속을 때도 되었다.

2. 최강국 고구리, 백제, 신라 위치

황하-회수-양자강 유역 비옥한 넓은 땅은 사람이 많이 살 수 있는 곳이며, 도읍의 필수 요소가 보장된 중심지이다.
고구리, 백제, 신라의 중심부다.

화하족을 한(漢)족이라 부르는 이유는 양자강 지류인 한수(漢水)를 터로 잡고 산세가 험한 사천성 등지에 주로 사는 민족이었기 때문이다. 한수(漢水) 자락 한중(漢中)은 이들 화하족 중심터다.

3. 과학 사실 입증

① 천문관측소 평균 위치
고구리=바이칼호, 백제=북경, 신라=양자강 안후이성과 한반도

한국 천문학자 박창범 교수는 1994년 고대 일식 관측 위치를 밝혀냈는데, 일제총독부 한국사 전공 교수들의 집중 비난을 받고 사라졌다.

② 신라 : 회수와 양자강 사이 안후이성 중심에 자리하였으며 한반도에 동경이 있었다. 8세기 이정기의 제나라에게 신라는 위협을 느낀 후로 한반도에서도 일식 기록이 나타난다.

③ 고구리 : 지금도 러시아 바이칼 호수에는 부리(부여) 민족이 살고 있다. 부리·야트(부리=부여)와 부리 호수도 현존한다.
'흘승골(紇升骨)=흘본=졸본'은 고구리가 처음 세워진 곳.
국사편찬위원회는 고구리 건국지 흘승골을 북한 압록강 위의 산 꼭대기 '오녀산성'으로 비정했다. 희대의 사기극이다. 산 꼭대기에 수도가 있는 꼴 봤나? 대표적인 홉승골(Хөвсгөл)은 현재 부리야트 민족의 수도 울란우데에 존재한다. 늘 부여민족의 수도 이름.

4. 1차 사료, 역사 기록 입증

① 고구리가 유·연·제·노를 굴복시켰고, 백제가 오·월을 빼앗아 가졌다. <삼국사기> 1차 사료 원서에 기록된 내용이다. 백제가 빼앗아 가진 오·월 땅에는 홍콩 위쪽의 전주(全州), 장족의 자치구인 '백제향'의 백제마을 등 지금도 백제의 흔적이 남아있다. 기록에 근거해 고구리, 백제의 최대영토를 그려 보아라.

② <중국 25사> 및 시안(西安)박물관의 천 년 전 비석 [우적도·화이도]에서 고구리, 백제, 신라 지명들을 볼 수 있다. 백제 땅이던 산동반도에서 백제 지명인 동명, 황산, 백마강, 제남 등을 다 찾을 수 있다. 물길을 타고 이동하는 당나라 군대와 신라는 덕물도에서 만나 황산벌과 기벌포에서 전쟁을 벌인다.

폭풍 치는 망망대해, 바다를 무동력선을 타고 바다를 헤치고 가서 한반도 좁은 곳에서 전쟁하는 게 아니고, 안전하게 황하와 회수, 양자강, 한수를 통해 편하게 물자를 싣고 이동한 후 전쟁을 벌였던 것이다. 삼국시대 같은 중세의 전투는 육군이 보급품을 다 짊어지고 이동할 수가 없어, 대부분은 배로 쉽게 운반했다.

③ 복건성 신라는 조선 말기 박지원의 <열하일기>에도 기록된다.

신라가 강성했을 때 차지한 땅으로 신라 중심인 천주(泉州)에는 신라(新羅)구(區)라는 구역이 아직도 있고, 중국 남동부에 천년이 넘도록 신라의 마을, 신라 술과 신라 쌀국수 등 흔적이 많다.

5. 유적, 유물 입증

① 중국 전주(全州)에는 전라도 전주와 '완산', '화산', '태평', '기린봉' 등 지명이 똑같이 존재한다. 어디가 원조일까?

② 중국 전주의 금산사(金山寺)는 5대10국인 후당 때 다시 세웠다고 하니 후삼국 때이며, 천년이 넘었다는 얘기다.
중국 금산사의 비문에는 주지 스님들 기록이 연도별로 적혀있다.

③ 백제는 중국 대륙의 본토 백제와 담로로 나뉜다. 남경(난징)에서도 수많은 무령왕릉 비슷한 무덤들이 계속 발견된다. 오(吳)나라 것이라고 중국은 주장한다.

④ 38년 집권한 수나라가 대륙 중앙에 운하를 만들었다??
전쟁 시 소가 끄는 수레에 쌀 싣고 비포장도로를 이동하던 때였다. 지금 중국 중장비로도 몇 년 단시간에 이런 큰 운하는 못 만든다. 기마 민족 수나라가 만들었다는 대운하, 믿는 자가 바보 아닐까? 수나라는 고구리와 4회 큰 전쟁을 하고, 38년 만에 망했다. 전쟁을 치르고 이동하기 바쁜데 그 짧은 시간에 강물은 누가 잇고 인원 동원을 어떻게 한다고 운하를 만드나??

⑤ 고구리 연개소문이 당태종 이세민을 잡으러 왔는데, 이세민이 우물에 숨어서 간신히 살았다. 그가 숨은 곳에 감사하기 위해 만들었다는 탑, 몽롱보탑은 중국이 인정하는 유적지인데, 산동반도 남쪽 강소성에 있다. 고구리의 최소 영토가 여기까지라는 얘기다. 한반도 역사관에 찌들어서 최대영토를 만주로만 그리지 말고 기록, 유적 등으로 교차해 고구리 최대영토를 그려서 보여줘 봐라!

⑥ 만리장성 : 벽돌로 쌓은 구간은 명나라 즉, 조선시대 때 쌓은 거다. 명나라가 북쪽의 원나라와 여진족이 무서워서 쌓은 거다.
진시황제 때는 흙으로 흙 성을 쌓던 시기였다.
영어로는 큰 벽(Great Wall)이다. 만리(萬里)란 말은 없다.
국내에서 호칭도 어서 바꿔서 불러야 한다.

6. 고리(高麗) 역사

대한민국의 이른바 역사 전문가라는 자들, 언제까지 쓰다소키치 (津田左右吉)가 그려준 엉터리 고리(高麗) 땅을 달달 외울래? 조선 때 편찬한 <고리사>는 전질이 전해지지만, 아직도 국보로 지정이 안 된 채(보물) 수장고에서 먼지를 먹고 있다.

인천 강화도 고리산에는 (백·청·적·황·흑) 이렇게 5개의 오련지가 있었다고 전해 내려온다. '오련산=고리산'이 있으나, 인천 강화도 그 좁은 곳에서 어떤 고리 왕궁 주춧돌도 발견되지 않는다.
몽고리와 싸우면서 40년을 살았다면 왕성도 있고 신하, 군인의 집 유적도 있어야 할 텐데 말이다. 돌로 쌓은 성곽, 성터는 천년 넘어도 그냥 없어질 수가 없다. 고구리, 백제, 신라의 성들도 엄청나게 많아야 한다. 좁은 한반도에서 못 찾아서 엉터리 비정한 위치들 천지다. 놀랍게도 중국 산동반도에는 오련산이 있다. 견자산도.

조선 중기가 되자 조선 그들도 인천 강화도를 고리의 강화도로 믿었다. 병자호란 때 기마민족 청나라에게 단 하루 만에 함락된 곳이 현재 인천 강화도다. 절대 고리의 강화도가 될 수 없는 곳이다.

조선의 세종대왕 이도(李祹)는 고리시대 왕들의 초상화를 불살랐다. 이런 세종이 <고리사>를 편찬하라 신하에게 시켰더니, 마음에 안 든 건 당연지사. 그런 사대에 찌든 <고리사>에도 대륙 힌트가 많이 담겨있다. "금나라가 전쟁을 벌여 고리 땅을 차지하기라도 한다면, 송나라는 회수, 절강 연안을 쉽게 사용하지 못할 것입니다." 라고 기록해 두었다. 황하와 양자강 사이에 회수가 있고, 양자강에 절강이 있다. 고리가 패하면 송나라가 금나라의 영토에 붙어있게 된다?? 도대체 고리는 어디에 있었던 거야?

주원장이 명나라를 건국하며 고리 왕께 편지로 아뢰는 내용인데, "저는 회수(淮水) 서쪽 살던 평민인데, 주변국들에는 이 사실을 아직 안 알리고 처음 알립니다. 옛 중원의 왕들은 고리와 땅을 맞대며 신하, 빈객이 되었습죠." 라며 명나라를 건국했다고 처음으로 보고하고 내용이다. 명칭은 명나라를 '황제', 고리 왕을 '왕'으로 기록했는데, 사대 사관 찌는 조선 사관들 장난질로 호칭을 보면 역겹다. 이처럼 홍건적 주원장이 세운 명나라는 양자강에서 세워져 고리에 납작 엎드렸던 나라였지만 이어 힘을 키워 대륙의 광동, 광서, 운남, 산동, 산서를 지배해 나갔다. 하극상에 성공했다.
<조선왕조실록>을 보면 조선 왕들은 건국 초기부터 '지리지 책 수거령'을 내린다. 천문(일식), 지리(위치), 음양(기원) 관련 책을 모조리 강제로 걷었다. 책을 안 바치는 자들은 목을 잘라 죽였다. '효수형'이라 한다. 조선 이전의 역사와 영토를 숨기려고. 또 명나라에게 흠집 잡히지 않기 위해서! 미래 국가전복 세력에게 명분을 주지 않기 위해서! 조선 건국의 정당성을 위해서!

임진왜란, 병자호란을 거치고 일제강점기 때 총독부는 수거령을 내려, 남은 역사책마저 또 활활 태워 없앴다.

조선말 고종 이형(李熙) 때는 대마도 마저 일본에 뺏긴다.
조선시대 이래 일제강점기를 거치며 우리 영토가 줄어들고 있다. 영토 축소는 지금도 계속되고 있다. 이어도, 독도의 분쟁 지역화 시도가 있다. 북한이 유사시 붕괴하면 과연 어느 나라의 땅이 될 것인가?

7. 우리의 정체성, 살아있는 역사로써 되찾아야

고리(고구리)를 이어받은 요(遼)나라, 금(金)나라, 원(元)나라, 모두 기마 민족. 초원에서 말을 끌고 철갑으로 무장한 유목민족.
전쟁 때 수레에 쌀 싣고 이동하는 대신에, 말, 양을 잡아 육포를 만들고 유제품을 먹으며 전속력으로 이동하여 전투를 한다. 도축으로 피를 보며 자란 유목민이다. 바로 적의 본진까지 말을 타고 달려 적의 보급 병력이 도착하기 전에 적진의 왕을 내리친다.
배달-고조선-고구리 역사를 부정한다면 모를까, 인정한다면 말을 몰던 강대한 유목민 연합국 체제였던 우리 민족의 정체성을 다시 한번 되새겨야 한다. 만주와 한반도 땅에서만 가능한가?

8. 꼰대, 적폐의 한반도 만주 영토관 vs 중국 동부 본토 영토관

조선 이성계가 천손 주권 사상을 스스로 헌납한 뒤, 일제강점기 때 완전히 역사를 잃고 생각 없는 좀비처럼 지금껏 살고 있다.

일제의 기관 사학자들이 한반도에 쑤셔 넣은 영토관을 신줏단지처럼 한국의 모든 전공자들이 외우며 국민에게 전파하고 있다. 반민족 역사 해석에서 한 치도 벗어나지 못하고 있다.

[86] 선조들이 남긴 비밀코드, 우리 국가명들 속뜻 대공개

1. 과연 '한자'는 '한(漢)나라 문자'로 부르는 게 옳은가?

동이 민족 은(殷)나라 갑골문자를 계승하니 '은자(殷字)' 아닌가?

<천자문>

천지현황 (天地玄黃) : 하늘은 검고, 땅은 누르다.
하늘 텬(天), 따 디(地), 가믈 현(玄), 누를 황(黃)

우주홍황 (宇宙洪荒) : 세상은 넓고 거칠다.
집 우(宇), 집 듀(宙), 너블 홍(洪), 거츨 황(荒)

우리는 이렇게 '훈(訓)' 즉 '뜻', 그리고 발음하는 '음(音)'이 있다.
'하늘'은 '훈(訓)', '텬' 소리는 '음(音)'이라 한다.

현재 중국 애들은 '훈(訓)'이 없어 단어로 외운다.

2. 고리(高麗)

※ '려(麗)'는 국가 이름일 때 반드시 '리'로 발음해야 한다.
"고리·타분하다.""대명천지에 고리적 얘기하냐?" 할 때 그 고리다.
지금도 전 세계는 조선이 아닌 '고리(Coree)'로 우리를 기억한다.

3. 구리(九黎) ※ 동틀 '리(黎) '

9개, 숫자 중에 최대의 수의 연합.
사마천 <사기>에 수록되어, 최초로 사서에 등장하는 우리 최초의 나라 이름, 치우천황의 나라 구리(九黎)! '배달국'이라고도 한다.

4. 낙랑국(樂浪國) ※ 물결 '랑(浪)'

물이 많아 즐거운 나라.

5. 3개의 한국=마칸(馬韓), 진칸(辰韓), 변칸(弁韓)

※ 나라 이름 '진(辰)', 고깔모자 '변(弁)'
한 = 칸(지도자). 韓 = 干 = 汗 = 漢

6. 부리(夫餘) ※ 나라 이름 '여,리(餘)'

7. 고구리(高句麗) : 높게 높게 빛나는 나라 (구리 九黎의 후예)

※ 나라 이름 '리(麗)'

8. 백제(百濟) ※ 많다 '백(百)', 물 이름, 건널 '제(濟)'

백제 사비시대의 국가 이름은 남부리(남쪽 부여국, 부리국)

9. 신라(新羅) ※ 비단 '라(羅)', 나침반 '라(羅)'

비단(Silk)의 나라,
자석의 생산지이자 자석으로 만든 나침반의 나라,
실크로드·바닷길로 비단과 나침반을 수출했던 나라,

황금이 넘쳐났던 나라(금은세공 기술의 발전),
구리그릇이 넘쳤던 나라, 조개·소라껍데기가 풍부했던 나전칠기의 나라, 물소 뿔로 만든 쇠뇌(각궁)가 넘쳐났던 물소의 나라, 원숭이가 떼 지어 우는 나라, 말이 풍부했고 낙타가 많았던 나라, 논밭이 비옥해 13만 당나라 용병에게 군량미 지원이 가능했던 농업 대국, 7개 이상의 왕궁이 많고 귀족 왕들의 무덤이 가득한 나라.

9주 5소경, 5개의 수도가 있던 나라, 동쪽 토함산이 폭발한 화산의 나라, 당나라를 박살 낸 나라. 무역의 나라.
천년왕국 신라(新羅)의 기록.

10. 가라(伽耶) ※ 伽=人+加 사람이 더해진다. '칸'의 음차

11. 높게 빛나는 나라 고리(高麗).

고구리(高句麗)를 계승한 나라!

12. 아침이 아름다운 나라. 조선(朝鮮)

13. 한(韓)국 = 왕국

모든 사람이 이름을 지을 때, 한자에서 가장 의미 있는 문자를 골라 사용한다. 반드시 아주 신중하게.
모든 한자 단어에는 그 뜻과 의도가 내포되어 있다.

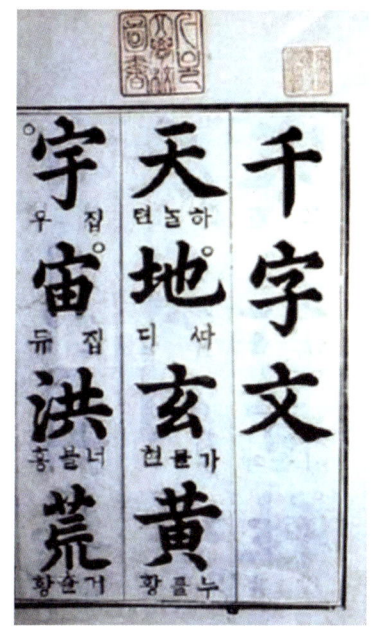

[87] 옛 조선 지도 26종, 대마도를 영토로 표시

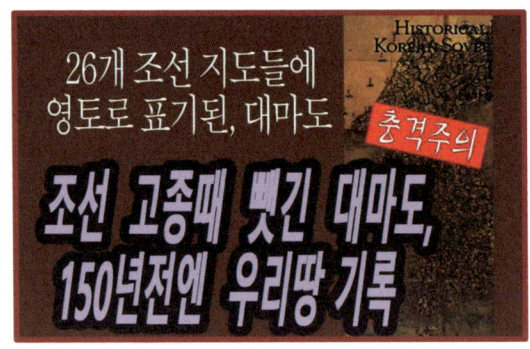

조선 전체 지도는 '김정호'의 [대동여지도]만 있는 것이 아니다. 무수히 많다. [대동여지도]는 조립형 목판인쇄 지도라 판을 부분적으로 빼내고 인쇄할 수 있다. 현재 존재하는 대부분 조선 전체 지도를 보면 놀랍게도! 조선 후기까지 대마도가 조선 영토로 표시된다.

1876년 일본과 조선의 강화도 조약 이전에 무수히 많은 조선지도가 있었고, 그 모든 지도에서 대마도를 조선 땅으로 함께 그려놓았다. 심지어 17세기 일본이 만든 조선지도에서도 대마도를 조선 땅으로 그려 놓았다.
헐! "대마도도 우리 땅" 노래가 진짜라니. 맙소사!

조선 26대 왕 이형(李㷩)=고종(高宗 1863~1907)과 일본 메이지 유신으로 유명한 왕, 무쓰히토(睦仁)=명치(明治 1866~1912)는 1852년생으로 나이가 같다. 서로 동갑이다. 무력을 앞세우고 조선 침략 의지를 드러내고 맺었던 강화도 조약 때 "일본은 조선 땅 측량을 맘대로 하겠다. 조선 땅에서 일본인이 범죄를 저질러도 손대지 마라. 우리 일본에서 알아서 할 거니까."라는 불평등한 조약을 맺었다. 지금 미군 범죄에 한국법으로 어쩌지 못하는 거랑 비슷하지 않은가? 이때쯤 그냥 대마도를 뺏겼다고 봐야 한다.

일본은 1904년 러일전쟁 승리 뒤, 1905년 우리 외교권을 뺏는다. 곧이어 1910년 불법적 한일 병탄! 2차대전이 끝나고 1946년 미

연합국 최고사령부는 <스캐핀 677호>를 통해 독도와 제주도는 한국 땅, 대마도와 오키나와는 일본 땅으로 표기해서 사용했다.
미국 마음대로다.
부산에서 대마도는 육안으로 보인다. 눈 뜬 채 뺏겼다.

이를 감추기 위해 일본은 시시때때로 독도를 언급한다.
국제법상, 실효 지배하는 영토는 그 국가의 영토다.
독도는 언제나 대한민국 영토다.

그런데, 우리가 독도에 시선이 팔려서
거의 모든 조선의 영토 지도에서 대마도를 못 보는 이유는 뭘까??

속이는 놈이 나쁜가, 언제나 속는 놈이 더 문제인가?

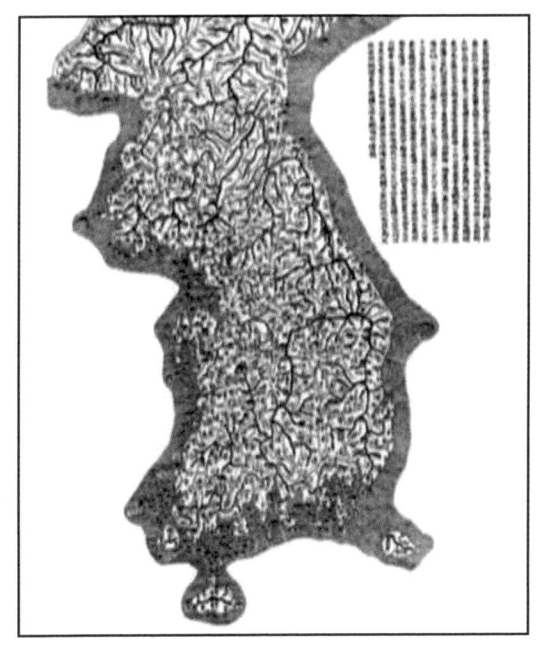

※ 성동격서(聲東擊西)
　일부러 동쪽에서 소리를 내고, 서쪽으로 쳐들어간다.

[88] 4개 속담 속의 숨겨진 비밀

1. 장안의 화제

<삼국사기> 19권 고구리본기.
"고구리 평원왕 28년(586년)이 장안성으로 천도했다."
우리의 장안(長安)은 여기서 유래했다.

베이징에는 고구리(고구려)의 군사 기지(高麗營·鎭)가 여럿 남아 있다. 수많은 고리(高麗) 이름이 그대로 남아서 우리 역사의 본토가 어딘지 알려주고 있다.

2. 북망산천

낙양 옆 북망산(北邙山)에 묻힌 고구리, 백제인들의 무덤이다.

백제 의자왕 아들 부여융은 본국으로 들어오지 못하고 고구리에서 살다가 사망하였다. <삼국사기>와 중국 <신당서>에 똑같이 기록된 내용이다. 고구리에서 죽었다는 부여융의 묘지석이 북망산에서 발견되었다. 백제 '부여융, 흑치상지, 예식진', 고구리 '연남생, 연남산' 등 많은 우리 선조들이 북망산에 묻혀있다.

3. 친구 따라 강남 간다

1960년대 서울 강남은 홍수가 잦은 논밭이었다. 홍수 우범지대.

속담의 강남(江南)은 서울 한강 이남이 아니다. 모든 역사 기록에 늘 강(江)하면 양자강을 일컫는 말이다. 양자강의 남쪽은 토속 언어가 다르고, 무역항들이 많아 번창했다. '강남' 속담은 언제부터 시작되었을까?

4. 귤이 회수를 건너가면 탱자가 된다

덥고 추운 것은 양자강 위쪽의 회수(淮水)를 기준으로 나뉜다. 신라는 회수 남쪽에서 건국했다. 이 회수를 기준으로 그 북쪽은 귤을 심어도 추워서 초록색 탱자가 되고, 남쪽은 따뜻해서 좋은 귤이 된다는 속담이다.

5. 중세 시대 영토

황하를 거꾸로 따라가면 고구리 장수왕 때 아버지 광개토호태왕을 기려 만든 영락(永樂)궁궐이 있고, 고구리 왕족이 여럿 묻혀있는 북망산도 가깝다. 이 영락궁은 중국 공산당이 검열하는 바이두에는 도교 사원으로 원나라 때 만들었다고 주장하나, 공산당 말을 순진하게 믿는 사람은 없겠지? <고금지명대사전>에 이 지역은 북위(北魏) 때에도 존재했다. 북위는 광개토, 장수왕 시대다. 물론 이 영락궁은 다 때려 부수고 이동시켜 지금의 위치에 다시 재배치한 것이다. 유적 왜곡에 꼼꼼한 중공(중국 공산당)!

당나라 왕 이세민(당태종)을 추격하던 고구리 연개소문의 추격 장소에 세운 몽롱보탑(朦朧宝塔)은 아직까지 남아있다. 이렇게 대륙에 우리 관련 유적도 많고 우리의 옛 기억 속에는 장안과 회수와 북망산과 양자강(강남)이 남아있다. <삼국사기> 46권 최치원 열전에 따르면 고구리, 백제의 영토는 유·연·제·노·오·월을 차지했으므로 당연히 이 모든 속담의 강역이 포함된다.

6. 맺으며

스스로 홍건적 도적 명나라에게 황제자리를 내어준 조선 이씨 왕족과 사대부들, 뒤이어 역사를 말살한 일제와 이에 부역 중인 한국의 토착 왜구와 역사 전공자 놈들.
지금도 1차 사료와 현장, 유물, 유적 등을 무시하고, 한반도에서만 모든 것을 해석하는 무논리 역사관을 계속 전파 중이다.

[89] 한국과 중국 역대 나라들 비교 설명

1. 중국에서 정통 역사서로 인정하는 25사

한국 역사학계는 <삼국사기>, <고리사>는 외면하고, <중국 25사>를 그토록 떠받들면서도 제대로 읽지도 않고 또, 그 지명들의 위치가 어딘지 제대로 풀어내는 교수 놈이 단 한 명도 없다. 어떤 약으로 해결이 될까? 곰곰이 생각해 본다. 독약?

한국에게 불리한 해석만 열심히 인용하고, 유리한 해석은 애써 외면하는 웃기는 '사대'를 하고 있다. 이건 매국 아닌가?

일본 놈이 만들어준 영토관을 답습하며 추종하는 넋 나간 조직이 바로 한국 역사학계이다.

중국 역사는 3황 5제에서 본격적으로 시작되는데, 3황에 대한 확실한 기록은 없다. 그들이 동이(東夷) 민족이기 때문이다. 5제 역시 동이 민족 지도자들이지만, 차마 그것마저 뺄 수는 없었던지라 <사기>에 기록되어 있다. 자기네 시조로 둔갑시켜 적었다.

2. 치우천황의 나라 구리(九黎)

사마천 <사기>에 처음 기록된 동이 국가는 (고)조선이 아니라 구리(九黎)다. 치우 천자(하늘의 아들)의 나라로 기록하고 있다.

3. 고신(高辛)씨 후예 고구리와 백제, 소호금(金)천의 후예 신라

온갖 우리 고대 역사서를 환타지라 비난하기 바쁜 한국 역사학계도 <삼국사기>는 국보로 인정한다. <삼국사기>에 보면 신라인 조상은 '소호금천'이라 기록된다. 3황 5제의 5제 중 한 명이다. 고구리는 '고신씨(高辛氏)'의 후예라 나온다. 이 역시 5제 중 한 명이다. 백제는 (북)부여, 고구리에서 파생된 형제국이다.

치우천자 구리(九黎)를 계승한다고 해서 (북)부여를 이어받은 추모(鄒牟, 고주몽)가 나라 이름을 고구리(高句麗)로 정했고, 형제국 백제와 대륙을 나눠 가졌다. 신라는 회수, 양자강에 모인 세력들과 함께 살았으며, 이들 역시 구리국의 후손인 묘(苗)인으로 배달국, 고조선의 후예들이었다. 모두들 강과 비옥한 땅을 찾아 정착하여 살아갔다.

4. 남·북국 시대(발해·통일신라)~토왜 강점기(현재)

고구리·백제·신라·가라는 신라에 의해 통일되었고, 발해·신라·제나라(이정기) 시대를 지나 왕건의 고리(高麗)가 통일하고 그 부분 땅을 이성계 조선이 이어받았다. 일제강점기 36년을 지나 북한측은 고조선의 이름을 따서 '북조선'이라 국명을 지었고, 우리는 '대한민국'이라 부르고 있다. 현재의 역사관을 보면 일제의 정신을 이어받은 토착 왜구가 대한민국을 일제 해방 후 시드머니(Seed Money) 돈으로 경제, 문화, 사회, 역사적으로 실질 지배하고 있는 '토착 왜구 강점기'로도 볼 수 있다.
아니라면 우리 민족의 역사관이 이렇게 엉망일 순 없다.

5. 화하족, 한족의 나라

고구리, 백제가 700년, 신라가 천년을 지속했다면, 조조·유비·손권의 위·촉·오 삼국지는 50년 만에 망한 내륙 약소국들이었다. 중국 동부에는 우리 선조들의 나라가 있었고, 내륙에서 5호16국, 위진남북조, 수나라 등 단명하는 약소국들이 난립하며 사라져갔다. 양자강 패권국 신라는 당나라와 동맹을 맺고 백제와 고구리를 무너뜨렸다. 당나라는 제나라, 발해에 크게 당하고 300년도 못 버티고 망했고, 이후 후삼국 시대에 5대10국 약소국들이 난립했다. 이어

들어선 송나라는 요, 금나라의 공격을 받고 약 150년 만에 망한다. 뒤이은 명나라도 3백 년을 못 채우고 망했다. 짧은 기간에 망한 나라가 국가 정비, 법체계나 제대로 있었겠나?
당나라, 송나라, 명나라 각각 300년, 150년, 300년도 못 버텼다. 우리 동이 민족의 신라는 1천 년, 고리는 5백 년을 지속했다.

6. 요-금-원-청, 동이 민족. 북방 기마 민족들

요나라는 고(高)씨며 '야율(馬,말)'씨로 태행산맥을 중심으로 발해를 멸망시키고 건국한 고구리의 후예이다. 금나라는 김(金)씨로 신라, 고리의 후예다. 원나라 역시 북방에서 내려온 동이의 갈라진 후예 몽고리족 칭기즈칸의 나라다. 명나라를 멸망시킨 '애신각라 김(金)씨'라 불리는 후금, 즉 푸른 물이 흐르는 송화강과 요수를 지배했던 청(淸)나라가 대륙의 마지막 왕조였다. 모두 고구리와 신라의 정신을 계승한 나라들이다.
중화 인민 공화국은 현재 자신들의 역사적 자긍심을 춘추전국시대와 진시황, 한나라에만 집중하고 있다. 송, 당, 명나라 때는 늘 주변국에 얻어터지기 바빴기 때문이다. 내세울 국가가 없다.
명나라 때는 대륙의 고구리, 고리를 지우기 위해, 당나라 당태종을 신격화한 <서유기>, 또 조조·유비·손권의 <삼국지연의> 소설을 창조해 홍보했다. 이렇게 동아시아의 역사는 서로 연결되어 있다.

그 어느 국가도 역사를 명분으로 타국을 지배하려거나 수탈해서는 안 된다. 그러기에 우리가 모두 이웃 역사마저 정확히 알고 있어야 하며, 반론할 수 있어야 한다.

주위 잡국들	우리 국가
춘추전국, 진시황, 한나라 후한, 5호16국, 수, 당 5대 10국 거란, 여진, 몽고, 송 명, 여진(청)	고조선 고구려백제신라 1,000년 후삼국 고려 500년 조선 500년

[90] 대륙의 비밀을 풀어주는 신라 장보고

1. 신라 절강(浙江) 사람

안동(安東) 장씨 족보에 따르면 절강 소흥부(浙江省 绍兴市)의 '장백익' 아들이 '장보고(張保皐)'라 기록되어 있다.
절강 소흥부를 구글로 찾아보면 양자강이 흐르는 중국 동부임을 알 수 있다. 신라 일식 기록이 관측되는 안후이성(수도) 양자강 우측이다.

2. 대륙의 신라를 표기한 아랍지도 [알 이드리시 지도]

3. 청해(青海=靖海=靑島)의 군사 진영. 청해진(淸海鎭)

장보고가 신라에 귀국해 신라 흥덕왕을 마주하여 "청해(淸海)는 물길의 요충지입니다. 이곳에 진영을 설치하여 도적들이 신라 사람을 서쪽으로 데려가지 못하게 해야 합니다."라고 주장했다. 그래서 신라 흥덕왕이 군사 1만 명을 꾸려줬다.
<삼국사기>, <신당서>에 같은 내용의 기록이 있다.

과연 청해진이 현재 전라도 완도(莞島)일까?
조수간만 차가 큰 뻘의 작은 섬 완도(莞島).
그곳이 동아시아의 물길의 중심지일까?
지금도 인구 5만이 안 되는 섬인데, 당시에 군사 1만 명, 그들의 가족까지 합치면 4~5만 명이 살았다??

4. 청도(青島, 칭다오)

황하의 물줄기가 계속 바뀌는데, 청해(青海)에 있는 섬, 청도(青島,칭다오)가 있다. 해상무역의 중심지였고, 독일의 식민지였다. 맥주와 소시지가 유명하다. 현재 인구가 1천만 명이다.
신라의 청해진 설치로 군사 1만 명과 가족을 보냈다는 <삼국사기>, <신당서> 기록의 신빙성을 충분히 뒷받침해 준다.

5. 전라도 완도의 법화사는 없다. 기록엔 법화원(赤山法華院)이다

장보고가 청해진에 세운 법화원은 지금도 그곳에 그대로 있다. 산동성 벽산 소재. 일본의 <입당구법순례행기>에는 이 사찰에서는 신라 언어로 예불을 드린다고 기록되어 있다. 적산법화원!

6. 이정기의 제(齊)나라 등장으로 신라의 수도 이전

신라 일식 기록은 양자강 중류에서 관측되는데, 787년부터는 한반도에서도 관측되기 시작한다. 고대 왕국에서 일식이 기록된 곳은 왕이 있었던 수도. 이 당시는 이정기의 제(齊)나라 왕국이 활개 치던 시대다. 이정기 왕국이 제압되며, 발해가 창궐한다.
"신라 사람을 자꾸 서쪽으로 끌고 간다."라는 장보고의 주장에 따라 신라 흥덕왕이 청해진에 군사 1만 명을 보내주었다.
도대체 왜 서쪽으로 끌고 갔을까? 그리고 당나라 역사 기록에도 나타난다. 그렇다면 범인은 발해! 고구리의 유민이 세운 국가.

고구리 유민 이정기가 산동성에 제(齊)나라를 세웠다. 백제의 제(濟)와 달리 물수, 삼수변(氵)이 없다. '평로.치청'의 절도사라 산서와 산동을 나란히 다스렸다. 고구리인 이정기의 제(齊)나라!
780~819년 세력을 떨치며 당나라와 맞서 싸웠다.
신라의 영토는 여전히 대륙을 아울렀지만, 이 시기 잠시 천문 관측지를 한반도로 옮겼다고 해석할 수도 있다. 그러나 제(齊)나라가 망한 후 다시 대륙에서 신라의 중심 기록은 쏟아진다.

7. 신라방, 신라소

일본 엔닌 스님의 <입당구법순례행기>를 보면 양자강 양주에서 장보고가 있는 등주(登州)를 물어물어 가 청해의 적산(赤山)까지

가는 경로가 나온다. 신라방, 신라소에 대해 적고 있는데, 모든 역사 기록 중 신라방, 신라소에 대한 현존하는 기록은 이 책이 유일하다. 일본이 보유한 기록서라서 조선과 명나라가 못 없앴거든.

책에 등장하는 중국 땅에서 만난 사람들은 거의 모두 신라 사람들이었다. 신라 본토니까. 대륙에는 아직도 옛 지역명 금성, 월성, 함산, 팔공산 등의 명칭을 그대로 쓰고 있다. 중국 불교 성지인 구화산(九華山)은 신라 왕자 김교각 스님을 지장보살로 모시고 있다. 대륙이 신라 본토였음을 모든 것이 증명하고 있다.

8. 신라의 나침반(羅針板)과 물소

나침반의 라(羅)는 신라를 뜻한다. 신라의 '라'를 붙여서 나침반이라 한 것은 신라의 자석생산과 항해술이 어떠했는지 말해 준다. <삼국사기>에는 당나라가 신라의 자석과 물소 뿔로 만든 쇠뇌 제조 기술을 얻으려 구걸하는 기록이 있다.

9. 5대 10국 시대 (후삼국 시대)

당나라가 망한 907년부터 979년까지 힘없는 나라들이 난립했는데, 이를 5대 10국 시대라고 한다. 신라 땅에서는 후백제, 후고구리가 싸웠다. 송나라가 5대 10국을 모두 평정했다고 엉터리 해석하는 것이 중국 입장인데, 이걸 순진하게 그대로 믿어주는 대한민국 사학계를 보면... 참... 상(上)등신 놈들 아닌가.

적산법화원 (赤山法华院, Chishan Fahuayuan)
장보고가 세운 당대 최대규모의 불교 사원

산동반도, 청해가 보이는, 장보고소유 적산법화원

[91] 반복 질문의 명쾌한 답변, 영상들

속아서 배우는 현재 한국사, 언제까지?

1. 지금 우리가 배우는 '한국사'를 만들어준 사람은 누구?

일제! 총독부는 대한제국을 빼앗자마자 역사서 20만 권을 불태워 없앴다. 일부는 일본으로 가져갔다.

<삼국사기> 50권, 정통 역사서는 그것만 남기고 고대사 교차되는 책들은 거의 불태웠다. "조선의 역사를 모르게 하라."는 일제 기관들의 역사 조작 대업(?)을 하면서 뒤탈을 우려해, 조선인 심부름꾼 따까리를 몇 명 끼워 넣어 줬다. 그게 이병도, 신석호.

2. 중국인가? 중공인가?

1992년 한중 수교 전에는
한국은 현재 중국을 중공(中共)으로 불렀다. 중화인민 공화국.

당나라 시절 기록인 언어 책 <범어잡명(梵語雜名)>에 중국(中國)이란 특정 나라를 지칭하는 것이 아니라, 그 당시 가장 중요한 나라를 일컫는 것으로 표기된다. 그때 중국(中國)은 지금의 중국이 아니다. 6세기는 인도(천축국)를 중국(中國)으로 표기했다.
나라 이름으로 중국(中國)이라 부르는 것은 옳지 않다.
중국 공산당이 지배하는 '중화인민 공화국'이 공식 명칭이므로 이제는 중공(中共)이라 불러줘야 한다. 모두 고쳐야 한다.

3. 낙랑군 = 베이징 인근

일제의 1937년부터 시작된 중국 본토 침략.
1945년까지 중국 땅 동부 베이징, 상하이는 10년 가까이 일본 손아귀에 점령당해 있었다. 고구리, 백제, 신라 땅이었던 곳이다. 그 10년은 일제가 삼국과 고리 유적마저 말살할 충분한 시간이었다.

베이징에서 낙랑군 유물이 발견되었다.
한국 사학계는 모른 척한다. 혹은 타국에서 우리 유물, 유적이 발견되면 무조건 유민, 이주자 타령이다. 그곳이 본토라고, 본토!

4. 일제총독부에 의해 왜곡된 한국사는 수정이 안 되는가?

한국에서는 거의 매년 일본대사관 주관으로 일본 왕놈의 생일파티를 한다. 당연히 일본 왕은 그날 한국에는 방문하지 않는다. 왕의 생일파티는 일본 본토에서 해야지. 한국에서는 일본 대사관과 참석자 그들끼리 모여서 친목 도모 축하 파티를 하는 거다. 한국에서 말이다. 서울 한복판 일왕 생일파티에 입장하려고 각종 정치인, 경제인들이 줄을 선다. 서로서로 돕고 인맥을 쌓고자 모인다. 일본 패망 뒤 조선 땅에서 부를 누렸던 일본인들이 다수 일본으로 안 돌아가고, 모아놓은 많은 돈을 가지고 국적만 '한국인'으로 바꿔 호적 신고로 세탁하고 당시 돈을 한국 돈으로 교환하여 현재 큰 부를 축적해 한국인으로서 떵떵거리고 잘 살아가고 있다. 그들의 애비, 할애비는 일본 놈이다. 조상은 일본인데 한국 사람으로 살고 있다는 얘기다. 그들은 일본인일까 한국인일까?
돈만 많이 벌면 된다는 의식으로 이리저리 왔다갔다 해대는 철새 정신을 가진 기득권이 되었다.

5. 일본의 역사 왜곡

일제는 조선 때부터 이루어지고 있던 역사 왜곡을 처참하게 완전히 한 번 더! 조작 왜곡시켰다.

조선 정조 때 글자 사전을 보면 고리의 '려(麗)'는 나라 이름일 때 반드시 '리'로 읽으라 했다. "고리적 이야기를 하고 있냐?" 할 때 그 고리가 고구리, 고리, Corea(Coree)를 뜻한다.

문제집을 풀 때도 틀린 것을 다시 봐야 하고, 바둑, 주식 할 때도 잘못된 투자를 복기한다. 역사도 마찬가지다. 지난날 잘못했던 점을 되새기고, 더 나은 앞날을 만들어 나아가려고 우리는 어두운 역사의 진실도 배워야 하는 것이다. 역사는 고상한 취미가 절대 아니다. 더 나은 미래를 위한 위대한 학습 도구이다.

모든 역사학계는 선·후배가 끈적끈적하게 '돈과 취업 자리'를 가지고 밀어주고 끌어주기 때문에 그들 스스로는 절대 바뀌지 않는다. 아무리 역사적 진실이 밝혀져도 자신들 이득, 즉 돈 앞에는 눈 하나 깜짝 안 한다. 절대다수 민중의 의식과 힘을 보여줘야 이 왜곡된 역사가 강제로 바뀔 수 있다.

6. 앞으로 우리가 나아갈 길

우리 역사학계는 쓰다소키치(津田左右吉), 이케우치히로시(池內宏), 이마니시류(今西龍), 이나바이와키치(稲葉岩吉), 스에마츠야스카츠(末松保和), 구로이타가쓰미(黑板勝美), 이병도, 신석호 등 일제 역사 사기꾼들의 해석만을 유일한 올바른 한국사 역사 해석으로 받아들이고 있다. 정본 역사서인 <중국 25사>, <삼국사기>, <고리사>로 반론하는 사람들을 사이비, 유사 사학, 환빠로 매도하고 조롱한다. 이들 중 해외의 댓글 공작팀도 다수 존재한다. 한반도와 만주 내에서의 역사 해석 외에는 어떤 것도 배격한다. 한번 정해 놓으면 절대 해석이 안 바뀌는 건 뭐다?? 종교다.

교육부 산하 각 대학교와 초·중·고등학교, 국사편찬위, 한국학 중앙연구원, 문화재청은 이미 죽어버린 일본 놈들의 매국 역사 해석을 지켜주는 든든한 필승 원군이다.

국가는 민중이 그 나라 역사에 대한 자긍심이 없을 때 망하며, 그럴 때 가장 피해를 보는 건 다수 민중이다. 돈 많은 기득권이 해외로 망명한다고 해도 이미 잃은 나라, 망국인의 설움을 해외에서 제대로 느끼게 된다. 과연 대한민국의 미래와 정확한 역사 인식. 중공과 일본의 역사 공정, 영토분쟁 생떼에 반격하며 입을 다물게 하는 해석은 무엇인지 '책보고' 채널의 강의를 들으며 생각해 보자.

[92] 고구려 무덤들 이렇게 수몰되고 파괴되었다

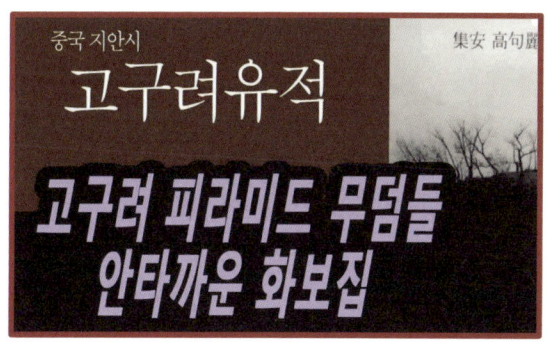

수몰된 2,360개 고구리 피라미드

조선 후기, 청나라 말기 1800년대 일제가 만주를 누비면서 고구리계 무덤들은 수탈되고 도굴되고 약탈당하였다. 그 후 중공의 악의적인 고구리 흔적 지우기로 압록강 인근에 대규모 댐을 만들어 강제 수몰시켰다. 풍수지리적으로 무덤을 수몰 시킨다는 의미를 알고 계시겠지?

1. 고구리 토성들

① 서울 풍납토성 발굴 현장

아차산에서는 갑옷과 성곽 등 고구리 유적, 유물 등이 많이 출토되었다. 강을 넘어 잠실과 가까운 풍납토성은 기본적으로 2천 년 이전의 성 양식인 '토성(土城)'이다. 아파트 재건축 세력이 싹 밀어버리려고 난리 쳤지만, 지금까지는 보존 중이다.

산동반도를 백제의 본토로 인정하기 싫으니까, 현재 역사학계에서는 서울을 한성 백제로 비정해 버린다. 풍납토성에서 고구리 관직명 '대부(大夫)'라는 토기가 발견되었다. 따라서 '유물' 기준으로 본다면 "서울은 고구리 땅"이라 해야 양심 있는 학자의 태도라 할 것이다.

② 올림픽공원 몽촌토성과 석촌동

고구리식 피라미드들이 많던 돌 마을 석촌(石村)동. 88 올림픽 한다고 다 밀어버린 전두환. 지하차도를 만들면서 석촌동에 몇 개는 남겨두었다. 역사의식 빵점 대한민국의 현주소!

③ 잠실 진주아파트 재개발 현장에서 신라계 유물·유적 발견.

평당 약 1억, 분양가 25~40억 2,700세대 아파트를 재건축하는데 대한민국 사람들은 '내 돈'이 먼저일까? '역사 보존'이 먼저일까? 돈, 돈, 돈거리며 이해타산에 맞춰 역사를 바라보는 얼빠진 대한민국 사람들 수준을 감안할 때, 북한 압록강 지역의 2,360개 고구리 피라미드를 수몰시킨 중국 공산당에게 과연 손가락질할 자격이 있기나 한 걸까?

2. 중국 집안(集安) 마을, 고구리 피라미드 무덤

북한 압록강 위에 자리 잡은 집안 마을. 속 알맹이는 없지만, 겉모습만이라도 보존된 피라미드. 광개토태왕과 장수왕 무덤이라 중공이 주장하지만 증거는 전무하다.
일제가 청나라 말기에 북경과 대륙을 돌아다니면서 돈 주고 사서 이동시켰을 광개토태왕 비석은 지붕도 없고, 기단도 없고, 어딘가로부터 질질 끌어와서 한쪽 모서리가 크게 닳아서 갈려있다. 대륙을 염탐하던 일본 장교 놈이 첫 발견한 비석으로, 일제에게 유리한 '임나(任那)'라는 글자를 도용하면 이익이 될 수 있겠다 싶은 계산 탓에, 그나마 비석 자체는 파괴하지 않았다. 참 꼼꼼한 일제.

3. 중공의 고의적 댐 건설. 집안 마을의 고구리 피라미드, 성곽

현재 집안에 남아있는 고구리계 무덤들은 많이 수몰되어 원래의 절반 정도밖에 안 남아있다.

4. 시안 북쪽 20km, 함양 大 피라미드 밀집 지역

독일인 '하우스돌프'가 찍은 사진으로 널리 알려졌다. 30m~50m 피라미드는 여기저기 널려있고, 큰 피라미드는 밑변길이가 무려 242m x 224m나 된다. 중국 왕릉이라면 왜 숨기나? 공개하라!

[93] 새로운 일본 역사 교과서 영토 보기

1. 백제 성왕의 모습을 따서 만든 2m짜리 거대 유물

2. 한(漢)나라 때 영토가 한반도 북한과 서울까지?

황하를 끼고 하북성에 낙랑군(고조선 영토 중 하나)이 있고, 당시 최씨 낙랑국이 있었던 사실을 모두 무시하고, 한나라 4군의 하나인 낙랑군이 북한 평양에 있다고 비정해 놓았다. 이게 과연 일본만의 잘못일까? 한국 사학계도 똑같이 인정하고 가르치잖나?

3. 고구리 영토

<위서(魏書)>에는 "한나라는 부여에 옥갑을 매번 바쳐야 했다." 라고 약소국의 면모를 적어 놓았다. 이런 약소국 한(漢)나라가 대한민국 경기도까지 땅을 차지했다고 그려놓았다. 이 영토를 '한국의 고대 역사'로 가르친다. 명나라 때 만든 벽돌 장성을 진시황의 만리장성으로 우기며 엉터리 지도를 주입 시키는데, 이런 엉터리 한국 고대 역사 해석을 한·중·일본이 공통으로 인정하고 있다.

지도 좀 보라, 얼마나 한국의 고대 역사를 깔아뭉개는지.

4. 삼국지 위·촉·오

한반도 서울까지 다 위(魏)나라 영토란다.
죽었던 조조가 무덤에서 기뻐 깜짝 놀라 깰 지경이다.

5. 타이와(大和, 야마토) 전방후원분

열쇠 구멍 모양 고분(전방후원분)이 오사카에 있는데, 크기가 피라미드보다 크다. 고대 야마토가 이렇게 강성해서 한반도 남부를 다스렸다고 주장한다. 사실 대다수 오사카 지역의 무덤들은, 최근에 열쇠 모양으로 보수해서 재창조(?)한 것이 대부분이다. 무덤 속 유물들은 왜 한반도 것과 같을까? 대마도도 우리 땅, 일본은?

6. 가야와 광개토태왕비

코딱지만 한 백제, 신라 외에 전라도, 경상도 남부를 '6개의 가야'로 비정해 놓고 이 근처를 왜의 '임나일본부(任那日本府)'로 주장한다. <수서(隋書),수나라기록>에 "백제 남쪽에 왜국(倭國)이 있었다."라고 기록되어 있는데, 이걸 "전라남도 남쪽은 왜가 점령해서 살고 있었다."라고 일본에 유리하게끔 해석하고 있는 놈들이 우리 한국 사학계다. 대륙은 안 쳐다보고 한반도에서만 찾으니, 이 모양 이 꼴이다.
어쩜 이렇게 단 한 명의 예외 없이 한국 역사 전공자들 전체가 일본 역사 공정의 조력자 노릇을 하는지. 본인들은 모르고 있겠지.

가야 6국과 임나일본부의 대다수 시역명이 양자강 아래 중국 동남부에 존재하는 건 알는지? 가야를 한반도 남부에서 찾는 이상, 일본의 임나일본부(任那日本府) 공격은 영원하다.

<일본서기>에 임나(任那)라는 지역명이 나오는데, 광개토태왕 비석에도 나온다. 누가 누구랑 싸웠는지의 부분을 훼손해 조작한 뒤 임나일본부설(任那日本府說)을 강조하기 위해 이 비석을 파괴하지 않고 살려놓았다. 비석은 늘 지붕이 있고, 받침대가 있어야 하는데 딸랑 몸통만 있다. 윗부분은 닳아있다. 만주, 베이징까지 다 속속히 돌아다닌 일제가 베이징 땅 어딘가에서 구매해서 끌고 와 닳은 것 아닌가? 지금은 중국 땅, 북한 압록강 위에 세워져 있다. 일제는 이 비석이 필요했고, 글자를 훼손해서라도 "왜가 임나(任那)를 다스린 것은 사실이다."는 걸 꼭 보여줬어야 했다.

7. 북위 (北魏, 북쪽 위나라)

백제에게 박살 났던 150년 역사의 북위 땅을 엄청나게 크게 그려놨다. 우리 민족 역사 왜곡을 통해 일본, 중국이 엄청나게 부당 이익을 누리고 있는 셈이다. <중국 25사>에 따르면 백제는 태행산맥의 요서와 양자강 아래 오·월까지 점령했다. 그런데 정작 한국인은 그런 지도를 본 적조차 없다. 일제가 만들어준 역사만 배울 뿐.

8. 왕건의 고리(高麗)

쓰다소키치(津田左右吉)이라는 악질적인 식민사학자가 한반도 안에 억지로 꾸겨 넣은 말도 안 되는 고리 영토를 약 80년째 그대로 받아쓰고 있다. 사실 일본 뭐라 할 일이 아니다. 우리도 무지성으로 교과서에 넣어 가르치고 믿잖나? 영토 확인 관심 없음?

'강단 사학자'라 불리는 대학 교수들, 강사들, 초중고등학교 선생들은 '왜곡 역사' 전파자, 나팔수들이다. 학위를 받고 졸업해서 한 자리씩 차지하고 있는데, 용기 내어 사실 고찰을 통해 역사를 제대로 고쳐볼 자신은 없는 사람들이다.
어느 누구도 제 밥그릇 걸고 싸우기는 싫은 거다.

왕건은 양자강 신라의 항복을 받으며 북경-산동-양자강 통일신라 대제국의 거대한 영토를 그대로 접수했다. 중기에 원나라, 말기에 홍건적에 시달려 영토가 쪼그라들었으나 그래도 늘 중국 땅 동부와 만주, 한반도를 차지하고 있었다. 일본은 고리-몽고리 연합군 공격을 가미카제(神風, 신바람) 덕에 이겨낸 게 자랑거리다.

9. 태평양 전쟁 때 최대영토

일제가 만주국을 세우고 점령했을 때, 만주 쪽 우리 비석이나 유물, 유적은 거의 다 수탈되었다. 1937년부터 시작한 중국 본토 점령 전쟁 때 일본 최대영토 보면 조선-북경-상하이-대만까지 포함하여, 22담로를 둔 해상제국 백제가 보인다. 참고로 일본은 백제를 대한민국 역사라 부른다. 짐승 같은 야만적 침략으로 주변국에 피해를 주고도, 원폭 맞은 뒤 지금껏 피해자 코스프레 중이다. 토왜 강점기를 80년째 이어가는 한국 기득권이 그들과 이익을 함께 하며, 그들의 뻔뻔함에 면죄부를 주고 있다. 사랑해요~ 일본?

10. 조선-중국-서양 역사 연표 비교

한국 역사는 한(漢)나라 낙랑군부터 시작한다. 한나라에 침략당한 기록부터 시작된다. '위만'의 식민지 고조선부터다. 중국 <사기>만 봐도 치우의 '구리국(九黎)'부터 시작하는데, 아예 뺐다. <삼국사기>를 봐도 '부여국'부터 시작하는데 쏙 뺐다. 47대를 이어간 고조선의 단군도 신화로 치부하고 모두 다~ 빼버렸다.

일본 야마토(大和)정권이 3세기에 시작하니, 2천여 년 고조선의 단군 왕조는 몽땅 빼 버린 거다. 일제강점기, 일본 놈들이 만들어 놓은 역사 해석을 달달 외워서 박사 학위 받고, '역사 밥벌이 카르텔' 연줄로 취업해서 잘 먹고 잘사는 것 아닌가?
그들에게는 '진실'을 위해 투쟁하고 싶은 마음은 없다.
일본은 한반도가 일본보다 오래된 역사를 가진것에 자존심이
상하기에 조력자들의 뒷배를 자금으로 든든히 지원해 주고 있다.
"연구비 지원해 줄께요. 한국의 전문가들, 교수와 연구팀들, 임나일본부, 가야논문 써 주세요~", "중국과 일본에 무료 학술 초청합니다.", "온갖 관광 서비스 무료로 지원합니다.", "물론 한반도를 한국 역사의 본토로 해석해야 연구비 지원합니다. 아시죠?"

일본뿐 아니라, 중국도 하는 짓이 똑같다. 돈으로 길들인다.

[94] 고구려 모본왕, 중국 서쪽 땅을 점령하다

고구리 2대 유리왕(類利, 瑠璃, 琉璃, 儒留 BC19~AD18년)이 수도로 정한 곳. 국내성은 유리묘 진영이 있는 북경 근처다. 북경은 모든 기마 민족이 수도로 자리 잡았던 곳이다. 배산임수의 지세와, 물자가 오가는 강이 발달한 곳.

얼마 뒤 49년, 더욱 강성해진 고구리는 북평(北平), 어양(漁陽), 상곡(上谷), 태원(太原) 등 산서성 지역을 점령했다.

태원(太原). 지도상 한 번도 바뀐 적 없이 그곳에 있었던 태원의 위치! 49년 고구리가 태원(太原)을 점령했다는 기록이 버젓이 있음에도 불구하고, 국내 역사 해석은 강단, 재야 가릴 것 없이 그 영토 언급을 꺼린다. 고구리 최대 영토로 태원(太原)을 포함 지도를 그려 보라고. 이것들아! 이덕일? 증산도 대한사랑? 민족사학 놀음하는 자들아, 산서성 태원을 고구리 최대영토에 포함시켜 고구리 영토를 그려 홍보하라고!! 최대 강역 지도가 뭔지 몰라?

<삼국사기> 권14 고구리본기2
49년, 고구리가 한(漢)나라의 북평(北平), 어양(漁陽), 상곡(上谷), 태원(太原)을 습격해서 빼앗았다.

수많은 지도에 담긴 요(遼)와 요주(遼州).
조선시대 이전까지만 해도 늘 요동으로 불렸던 태행산맥 주위에서 북평, 어양, 상곡, 태원이 아직도 존재한다. 산서성 주변에서 찾아보시라. 어서 위성지도에서 검색해 보자.

북평(北平), 어양(漁陽), 상곡(上谷), 태원(太原) 점령 6년 뒤, 55년(대무신 28년) 요서에 개마(蓋馬)·하성(河城)·구리(丘利)·고현(高顯)·남구(南口)·자몽(紫蒙=곤도昆都)·구려(句麗)·거란(車蘭)·하양(河陽)·서안평(西安平) 10개 성을 쌓아 한족 침략에 대비했다. 이후 50년이 지난 105년(신명선 33년)에는 백암(白岩), 장령(長岺), 토성(菟城), 문성(汶城), 장무(章武), 둔유(屯有) 요동의 6개 성(城)을 공격하여 빼앗았다. 요동, 요서 모두 고구리 천하가 된 것! 현재 태행산맥의 좌측, 산서성이다.

북쪽의 평평한 땅 북평(北平),
물고기가 잡히는 땅 어양(漁陽=洋),
높은 고개가 있는 곳 상곡(上谷),
넓고 평평한 살기 좋은 땅 태원(太原)이 있는 곳,

고구리의 초기 강역!
위성지도로 검색하면 지금도 그 지명으로 그곳에서 찾아진다.

※ 북평(北平)은 산서성의 평평한 지역을 일컫는다. '북평과 노룡, 현토'는 모두 산서성에 존재하였으나, 명나라 때 모두 북경과 그 주위로 지명을 옮겨 이치했다. 산서성에는 고구리 시대 북조 및 잡국들인 위(魏), 연(燕), 진(晉)나라 등의 위치가 지명으로 그대로 보존되어 있으며 위치 교차 검증이 되고 있다.

[95] 신라 황룡사와 9층 탑

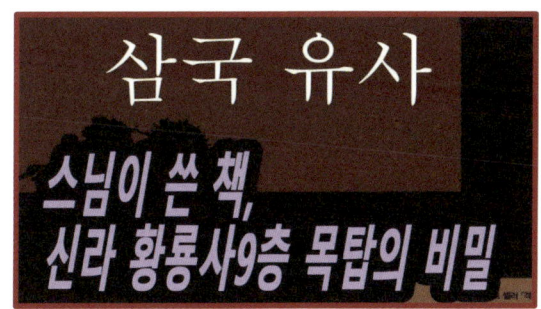

1. 신라 황룡(皇龍)사와 9층 목탑 건립

553년(신라 진흥왕 14년) 월성(月城) 동쪽에 궁전을 지으려 하는데, 누런 용(黃龍)이 나타나자 궁 대신 절로 고쳐 짓는다. 566년(진흥왕 27년) 사찰이 다 지어지고, 569년 담 설치와 마무리 작업까지 마친다. 대웅전 안에는 장6존상(대형 불상)을 들여놓았다.

신라 금성의 왕궁 남쪽에 황룡사가 지어지고, 그 곳에 9층탑을 완공한 것은 645년(선덕왕 14년)이니 황룡사 완공 76년만이다. 9층탑은 선덕여왕이 '자장율사'가 요청하는 바에 따라서 내부 회의를 거쳐 건설하라고 명령하고 완성했다. 내륙 잡국이지만 불교 선진국(?)인 당나라에 7년간(636~643) 있다가 온 '자장'은 선덕여왕을 극진히 보필한 승려이자 정치가였다. 돌아온 지 2년째인 645년에 완공됐는데, 백제의 기술자인 '아비지'의 도움이 컸다. 황룡사 9층 목탑은 여러 차례 소실되고 재건하기를 반복한다.

2. 신라 주변 진압 대상 나라들

<삼국유사>에 기록된 황룡사 표기 진압 대상 적대국을 보자.

1층은 가장 괴로움을 준 횟수가 심하고 많았던 왜국(倭),
2층은 중화(中華), 3층은 오월(吳越), 4층은 탁라(托羅),
5층은 응유(鷹遊), 6층은 말갈(靺鞨), 7층은 단국(丹國),
8층은 여적(女狄), 9층은 예맥(穢貊) 이다.

① 1층 일본(日本)

일본(日本)은 670년 이후 등장하는 나라로 왜(倭)와는 구별되는 별도의 종족으로, 신라를 수없이 공격하고 괴롭혔던 나라다. 당연히 첫 번째 순위다.

② 2층 중화(中華)

642년(신라 선덕 11년) 백제 의자왕이 신라 서쪽을 공격해 40여 개성을 빼앗을 때, 신라는 급히 김춘추를 고구리로 보내 도움을 요청했는데, 고구리에 거절당한 뒤, 이번엔 급히 당나라에 가서 원군 요청을 했다.
탑 완공 1년 전(644년)에는 당나라의 승려이자 외교관인 '현장'이 고구리 막리지 연개소문을 만나, 지난 일 다 잊고, 신라 침공을 멈추고 사이좋게 지내면 어떻겠냐고 부탁했다. 신라로서 당나라는 고마운(?) 나라였다.

이세민(당태종)은 형과 동생, 조카들까지 무자비하게 살해하고 아비를 강제 퇴위시킨 다음 당나라의 왕좌에 오른 패륜아라서, 우선 내부의 위협 세력도 정리하기에 바쁜 때에, 황해 바다를 건너 백제보다 더 먼 한반도 신라에 신경 쓸 형편이 아니었다. 집안 단속도 바쁜 마당인데, 접경 이웃 강대국(고구리)을 공격해 달라니? 하지만 내부의 반란이 염려될 때, 세민이는 오히려 해외 전쟁으로 눈을 돌린다. 물론 고구리에게 까불다가 눈알 뽑히고 돼졌지만.

신라 김춘추는 장안성에서 당나라 당태종 이세민을 만났다. 경북 경주에서 시안(西安)까지 직선거리 6천 리(2,400km)이며 뱃길과 육로로 돌고 돌아 건너서 간다면 수개월이 걸리므로 도저히 갈 수 없는 거리! 사실 신라 역시 당나라의 옆에 존재했기에 그리 수많은 왕래를 했던 거다. 당연한 거 아닌가?!

훗날 백제, 고구리가 망한 다음, 신라-당나라 7년 전쟁을 치른다. 중화(中華)는 당나라를 뜻했을 수도 있다.

③ 3층 오월(吳越)

신라의 본토가 경상도 경주라는 한국 역사학계 말대로라면 중국이 주장하는 오나라 위치인 절강성의 항주(杭州), 소흥(紹興) 주위까지는 3,700리(1,500km)로 너무 멀다(280년 위나라에 멸망함). 그 남쪽 월나라는 더 멀다. 신라가 중국 땅에 본토가 있었다는 사실을 부정한다면 신라 황룡사 탑의 '적대국 오월' 기록은 설명할 길이 없다. 좀 더 후대인 후삼국 시기로 본다면, 양자강 무한 부근에 '오월국'이 있었고, 후백제 견훤과는 이웃 국가였다. 신라는 언제나 오월국과는 좋은 관계가 아니었나 보다.

④ 4층 탁라(托羅)

한국 역사학계는 제주도라 한다. '탐라'랑 발음이 비슷하니까. 바다 건너 제주도가 위협적인 존재도 아니었는데, 탑까지 세워 '진압할 거야.' 하며 나라 이름까지 적어놓았을까?
한자가 하나만 같아 발음만 비슷하면 탁(托)라가 탐(耽)라인가?
탁라(托羅)라는 지역명은 중국 서남부에 많이 존재한다.

⑤ 5층 응유(鷹遊)

기록 자체가 없는 생소한 나라로 중국 동쪽 강소성의 백제라는 해석이 있고, 양자강 남쪽 응담(應潭)도 존재한다. 어쨌거나 대륙의 나라이며, 신라는 대륙에 있었기에 신경 쓰이는 나라였을 것이다.

⑥ 6층 말갈(靺鞨)

고구리와 연합하여 신라를 침략한 일이 있기에, 진압 대상으로 볼 만하다. 백제 수도 하남 위례성을 포위하고 괴롭힌 사실도 있고, 신라와 백제의 북쪽 변경에 자주 출현하는 북방 민족이다.
<한서(漢書),한나라기록>, <당서(唐書),당나라기록>에서 말갈은 내몽골과 산서성 북쪽, 섬서성 북쪽 등에 사는 유목민족으로 표기한다. "북경 중심 고구리와 연합하여 대륙 남쪽 신라를 공격한다."는 영토 인식으로 보면 기록의 모든 내용들이 다 일치한다.
단, 신라를 경상도로 놓고선 도무지 설명이 안 된다. 사막, 강, 산맥, 바다를 건너서 한반도 남쪽 신라를 공격한다? 소달구지에 군량미를 싣고 대릉하, 요하, 압록강, 대동강, 청천강, 한강을 건너서 먼 길을 돌아서 경상도 신라를 공격한다?? 에라이~~
말갈이 백제, 신라를 자주 침략했다고 <삼국사기>에 기록이 있으니 초기 기록을 믿지 못하겠다고 한국 사학계는 발광하는 거다.

⑦ 7층 단국(丹國)
역사 기록 어디서도 신라를 넘보거나 침입했다는 기록이 없다. 단국은 훗날 거란(契丹)으로 바뀌는 북방 민족으로 고구리 북쪽에 살았으며 합단(哈丹) 등 하얼빈 주변에 살고 있는 세력으로 본다.

⑧ 8층 여적(女狄)
여적이라는 북방 민족 역시 신라 강역 근처에 얼씬거린 기록조차 없다. 여진(女眞)으로 해석하기도 한다. 하여간 신라 입장에서는 정벌해야 할 민족으로 여겨 적어놓았다

⑨ 9층 예맥(穢貊)
한국 역사학계는 이걸 한반도 중북부~만주에 살던 종족이라는데 춘천~강원/황해/함경남도로 표기한다. 모든 것을 한반도로 밀어 넣고자 하는 일제의 해석에 따른 설명이다.

설령 그게 맞다 쳐도 예맥(穢貊)이 신라를 공격했던 역사 기록도 없고, 탑을 쌓아 부처의 힘까지 빌어 진압하고자 하는 위력적인 나라가 산골에 살았겠나? 산속에서 말은 잘 달리드냐?

예맥은 초원이 드넓은 북방 기마 민족으로 우리의 뿌리 민족이며, 대륙에 넓게 분포되어 있었다. 우리가 여지껏 흔히 쓰는 "맥이 뛴다."는 말에서 보듯, 우린 예맥의 후손이다. ('고구리 계'로 해석)

[96] 광대한 고리와 삼국을 지운, 한반도 조선왕조

늘 중원의 패자였던 고구리.
발해 멸망 후 고구리를 자처하던 거란과 고리(高麗)는 옛 고구리 땅을 차지하기 위해 끝없는 전쟁을 벌인다. 그 이후 세계 최강이 된 몽고리는 고리와 사돈 동맹을 맺는다. 고리의 남경에서 주원장(朱元璋)의 명나라가 건국한다. 20년 후 이성계(李成桂)는 남은 고리(高麗)를 무너뜨린다.

<조선왕조실록> 태조실록에 따르면, 이성계의 고조 할아버지는 몽고리에 항복했다. 몽고리의 장수이면서 고리(高麗)의 장수이기도 했던 이성계의 집안이다.

세계최강 몽고리의 제후국이던 고리를 쿠데타로 멸망시킨 이성계는 몽고리의 복수가 두려웠다.
옛 고리(高麗)의 영토에서 명나라와 함께 반란으로 건국한 이성계는 명나라에게 이런 제안을 한다. "새로 건국한 나라 이름을 화령(和寧, 이성계 고향, 몽고리의 옛 수도 이름)으로 할 것인가, 한족에게도 잘 알려졌던 중원 땅의 기자(箕子)가 살았던 조선(朝鮮)으로 할 것인가 선택해 주시오."

기자(箕子)는 한족에게 널리 알려졌던 동이 민족의 존경받는 사상가로, 공자·맹자가 태어나기 전 고조선(朝鮮) 땅에서 살았던 사람이다. 청나라 때 쓰인 <대청일통지>에는 "서화(西華)는 옛날 기자(箕子)의 땅인데, 개봉부 서쪽 90리에 있다. 처음 어진 스승 기자가 송나라 '기(箕)' 땅에 살았기 때문에 기자(箕子)라 한 것이다. 지금 읍 가운데 기자대(箕子台)가 있다."라고 기록되어 있다. 지금도 중원 땅에 서화(西華)는 그 이름 그대로 존재한다. 옛날 기자(箕子)가 살았던 고조선(朝鮮)의 영토.

명나라(明) 3대 왕, 주체와 조선(朝鮮)의 3대 왕, 이방원은 힘들게 얻은 권력을 보존하기 위해 '집권 세력의 보장'을 도모한 협약을 한다.

한(漢)나라 수도에 흐르던 강, 한강(漢江). 그 아래 아직도 있는 중국의 한양(漢陽). 조선의 왕 이방원은 멸망한 고리(高麗) 잔여 세력의 부활 및 반란을 막기 위해서 수도 개경에서 먼 곳으로 천도한다. 화하(華夏)족들 나라 이름 한강(漢江)과 한양(漢陽)의 이름을 따라 그대로 붙였다. 명나라로부터 집권 세력으로 보장받고 싶었던 조선의 정체성을 엿볼 수 있다.

조선 이방원 정권은 고리 왕족 왕(王) 씨들을 살려두지 않았다. 왕씨들은 옥(玉)씨, 전(全)씨, 전(田)씨 등으로 성씨를 바꾸며 숨어서 살게 된다. 그리고 이어지는 고리(高麗)의 역사 지우기, 왜곡하기, 약 100년간의 분서갱유.

-세조 "역사책, 지리책들은 개인이 집에서 보관해선 안 된다."

-예종 "천문, 지리, 음양, 역사책들을 집에서 보관하고 있는 자는 모두 승정원에 바치고, 숨기는 자는 목을 베라!"
-성종 "천문, 지리, 음양, 역사책들을 빠짐없이 찾아내 수거하라."

<삼국사기>, <삼국유사> 등 모두 조선 시기 교정, 재편집된다. 명나라 역시 모든 중원의 역사서를 다시 간행한다. 고구리-백제-신라의 대륙 위치를 지우기 위한 산동반도의 양산박의 <수호지>, 남경의 오나라 <삼국지연의>, 수양제의 대운하, 위치를 모두 속여 알리기 시작한다.

명나라와 조선,
그들에게 고리(高麗) 왕조는 세계최강 몽고리의 발밑에 놓인 나라로 우스워 보이게 축소시킬 필요가 있었다. 주종관계를 반대로 기술한 역사책의 시작, 건국의 합리화를 위해 시작되었다. 이렇게 두 나라 간 협잡에 의해 수정된 역사책들은 거짓과 조작으로 얼룩지게 되었지만, 그래도 지역명, 일식 기록들만큼은 그날의 현장과 진실들을 보여주고 있다.
세계최강 몽고리, 그리고 고리(高麗) 역사를 기술하면서, 역사책의 지명까지 혼동시키기 위한 동일한 지명의 이식과 변경 작업이 이루어진다. '음양산정도감' 기관 설치. 조선 정권에 의한 전 세계 유례가 없는 완벽한 지명의 대 축소이동. 성종 때 지리지 수정.
중국 동쪽의 지명과 한반도 지명이 같을 수밖에 없었던 이유가 여기에 있었다.

힘들게 얻은 권력 보존을 위한 그들의 연합과 선택.
3백 년 뒤 명나라가 망한 뒤에도 조선은 명나라 연호를 계속 사용했다. 명나라 마지막 숭정 황제(崇禎帝)를 따서 '숭정(崇禎) 기원 후 몇 년' 이런 식으로. 나라가 망해도 권력을 보존해 준 고마운 옛 명나라를 잊지 못했다.

고리(高麗)의 잔여 세력인 조선 북쪽의 여진(女眞)이 뭉쳤다. 청나라의 모태이었던 건주여진, 해서여진, 야인여진은 '신라 정체성'을 내세우며 후금(청나라)을 세웠다. 조선의 이종(李倧, 인조 1623~1649년)은 그토록 무시하던 여진족의 공격에, 남한산성으로 내빼 숨어있다가 끌려 나와, 머리를 땅에 박고 항복해야 했다.

양자강과 산동반도, 실크로드를 통한 세계적 무역 강국이었던 신라, 고리(高麗, Coree).
그러나 조선은 상인 권력을 원천 차단했다. 상인 권력의 응집으로 중앙 권력을 뺏기기 싫어 종교, 무역을 차단한 암흑기.
조선왕조의 시작. 지방 군력의 고의적 약화.
임진왜란, 병자호란, 셀 수 없이 많았던 민초들의 희생,
재산증식과 권력의 도구로만 이용되던 시민들.

그 뒤 조선을 집어삼킨 일제가 '반도사관'으로 완벽하게 세팅하여 우리 동이 민족에게 심어주기 위해 36년간 대대적으로 행정구역을 보충하고 역사를 한반도로 맞추어 써 주었다. 그게 현재 우리가 배우는 고구리-백제-신라-고리의 왜곡된 한국사다.
사라진 우리 역사.

[97] 발해와 신라의 국경. 니하(泥河)의 위치

<삼국사기>
"망한 백제의 땅은 이미 신라와 발해가 나눠 가졌다."

<신당서(新唐書), 당나라기록>
"발해국 남쪽은 신라와 맞닿아 니하(泥河)를 국경으로 삼았다."

<요사(遼史), 요나라기록> 권38, 지제8
"요나라의 동경요양부는 원래 고조선의 땅이다. 그곳에는 포하, 청하(淸河), 패수(浿水)가 있다. 패수는 또 니하(泥河)라고 부른다."

니하(泥河)를 위성지도에 검색해 보자, 하북성에 수두룩하다.
기록과 현장을 교차검증하면 고구리가 멸망한 후, 발해가 그 영토를 이어받았다는 걸 알 수 있다.

[98] 중국 역사가 된 한반도 백제, 중국 교육서

중국의 공산당 소속 출판사인 '과학출판사'에서 최근에 백제사와 부여사를 중국 역사로 편입시킨 <동북 고대민족 역사편년총서(東北古代民族歷史編年叢書>를 펴냈다. <부여, 고구리 역사 편년>에 이어 2016년 <백제사 역사편년>을 펴내, 충청도-전라도가 백제의 땅이며 중국영토라 우기고 있다. 2017년에는 발해와 거란의 역사도 같은 방식으로 서술한 <발해역사편년(渤海歷史編年)>과 <거란역사편년(契丹歷史編年)>도 출간했다.

부여, 고구리, 백제, 발해, 거란에 이르기까지의 동북공정 관찬 역사서 편찬을 주도한 것은 동북공정 간부 '장웨이궁(姜維公)'으로 중국 만주에 있는 장춘 사범대학교의 교수다. 만주에 사는 민족, 공산당. 중화사상으로 세뇌되어 역사 왜곡에 앞장서고 있다.

중공은 '다민족 국가론'을 내세워, 중국 역사에 기록된 모든 나라는 모두 자기네 영토이며 찾아야 할 옛 땅이라 주장하고 있다. 백제는 한국 역사학계대로라면 충청도-전라도인데, 당나라가 백제 땅에 5도독부를 세웠으니 이제 중국의 땅이라는 주장을 펼치고 있는 것이다.

본 책인 <백제사 역사편년> 보면 <구당서>, <신당서>, <삼국사기>, <삼국유사>, <요사>, <금사>, <일본서기> 등 온갖 사서 내용을 발췌해서 담고, 거기에 달린 각주, 해석들까지 인용하고 있다. 한국 역사학계의 주장과 다를 바 없다.

다만, 한국 역사학계에서 하나도 찾지 못한 백제 패망 후 5도독부인 웅진(熊津), 동명(東明), 금련(金漣), 덕안(德安)을 충청도에, 그리고 전라도에 마한(馬韓) 도독부까지 강제로 때려 박아넣으며, 영토 야욕을 확실하게 드러냈다. 이런 엉터리 영토 비정 빌미를 준 건 '반도사관' 안에 완벽하게 갇혀 있는 한국 사학계다.

중국 공산당은 <백제사 역사편년>을 쓰면서 사서를 그대로 인용해서 썼는데, '지역'을 어디로 '비정'하냐가 핵심이었다!
백제 패망한 후 당나라가 세웠다는 웅진도독부(熊津都督府), 마한도독부(馬韓都督府), 동명도독부(東明都督府), 금련도독부(金漣都督府), 덕안도독부(德安都督府) 이렇게 '백제 5도독부' 위치 관련해서, 중국 공산당은
웅진=부여, 동명=공주, 덕안=충남 은진, 마한=전북 고부, 금련=충남 서산으로 자의적으로 위치를 해석하여 적어 놓았다.

해방 후 80년 내내 한국 역사학계가 일제총독부가 만들어준 '한반도 안에만 모든 역사가 있다.' 라는 한반도 사관만 붙잡고서 "웅진도독부는 공주겠지. 나머지는 모르겠네?" 하고 자빠져 있었으니, 중공이 "그래? 우리가 다 한반도에서 비정해서 찾아 줄게." 하고 책을 덜컥 내주며 나선 거다.
이런 빙신, 상빙신이 따로 없다.

그럼 실제 백제 5도독부는 어디냐?
황하 주변에 동명(東明)이 존재하고, 양자강 아래 덕안(德安)도 존재한다. 금련(金漣)은 강소성 연수(漣水, 장보고 동료 정년이 살던 곳)로 보는 게 타당하다. 웅진은 웅촌(熊村)이 있는 동평호수, 마한은 동영(東營)시로 거의 모두 산동반도에서 지역 이름들이 발견된다. 지역명을 고지도와 구글어스 등으로 제대로 찾아 사서와 교차검증해서 대입하면 대륙 동부가 모조리 백제뿐 아니라 왕건의 고리(高麗) 때까지 우리 조상들의 땅임을 쉽게 알 수 있다.

중국에 사는 사람들을 보면 중국 공산당이 내세우는 경제 논리, 역사 논리를 비판 없이 받아들여 '중뽕'에 빠져있다. 앞으로 중공 인구 15억이 "한반도 고구리, 백제는 옛 중국이 지배한 땅이다."라고 전 세계에 외쳐대면, 과연 1/30 인구 밖에 안되는 한반도 남쪽의 대한민국(남한)이 현재 초라한 '한반도 역사관'으로 중국과 영토 소유권, 즉 역사 전쟁에서 승리를 할 수 있겠나? 걱정이 된다.

중국 공산당은 <백제역사 편년사>를 통해, 고구리에 이어서 "이제 백제를 중국 역사 영토로 삼는다."는 선언을 하고, 백제가 고구리에서 기원했으니 부여, 고구리, 백제 모두 중국 역사라고 주장하고 있다. 안타까운 점은 한국 사학계 자체가 일제 총독부가 만들어준 역사관만이 유일한 정통 역사 해석관이라고 주장하는 탓에 <삼국사기> 초기 기록 불신론이 오랫동안 유지됐고, 이러한 해석과 영토관이 중국 공산당의 역사침탈야욕의 빌미를 제공해 주었다는 사실이다. 중공은 백제가 기원전 57년 개국한 게 아니고 3C 백제 고이왕 때부터서야 본격적으로 나라 모습을 갖췄다는 한국 사학계 관점을 그대로 받아들였고, 중국에 유리한 해석을 모두 다 인용하며, 이제 백제 5도독부 개별 위치까지 한반도에 비정해서 넣으면서 완전히 자국사(중국사)로 선언해 버렸다!

중공이 백제 역사까지 가져가 버릴 줄 누가 알았겠냐? "유사시, 충청이랑 전라도는 중공이 앞으로 차지해야 할 고토다."라는 중공 주장도 놀랍지만, 그 기초 빌미를 우리나라 역사 학계가 만들어준 것에 더 한탄을 금할 길 없다. 어처구니없는 일이다. <백제역사 편년사>는 한국학자들의 백제 논문과 해석을 인용하고 있다.

이렇게 중공애들이 우리 역사를 말아먹고 있는데, 우리 학계는 도대체 뭐하는 거냐? <삼국사기> 위치는 분석 안 하고 말이다.

앞으로 신라는 괜찮으려나? 당나라를 섬기며 발에 땀나도록 조공 바쳤다는 게 한국 사학계의 신라 해석이잖나?

중공에서 <역사편년> 작업을 부여부터 시작해서 고구리, 발해, 백제 역사편년까지 갈무리한 상황, 신라 역사도 뺏어 먹겠다는 주장 안 하리라는 보장도 없다. 실제로 신라에도 당나라가 '계림도독부'를 둔 걸 근거로 경상도 언급이 나오고 있다. 고구리-백제-신라를 모두 중국 역사로 편입해서 "너희 한국인들은 원래 우리 중공 속국이었다."라는 주장을 펼칠 계획이다. 우리 역사관이 한반도 식민지 역사 해석에 맞춰져 있고, 해방 후에도 그대로 따르고 있어서 발생한 문제다.

"백제는 중국 땅에 본토가 있었고, 신라 본토도 양자강을 끼고 있었으니 중국 땅이야말로 대한민국이 수복해야 할 땅이다. 닥치고 조용히 있어라."라는 정공법이야말로, 우리가 밀고 나가야 할 전략이다. 한반도만 붙잡고 있었더니 한반도까지 뺏길 상황이다.

고구리에 이어 백제까지 대놓고 역사 영토 노략질을 당한 마당에 더는 넋 놓고 있어서는 절대 안 된다.

반대로 중국이 우리의 속국이었다. 화하족 내륙 잡국들은 내내 고구리-백제-신라 속국이었다. 수나라, 당나라도 고구리 선비족이 세운 나라이고, 회수(淮水) 사람 주원장이 세운 명나라나 신라 정통성을 이어받았다며 '애신각라(愛新覺羅) 김씨' 성을 이어간 후금(청나라) 왕조 역시 동이로 우리의 역사 선상이라 해석해야 한다.

북경(베이징)에 고구리 연개소문이 비도를 던지며 군사훈련을 하던 유적지가 있다. 한국 역사 학계는 이렇게 고구리 유적이 버젓이 베이징에 있는데도 왜 고구리의 최대 강역에 베이징을 포함시켜 그리지 못하는가? 고구리 말기 최대 강역도를 다시 그려라!
북경 아래 존재하는 고구리 평원왕(平原, 연호:大德, 559~590년) 사후 시호를 딴 지명 '평원(平原)', 고구리 전투 지역명 신성(新城)과 석문(石門)을 왜 다 무시하나?
이를 포함해서 고구리 최대 강역을 지도로 그려라! 그려 놔라!
한국 역사학자 떼의 '진실 방관과 게으름, 직무유기' 어쩔 건가?

부여, 고구리, 백제, 발해, 거란에 이르기까지의 동북공정(모두 중국 땅이라는 주장)을 담은 <동북고대민족 역사편년총서(東北古代民族歷史編年叢書)> 시리즈 책은 미래에 한국 영토 침략의 도구로 쓰는 거지, 과거의 사실을 밝히는 데 그 목적이 있지 않다.
동북공정은 바로 '한국 지우기'다.

그냥 중국의 돈 앞에 모두 갖다 바치고, 중국의 경제적, 문화적 속국이 되어 자손 대대로 수치스럽게 살 수밖에.
그렇게 역사 속 '고선지, 흑치상지'도 처음에는 당나라의 환대를 받았다가 실컷 쓰임만 당하고, 끝내는 모함으로 억울하게 처분당했다. 저들의 수법이다. 적절히 사용 후 완벽히 폐기 처분하기.

과거 역사에 관심 없는 민족,

역사를 잃은 민족에겐 야망의 미래는 없다.

[99] 유럽이 충격받은 조선 초의 세계지도
[혼일강리역대국도지도]

1402년도에 조선에서 만들었다는 세계지도
[혼일강리역대국도지도(混壹疆理歷代國都之圖)].
세계에서 가장 오래된, 정확성이 높은 세계지도로 평가된다.
물론 지도는 일본에서 소장하고 있으며, 국내에는 일본이 잠깐 공개했던 지도의 필사본만이 알려져 있다.

이 지도의 한반도와 중국 땅을 설명한 강의는 지금껏 없었다.
그렇기에 이 지도의 지명의 유래와 내용을 설명하고 해석해 준 '책보고'의 이 영상은 조회수 약 100만 회에 달할 만큼, 국내 역사계와 모든 이들에게는 큰 충격이었다.

고리(高麗)시대의 영토 지도가 한 정도 남아있지 않은 지금,
1천 년 전 한반도의 각 마을은 어떻게 불렸는지 전혀 알 수 없다.
조선이 1392년 건국하고 약 10년 후, 1402년 만들었다는 이 지도는 당시 한반도의 지명을 알 수 있는 유일한! 지도다.

'책보고'가 약 3백 개가 넘는 이 지도의 지명들을 모두 한글로 번역하고 같이 기재하여, 많은 이들에게 알려주며 강의했다. 이 지도 제작에 관련한 이들은 조선 건국 때의 '김사형(金士衡), 이무(李茂), 이회(李薈), 권근(權近)'이라고 지도 하단부에 기록이 있다. 이들은 모두 해양 왕국 고리 말기에 태어난 사람들이며, 누구나 그렇듯 당시 전해 내려오는 여러 지도들을 종합하여 이 지도를 제

작했을 것이다. 아프리카와 스페인까지 표시되는 이 지도는 서양과의 활발한 무역국이 아니었다면 그려낼 수 없는 지도다. 고리 때 많은 지도를 참조했으리라 추정할 수 있으며, 한반도와 만주에만 고리가 존재했다면 이렇게 세세하게 중국 전역과 서양이 표기된 지도를 만들 순 없었을 것이다.

이 지도 하단의 일본은 세로로 뒤집혀 있으며, 대마도는 당연히 조선의 영토로 표기되어 있다. 이 [혼일강리역대국도지도]의 모사본은 여러 종류이며, 일본이 모두 소유하고 있기에, 지명의 모든 진위는 알 수 없다. 일본이 잠시 공개한 것이기에, 얼마만큼 일본의 입맛대로 지명이 삭제되고 첨삭되었는지도 알 수가 없다.

다만, 이 지도는 고리 말기에 태어나고 조선 초에 살았던 제작자들에 의해 만들어졌으며, '김사형(金士衡)'은 1407년, '이무(李茂), 권근(權近)'은 1409년 이렇게 거의 모두 비슷한 시기에 죽임을 당하는데, 지도 제작이 원인이 아닌가 싶다.
조선은 태조~성종 때까지 약 100년간 옛 지리, 천문 관련 책들을 수집하여 분서갱유를 하는데 열을 올렸기 때문이다. 천기누설.

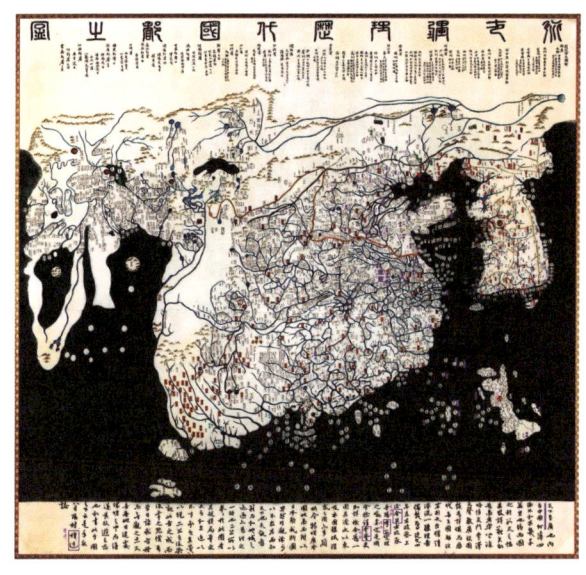

志卷第十　高麗史五十六

正憲大夫工曹判書集賢殿大提學知經筵春秋館事兼成均大司成臣鄭麟趾奉教修

地理一

惟我海東三面阻海一隅連陸輻員之廣幾
於萬里 高麗太祖興於高勾麗之地降羅滅
濟定都開京三韓之地歸于一統然東方初
定未遑經理至二十三年始改諸州府郡縣
名成宗又改州府郡縣及關驛江浦之號遂

왕건 고려, 영토 넓이(幅員)의 광대(廣)함이 약 만리(萬里)다. <고려사>

東北過 高句麗

고려의
서북쪽 영토는
옛 고구려를 넘지 못했으나

동북쪽 영토는
옛 고구려보다 넓었다.

고려사 지리편 서문

北邇大朝, 南隣朱寇

고려의 땅은
북쪽은 (북원)과 가깝고
남쪽은 주원장 무리(명나라)와
인접해 있다.

고려사 열전 46, 우왕
1376년

왜곡된 한국사 복원 지도. 61 cm x 84.5 cm
책보고 직접 제작. 전국 배포, 판매
저작권 등록번호 C 2023-024131

마 치 며

지난 2024년 10월까지의
책보고 영상 500여 개 강의 중 99개. 일부만 발췌한 책입니다.

약 3년 동안,
목소리 높여 외친 강의들을 다시 글로 만나게 되었습니다.

초창기부터 유튜브 강의 영상의 내용 요약 댓글이 매번 올라왔습니다.
약국에서 생업에 바쁘신 중에도 SNS를 통해 활발히 정치, 경제, 역사 등 사회 필수 정보들을 요약하여, 전 국민을 깨우려 꾸준히 노력하는 분의 작품이었습니다. 모든 것을 요약하는 분.
이 책은 Chris 약사님의 요약 댓글로 세상에 나올 수 있었습니다.

병든 사회의 치유에도 적극적인 이 시대의 진정한 약사입니다.

책이 출간되기까지 수년간 좌절하지 않고, 꾸준히 요약해 주신 약사님께 다시 한번 감사드립니다. 저 역시 최종적으로 글을 다듬으며 그 시절 희로애락의 순간으로 과거 여행을 다녀왔습니다.

많은 분이 이 책을 읽고, 이전 강의 영상들의 메시지를 다시 한번 떠올리시며 왜곡된 한국사의 복원을 위해 사회 곳곳에서 뭉쳐서 함께해 주시길 바랍니다. 행동하시는 모든 분께 감사드립니다.

시민혁명 출판사 대표 겸 유튜버. 책보고

책보고 99개 한국사 강의 요약서

우리만 모르던 고려, 삼국시대의 비밀

2판 1쇄 판매용 개정판 발행 2025년 7월 18일
3판 1쇄 2차 개정판 발행 2025년 8월 5일

원저 原著 Original article : 책보고 양지환
편저 編著 Review : 분당 약사 Chris 김일웅

만든곳   교정편집/ 제작/ 디자인/ 마케팅   책보고
펴낸곳   시민혁명 출판사
출판번호   제 2023-000003호
주소   경기도 부천시 길주로 317 블래스랜드 303
대표연락처   booksbogo@naver.com
인쇄   모든인쇄문화사 / 인쇄문의 042)626-7563

ISBN 979-11-992851-1-8
가격 35,000원

보도, 서평, 연구, 논문 등에서 수용적인 인용, 요약하는 경우를 제외하고는
저자 및 출판사의 승낙 없이 이 책의 내용을
무단 배포, 전재하거나 복제하는 것을 금합니다.
이 책은 국내 저작권법에 따라 보호받는 저작물입니다.